U0695440

让衔接技术理论开启
乒乓球运动员的战术思维

熊志超◎著

东北大学出版社
Northeastern University Press
·沈阳·

ⓒ 　熊志超　　2022

图书在版编目（CIP）数据

让衔接技术理论开启乒乓球运动员的战术思维 / 熊
志超著 . -- 沈阳：东北大学出版社，2022.9
　　ISBN　978-7-5517-3133-1

　　Ⅰ . ①让… Ⅱ . ①熊… Ⅲ . ①乒乓球运动—运动技术
—研究 Ⅳ . ① G846.19

中国版本图书馆 CIP 数据核字（2022）第 170134 号

出　版　者：东北大学出版社
　　　　　地址：沈阳市和平区文化路三号巷 11 号
　　　　　邮编：110819
　　　　　电话：024-83687331（市场部）　　83680181（研发部）
　　　　　传真：024-83680180（市场部）　　83687332（社务部）
　　　　　网址：http://www.neupress.com
　　　　　E-mail：neuph@neupress.com
印　刷　者：武汉鑫佳捷印务有限公司
发　行　者：东北大学出版社
幅面尺寸：170 mm × 240 mm
印　　　张：18.5
字　　　数：237 千字
出版时间：2022 年 9 月第 1 版
印刷时间：2022 年 9 月第 1 次印刷
责任编辑：杨　坤
责任校对：罗　鑫
封面设计：三仓学术
责任出版：唐敏志

ISBN　978-7-5517-3133-1　　　　　　　　　　定　价：98.00 元

自　序

　　《让衔接技术理论开启乒乓球运动员的战术思维》即将付梓，能够把自己 20 多年来的执教经验和研究心得上升到理论的层面并以书的形式奉献给学术界和专业界，笔者感到非常欣慰！

　　本书主要以解读乒乓球专业运动员接触甚少的衔接技术为基础。衔接技术究竟是什么？它与战术有何关系？为什么衔接技术能为现代乒乓球战术建立理论体系？笔者倾注了大量的时间和精力来探究衔接技术问题的细节，总结了一些科学的、理论的和实践的观点。

　　在这一领域中，可用参考的资料甚少，关于乒乓球衔接技术，除本书外，几乎找不到其他学者的研究文献，更没有这方面的专著出版。因此，这本书要展示什么内容，怎样展示这些内容，以及怎样解决出现的问题，对笔者来说都是一个极大的挑战。在本书中，笔者不仅展示了自己的学术专长，同时包含了对乒乓球战术理论和实践应用的深刻理解。

　　笔者于 2016 年获得香港教练培训委员会 ① 注册高级教练资格，长期工作在香港的乒乓球教学与训练的第一线 ②，积累了 20 多年从启蒙至高水平运动员的教学与训练经验，在乒乓球运动员战术训练方面有丰富的实践经验。今天，衔接技术在"40+"新时代是个新鲜事，在十几年前，这一领域根本无人问津。因为那时乒乓球的杀伤力非常强，技术和战术两方面是前者更加突出，人们把训练的侧重点更多地倾向于技术，而战术却没有得到充分的发展。笔者对乒乓球战术训练与研究具有前瞻思考和独到见解，洞察到乒乓球技术已发展到了高级阶段，而战术却远没达到技术上的高度是非正常的现象，与后来国际乒联出台的塑料球改革的缘由不谋而合。

　　自 2008 年起，笔者就涉足世界乒坛最前沿的战术研究，初步认识到在传统训练上教练员都是以前人和自己的经验为基础，将为数不多的战术一代一代传承给运动员。所以，专业运动员所掌握的战术套路都很有限，以经验为主而缺乏理论体系。于是笔者在早期独立研究并初步提出了衔接技术也是战术的观点，为日后以衔接技术理论构建战术体系打下了基础，

---

　　① 香港教练培训委员会是香港最高级别的培训机构，笔者所获高级教练资格是经过考核录取进入香港体育学院就读"高级运动教练理论证书"课程半年并考试合格，该证书已获香港学术及职业资历评审（香港考试局）认可为资历架构第三级别（QF Level 3），学员修毕本课程将得到 25 个资历学分，并可衔接大学体育或教育相关课程，也就是说，这个课程相当于文凭，离开本地，也被认可。

　　② 长期工作在香港的乒乓球教学与训练的第一线，是指笔者在香港名校圣保罗男女中学和附属小学工作了 20 年，多次带领中小学乒乓球队获奖并参加过总共七届的全港运动会的六届（成年人高水平）乒乓球比赛教练工作。

后期笔者为第一作者与其他学者合作发表了两篇高质量论文（一篇发表在 TSSCI 一级期刊上，另一篇在国际学术会议上荣获优秀论文奖），合计撰写发表了 40 多篇专业论文，进一步完善了衔接技术理论。2010 年，笔者在《体育学刊》上率先定义衔接技术这个专业术语时，学术和专业界几乎没有人在这一领域进行类似的研究工作。笔者对衔接技术理论的理解和认识不是一天两天形成的，而是 12 年①如一日保持"精韧不怠，日进有功"的精神才逐步积累起来的。因此，书中蕴含着笔者多年来的训练经验和研究体会，也涵盖了笔者在研究方法中的新观点和新理论，而这些都是笔者在乒乓球战术训练中总结出来的观点和理论。近几年，笔者又在学术期刊上连续发表战术专题研究与诊断分析系列论文，笔者所研究的衔接技术中的"线路变化规律""旋转变化规律""节奏变化规律"涵盖了乒乓球桌面的 7 条基本线路（可演变出多种多样的战术），与以前研究时所发现的"主动防守战术"一同有前后两板衔接效果。因此，笔者将以上四大衔接技术规律系统纳入衔接技术理论之中，从而形成了现代乒乓球的战术体系。

通过阅读本书，读者将有机会进入本书的具体章节，来获得通过衔接技术理论所开启的乒乓球运动员的战术思维和相关内容的详解。相信有关这一主题的深入研究会带给读者新的认知和感受。知名学者易剑东教授曾经一针见血地指出："很少有人把科研或学术作为一种精神追求和个人旨趣，多数人将科研或学术直接服务于教学工作或其他实际工作，或将其视

---

① 12 年是指笔者的衔接技术理论研究从 2008 年一直延续到 2020 年，这些年也是笔者向学者型教练方向努力转型的关键时期。

为谋生的手段。所以很难见到纯粹或真正意义上的体育科研或学术成果。"
而笔者希望成为易剑东教授所言的那样执着追求学术的少有之人。希望本
书的出版能给专业运动员、教练员以及科研人员带来新的声音和思考，也
能在乒乓球战术研究方面贡献绵薄之力。

熊志超

2021 年 9 月

前　言

乒乓球运动经历了小球时代（38 mm）和大球时代（40 mm），以 2000 年为时间分割线。2000 年，国际乒联更改了乒乓球的大小，但所说的 40 mm 只是上限，实际上没有达到 40 mm，只是比原来的小球（38 mm）大了一点，39.5 ~ 40 mm 的都称作大球。在此基础上，2014 年国际乒联同时更改了乒乓球的材质和大小，由赛璐珞球改为塑料球，并规定塑料球的大小必须超过 40 mm，在 40.00 ~ 40.60 mm 范围之内，成品通常是 40.20 mm 左右。国际乒联要求新塑料球一律采用"40+"的标注方法，与之前的"40"区分，这意味着乒乓球由此进入了"40+"时代。2017 年，国际乒联再次更改了乒乓球的材质，改用 ABS 塑料，称为 40+ABS 塑料球，至此进入了"40+ABS 塑料球"新时代（为了方便区分，2014 年与 2017 年国际乒联两次改革，以后一次改革为准，后文统称为"40+"新时代）。两次材质的改变使得乒乓球的品质和重量都大幅下降，尤其是旋转的减弱导致来回球增多，因而几十年技战术不够均衡发展的格局得以打破，今后，运动员在比赛中的对抗能力必然获得提高，乒乓球的训练和研究方向必然由原来侧重技术方面转向战术方面。这对乒乓球运动员的战术能力提出了很高的要求。本书从理论上对乒乓球运动员如何提高灵活掌握战术的能力和培养运用战术的意识等方面作出了较详细的论述。

关于乒乓球竞技运动的书籍有很多，且研究主要是以技术为主，战术内容非常少，到目前为止，国内外真正详细描述乒乓球战术理论的专著凤毛麟角。因此，本书的出版将对乒乓球竞技运动具有非常重要的指导意义。

为了总结和揭示乒乓球战术训练的基本规律和系统方法，适应现代乒乓球运动训练的需要，笔者从 2008 年开始，对乒乓球战术涉及的衔接技术理论进行了长达 10 余年的深入探索和研究。乒乓球衔接技术既是一项基础技术，也是战术，它植根于"线路变化规律"（利用对方的"思维定式""本能反应"这些心理学效应来大概率预判衔接；利用打"极限球"，熟练采用"压一边打另一边"战术突然袭击，逼对方因受到生理因素所限出现步法不到位现象，从而获得精准判断衔接；同样打"极限球"产生"速度差""时间差""位置差"逼对方就范来精准判断衔接）和"主动防守战术"（设计一个"圈套"诱对方先进攻，然后大概率预判对方的回球路线进行反攻）的有机结合，使前后两板之间成为具有内在联系的最佳打法。这不是传统经验层面上的小概率预判或漫无目的地随意前后两击，而是前一板应为后一板创造有利于己方主动相持或"直接得分"的良好衔接机会，这个衔接机会是大概率的预判，甚至可以做到精准地判断，在原位或提前移动到最佳位击球，而后一板往往就形成一种战术，使得前后两板形成一气呵成的技、战术上的连贯衔接。从这个意义来讲，"衔接技术就是战术的理论基础"，只要掌握了衔接技术，战术的使用也就水到渠成了。

笔者在研究衔接技术期间先后发表了 40 多篇乒乓球学术论文，其中关于衔接技术理论和战术专题研究与诊断分析等方面的论文就占论文总数的 1/4 以上，并受到学术界和专业界好评，这也更坚定了笔者早日完成本书的决心。

全书分为五个部分共十三章内容，较为系统全面地对乒乓球运动的战术理论知识和训练比赛实践进行了深入解析和指导。书中所采用的全部是世界级顶尖运动员在世界乒乓球锦标赛、乒乓球世界杯、奥运会乒乓球赛、国际乒联职业巡回赛、洲际赛、全国赛等比赛中的视频，极具代表性。同时把最新的技战术内容引入书中，如叠加战术、结合战术、迂回战术、组合战术、主动防守战术、反战术能力、战术节奏等。这些战术反映着当今世界乒乓球竞技运动的最高水平和发展趋势，对这些战术进行详细的专题研究和诊断分析，使得读者能够直观地了解和学习当今世界乒乓球竞技运动先进的战术。

本书具有理论研究科学严谨、行文言简意赅以及章节结构逻辑清晰、体系全面的特点。此外，本书还立足我国乒乓球发展实际，与"40+"新时代乒乓球运动发展的基本状况以及世界乒坛未来发展的趋势紧密结合，突出了乒乓球运动的时代特征。

在撰写本书的过程中，笔者深感任重道远。由于本书是笔者的处女作，因此本书疏漏和不足之处在所难免，恳请有关专家和读者批评指正，不胜感激！

借本书出版之际，笔者向支持和帮助本书文字润色工作的华南师范大学语言学及应用语言学专业研究生罗越云同学，向笔者曾经参考、引用有关文献的作者，表示衷心的感谢！

熊志超

2021 年 9 月于广州

目　录

第一部分　研究背景与回顾

第二部分　理论篇

第三部分　实践篇

第四部分　训练篇

第五部分 后 记

第一部分　研究背景与回顾

第一章　研究背景

衔接技术也是战术，它是战术的理论基础。为了让读者更好地读好读懂本书，有必要对乒乓球竞技运动的技战术研究背景作以介绍。

第一节　为什么乒乓球没有战术体系

一、传统乒乓球技战术训练中的战术并非名副其实

乒乓球运动经历一百多年的发展已具有很强的技术体系且到了高级阶段（苏丕仁，2001），然而却没有战术，原因是"40+"新时代以前，传统对乒乓球技战术内涵的理解一直是运动员在比赛中的每一次击球既是技术的使用，也是战术的体现，技术和战术是一起出现的，并且也是放在一块研究的，所以统称为技战术。

在笔者看来，传统技战术中的"技战术"说法不符合逻辑关系，技术得益于不断地技术创新，加之"40+"新时代以前动力元素（速度、力量、

旋转）的作用很大，弧圈球的杀伤力太过强劲，来回球很少，技术主导了比赛的胜率，战术的作用很小，早已形成了技术超强战术却不强的局面，它们两者之间存在的特长与短板的矛盾问题一直没有得到解决，何来体现技术和战术是一起出现的呢？所以传统技战术训练中的战术并非名副其实，那时的战术仅为前四板的局部战术，一、三或二、四板的战术被我国专业人士看作一体化技术（把前后两板的战术当作一个技术来处理），于是本来应该技术与战术两个不同的训练系统就这样被传统异化为战术依附于技术体系并模糊地称为技战术，战术自然就没有自己的体系，一直以来传统对技战术的理解实际上就只有技术体系，而没有战术体系，且沿用至今。毕竟在没有战术体系特定条件下中国运动员也能摘金夺银，证明当时的技战术符合小球时代的历史背景。然而国际乒联改 38 mm 小球为 40 mm 大球（2000 年）、"40+ 塑料球"（2014 年）及 ABS 塑料球 "40+" 新时代（2017 年）以后这种理解就难以自圆其说了，杀伤力下降了不少，来回球增加，技术优势已大不如前，战术的作用显现出来，战术不再是局限于前四板①，而是全方位地使用战术，符合国际乒联改革需要得到技战术均衡的结果，所以在 "40+" 新时代传统技战术内涵已经不合时宜了，必须重新定义。

---

① "40+" 新时代以前的战术使用状况就是局部的战术行为，四板后就是打技术上的基本功对抗，没有战术内涵。这是当时动力元素（速度、力量、旋转）的作用太大，技术主导了比赛的胜率，战术的作用少之又少所决定的。

二、传统乒乓球技战术训练中的战术没有形成科学规律

在笔者看来，由于传统乒乓球技术训练是把战术纳入技术体系当中，后者远未达到技术上的高度。虽然战术的发源、形成以及发展，都和军事、谋略的影响密切相关，但一百多年来乒乓球的战略与战术从宏观上讲，战略在谋略学方面是有所体现的，从微观方面的战术看来却远远做得不够，战术仅局限于前四板，每一分球的取胜主要还是靠技术上的基本功对抗，战术还没有形成自身的科学训练规律，缺乏战术理论体系，因此运动员战术意识的训练和培养无法落实，至今仍然摆脱不了经验性的战术积累。"目前，中国乒乓球队的训练主要还是依靠传统的方法，即借助教练员个人经验对运动员的训练进行指导"（孔令辉 等，2016）。所以他们所掌握的战术经验就各不相同，此乃"40+"新时代以前传统训练遗留下来的问题。笔者还认为传统这种对技战术一起出现的认知只是停留在前四板的局部思维而非全方位考虑，所以技术水准高的运动员不是必然的战术水平就高（后面有实证和诊断分析为证），而事实上到目前为止运动员的战术内涵一部分来自教练员（也是运动员出身），而靠继承前辈的经验一代一代传承下来的战术不会多，另一部分是来自运动员自己在比赛中积累的经验，同样战术不会多。道理很简单，运动员都没有接受过战术的系统训练（只有很少的局部战术能力），何来体现灵活的战术运用？因此必须赋予战术真正的内涵，才能从传统的前四板局部战术中摆脱出来走向全方位。

三、对传统乒乓球技战术内涵的重新定义

在笔者看来，现代战术的内涵不再依附于技术体系，而是应有自己的战术系统，也就是原传统技战术训练的一个系统应改为两个不同的各自独

立的训练系统，称其为技、战术双系统。这两种系统的逻辑关系："技术是战术的基础，掌握了全面、实用的技术，才有可能运用多变的战术。同样，在比赛中只有掌握了全面、实用的战术，才能合理地运用战术使得技术充分发挥。"（苏丕仁，2003）也就是说，要符合逻辑关系就必须构建战术体系使得技、战术两者均衡，两者是相辅相成、缺一不可的。否则，技战术中的战术内涵名存实亡，运动员的技战术能力不可能达到均衡。只有形成了技、战术两个系统，才能客观地、真实地反映出技战术内涵。

因此，笔者试图把乒乓球竞技运动的发展历程划分为"40+"新时代以前和"40+"新时代以后两个时代来研究其技战术，因为"40+"新时代以前和以后的技战术要求和训练模式是完全不同的，这是由从小球到多次改大球、塑料球、ABS 塑料球所决定的。前段以乒乓球竞技五要素原理定性实证分析了乒乓球竞技运动技战术的发展不均衡状况（技术发展突出，战术的作用受限），后段在国际乒联改"40+ 塑料球"背景下（技术受到限制，战术将获得发展空间），以衔接技术理论构建乒乓球的战术理论体系，才能摆脱运动员的经验性知识，从而上升到理论性知识，最终开启运动员的战术思维。

第二节　乒乓球竞技五要素与运动员的核心技术

在乒乓球运动发展的历史中，有过横拍削球的鼎盛时期，有过直拍（正胶）快攻的鼎盛时期，有过横拍反胶弧圈球打法的鼎盛时期，也有过直拍反胶弧圈球打法的鼎盛时期，呈现出一派欣欣向荣的景象。各种横直打法轮流坐庄，此一时，彼一时，或是某种打法独占鳌头，"一统天下"；或是不同打法各显神通，激烈争锋。由此可见，各种打法各有千秋，虽可盛极一时，但都不可能长盛不衰，都有从兴起到鼎盛再到衰落的过程（熊志超 等，2017）。这是因为各个时期的技战术都离不开乒乓球竞技五要素。因此，笔者试图由此入手，首先阐述乒乓球竞技五要素和运动员的核心技术，从理论上对上述各个鼎盛时期运动员核心技术的内涵和演变进行深入剖析。

1. 乒乓球竞技五要素

乒乓球运动员在相互制约和反制约中所击出的每一板球的质量，由它在空间运行的状态和时空特征所决定。从运动学（物理学）角度分析，每一板球的时空特征可归结为"速度""力量""旋转""弧线""落点"五个概念。这五个概念是客观存在的，也是可以量化的（吴焕群 等，2009）。因此，可以利用这五个概念来描述每一板球的技术水平或战术高低。国家乒乓球队前资深教练李晓东率先用五要素原理来分析运动员"速度""力量""旋转"是否够劲，把能置对方于死地的能力称为"动力元素"，并把"落点""弧线"称为"保障元素"。而"动力元素"也就是"技术元素"，"落点"也就是"战术元素"，因此把"落点"从"保障元素"中分离出来，称其为"战术元素"（Hung，2018）。

因为"落点"与"线路"是密不可分的，"落点"好自然会产生好的"线路"变化战术，而"落点"不好则会影响"线路"变化的战术效果，甚至出现失误。比如"我方发短球时至对方的'落点'越靠近边线的话"，对方在回斜线时的"线路"角度就越大，考虑到这样对己不利，这个发短球的"落点"可更靠近中间一点，对方回球"线路"的斜线角度就会小一些。这样，比赛中每一板球不是通过"技术"就是"战术"取胜或为下一板得分赢得主动权。如："发球的动作方法，怎样用力就更旋转等，是技术问题，而发球至什么落点、怎样配套，属于战术问题。"又如："正手攻球的动作方法（站位、拍形、击球时间、触球部位等）是技术问题；而在比赛中，先攻哪儿，再攻哪儿，什么时候攻等，属战术问题。"（苏丕仁，2003）

"弧线"之所以被称为保障元素，是因为动力元素威力的发挥全靠运动员控制"弧线"的能力来完成。"弧线"与"旋转"密切相关，有了"旋转"，必然有"弧线"要求，若没有这种能力，打出来的球就没有稳定性。这是因为乒乓球在球台上空运行，其"弧线"受球台的长度、宽度，球网的高度的限制。合理地制造"弧线"对进攻型弧圈选手而言就是板形前倾由低至高拉"直线斜撞"式"╲"制造弧线（以右手为例），从而保证打出去的球既不因弧线太短而下网，又不因弧线过高而被对方扣杀，又或者是过长而从端线出界。典型的例子就是由高至低打"直线斜撞"式"╱"杀高球。同理，对防守型削球选手对付下旋球而言，合理地制造"弧线"就是板型后仰幅度大（板型较平），由低至高削"直线斜撞"式"╲"制造弧线（以右手为例）；对付上旋球就是板型后仰幅度小（板型较立）并接近垂直，由高至低削"直线斜撞"式"╱"制造弧线（以右手为例），从而不让球偏高。所以不论先发制人还是后发制人的运动员，必定都要过好"弧线"关，否则难成大器。

由以上分析可见，"技术元素""保障元素"及"战术元素"三者是相辅相成、不可分割的一个完整的技战术体系，也是控制技战术能力和水平优劣的标志。于是，"速度""力量""旋转""弧线""落点"这五要素就成为客观上判断每一板球乃至每一分球技战术水平或质量高低的依据。从五要素是一个不可分割整体的角度看，技术、战术两者均衡是理想值，但实际上很难能做得如此完美，只要两者之间差距不会太大就行。

差距肯定会有，但不能成为特长与短板的关系，而应是突出与稍逊的关系。

本书研究竞技五要素的目的，主要是要导出"核心技术"和"非核心技术"的概念，导出"技术"与"战术"之间的关系。在乒乓球练习和竞技比赛过程中，不管运用什么打法，采用什么战术，每一分球的一来一往都包含每一板球的质量和水平，都离不开竞技五要素。所以，作为竞技五要素的乒乓球技术是战术的基础。"掌握了全面、实用的技术，才有可能运用多变的战术。同样，在比赛中，只有合理地运用战术，才能使技术得以充分发挥。"（苏丕仁，2003）

所以，技术、战术和打法是乒乓球竞技的一套完整的技战术体系。一名优秀的乒乓球运动员在漫长的训练和频繁的比赛中，经过千锤百炼，形成了独具特色的打法、技术特长和技术风格，这是宝贵的财富，也是克敌制胜的法宝，可以统称为乒乓球运动员的"核心技战术"。从技术、战术是乒乓球竞技的整体技术的角度来看，"核心技战术"也可称为"广义的核心技术"。其实任何一场比赛要想取得胜利，都离不开过硬的技术和战术，因此，克敌制胜的法宝就是"核心技战术"或"广义的核心技术"。为了方便，下文将不再区分"广义的核心技术"和"核心技战术"，而统称为"核心技术"（熊志超，2011）。

2. 乒乓球的核心技术

对运动员而言，五个要素都突出是相当困难的，甚至是不可能的。但这五方面必然会有几方面更为优秀、更加突出，成为克敌制胜的关键技术或特长技术，笔者称之为乒乓球运动员的核心技术（核心要素）；对于这样的运动员而言，其稍弱的几个要素便可称为非核心技术（非核心要素）或一般技术（熊志超，2011）。

所谓非核心技术，只是相较于自身其他技术而言该项技术稍逊一些，但对别人而言，可能还是强项（熊志超，2011）。

对一名运动员而言，竞技五要素中哪怕是一项"特短"都不可能成为优秀的运动员，因为"特短"就意味着"死穴"，能够给对方可乘之机。一般而言，一名顶级高水平运动员，五要素中至少要有 3 ~ 4 项要素特强，才能立于不败之地，才有望攀登世界乒坛的高峰。

第三节　乒乓球发展各个阶段运动员核心技术的内涵

一、技术元素（动力元素）

1. 削球打法

在乒乓球运动早期（1926—1951），削球打法是最为流行和最具威力的打法，削球打法的选手人数众多并且获得了辉煌的战绩，这一时期也是欧洲乒乓球运动的全盛时期。削球主要是制造"旋转"（动力元素三占其一），以其"旋转"和"弧线"控制"落点"变化来威胁对方，使对方出现接球或进攻失误。

当时他们的五要素分布是这样的："旋转""落点""弧线"能力突出，"速度""力量"稍显不足。可以把前三项看作核心技术，后两项看作非核心技术。可见核心技术中五要素占据其三，既有技术元素和保障元素，也有战术元素。拥有比较合理的核心技术，打法既稳健，不易被攻破，也具有威胁，因此能够暂时处于领先地位。

2.快攻打法

当时的"先发制人"打法之所以处于下风，是因为其"核心技术"中五要素只占据其二，"速度""力量"能力突出，而"弧线""旋转""落点"稍显不足，可以把前两项看作核心技术，后三项看作非核心技术。显然，技术元素缺乏"旋转""弧线"就意味着没有稳定性，这是很难突破稳健的"后发制人"削球打法的。从双方的核心技术与非核心技术比较来看，"后发制人"的削球打法较为先进，但双方均有较大的上升空间。

3.弧圈型打法

1952—2000 年这段时期，由于器材和规则的改变等，快攻打法得到了迅猛的发展。1952—1959 年，主要得益于奥地利人对海绵球拍的技术革新，世界乒坛无坚不摧、唯快不破的"速度"更是得心应手，加之 1960 年日本人发明了弧圈球后，"先发制人"打法融入了"旋转"要素，这使得核心技术成为一个完整的动力元素（"速度""力量""旋转"），三者结合产生出来的超强"旋转"比单纯"速度"的杀伤力要强大得多，几乎达到这项运动所能够承受的极限。虽然战术元素尚未得到充分的开发，但其攻击力远远超出"后发制人"稳健的削球打法。除 20 世纪 90 年代我国的世界冠军丁松颠覆传统的"攻削结合"的创新打法掀起一阵波澜之外，"先发制人"打法的优势一直保持到 2000 年小球时代结束。可见，"动力元素"基本主宰了小球时代，先发制人靠的就是杀伤力，来回球很少，基本前四板就能够赢球了，除发抢和接抢战术外（其实属于前四板技术范畴），没有多少使用战术的机会。

在 2000 年改打大球（40 mm）后，"先发制人"打法的杀伤力受到限制，来回球增多了，但这对"先发制人"和"后发制人"的影响不大。前者的核心技术仍然保持着小球时代（38 mm）能力突出的动力元素，"弧线"也不错，只是"落点"不足。可以把前四项看作核心技术，后一项看作非核心技术。后发制人的核心技术除原来的"旋转""弧线""落点"能力突出外，"速度"也在不断提高，只是力量稍显不足。大致可以把前四项看作核心技术，后一项看作非核心技术。

这一时期，"先发制人"打法的核心技术落后于"后发制人"打法，这表现在技术元素与战术元素各行其是，没有很好地整合到核心技术中去，形成了进攻技术很强、战术和防守能力很弱的格局，也就是核心技术与非核心技术存在优势与短板的关系。这显然依赖动力元素过多了，只是加大了击球幅度来弥补改大球后造成的影响，仍然靠杀伤力取胜，而没有充分开发和利用好战术元素中的"落点"训练。所以，"先发制人"打法与"后发制人"削球打法相比，前者的优势已不那么明显，不论男女线都有败绩。尤其是女线中以"后发制人近台非削球打法"为代表的张怡宁独占鳌头，成为大满贯选手。

二、保障元素（"弧线"）

"弧线"之所以被称为保障元素，是因为技术元素（动力元素）和战术元素的威力发挥全靠运动员控制"弧线"的能力来完成。"弧线"与"旋转"和"落点"密切相关，要满足"旋转"（技术层面）必然也要满足"落点"（战术层面）的要求，没有这种控制"弧线"的能力，则没有稳定性和威胁性可言。所以，确切地说，"弧线"就是弧圈球时代技战术先进打法的保障元素。

三、战术元素（"落点"）

乒乓球竞技五要素（"速度""力量""旋转""弧线""落点"）中的"落点"这个战术元素乍一看不如技术元素（"速度""力量""旋转"）和保障元素（"弧线"）那么重要，那是因为长期以来乒乓球缺乏战术体系（从五要素排名最后就知道它的作用最小），但它应该与技术元素同样重要。运动员控制好"弧线"打球上台不是打技术，就是打战术，可以打球台上的任何位置，但哪个位置最为适合、能直接得分或为下一板取得主动权是有讲究的，这个位置就是"落点"。"落点"与"线路"是密不可分的，"落点"的好坏受制于"线路"的变化。如果运动员掌握了衔接技术之一的"线路变化"的规律，就能产生前后两板（甚至多板）的战术衔接效果，就能给对手造成强有力的战术威胁。所以建立战术体系后，"落点"这个战术元素必将会从五要素排名最后上升到旋转和弧线的前面。

然而"落点"一直以来未被"先发制人"打法者所充分开发，原因是在小球和"40+塑料球"时代动力元素的作用很大（杀伤力强劲），基本上前四板就足以解决比赛场上的问题，来回球少，没有多少机会给运动员发挥其战术作用。因此，人们更倾向于技术上的研究，对战术自然就不如技术那么重视。进入"40+"新时代后，由于动力元素受到进一步的限制，来回球多了，还是靠小球时代（38 mm）和"40+塑料球"时代的要求打"40+"新时代的比赛就显得力不从心、不合时宜了。所以，开发"落点"要素势在必行，此乃符合新时代技战术均衡的要求。

需要指出的是，"先发制人"打法与"后发制人"削球打法对"落点"这个战术元素的要求是不同的，因为前者存在近台离网近的状况。人是有"反应极限值"这个客观事实的（离网越近越难以做出反应，反之，离网越远越容易反应过来。因此"先发制人"打法者在近台即可控制近网球让对方难以做出反应，也可通过速度逼迫对方离台后退，早年中国人敏锐地发现了这一点，于是就有了后来先进的"近台快攻"技术）。所以杀伤力远远高于"后发制人"在中远台削球所使用的战术。其中道理有二：

其一，笔者根据"空间平衡"理论（体育院、系教材编审委员会编写组，1979）分析如下：以先发制人打法对后发制人的削球打法为例，乒乓球运动是在一定的空间范围内进行的，打球的双方如果处于近台相持阶段时，必然是保持着某种空间的平衡，这种空间的平衡实质是时间平衡。也就是说双方在保持一定的距离的情况下都还来得及回击对方的来球。如果先发制人近台进攻者不断加快速度，而后发制人削球对手仍然保持原来的速度，那么保持原有速度的削球对手，就只好被迫后退，打破原有的空间平衡去换回所失去的时间，以便建立新的暂时性平衡。然而，乒乓球运动员是不可能无限制地后退的，当后退到一定程度，如果速度上仍然被压，那么回击球的动作就不可能做得准确。击球的速度、力量、旋转必减弱，整个击球节奏要受到破坏，因而陷入被动。直至接不到球失误。由此可见，以上理论就是近台快攻制胜的秘诀，只要正反手没有漏洞，自己近台就有逼对方退台的优势，即使双方相持到中远台与对方对抗也不会心虚，真正做到近能打退对方，退台也能抗衡到底。

其二，后发制人削球者在中远台打落点线路长、速度慢，对面台的"先发制人"有充足的时间应对。也就是说，中远台远离球网已不存在人的反应极限值，其战术意义并不大，因此对"后发制人"来说失去了战术效果，调动对方的战术手段大打折扣，也就是在打基本功对抗。

所以，如果先发制人打法者能把"落点"开发出来，成为自己的核心技术，保持我们传统近台快攻利用速度逼迫对方后退的策略就必然会打破其空间平衡，从而获得主动权赢得对方，日后战术能力将会大大提高。

四、技术元素与战术元素的完美结合

所谓技术元素与战术元素完美结合是指核心技术需要包含技术元素和战术元素才能全面发展，从而具有更强大的竞争力。至于两者的关系如何平衡，对"先发制人"与"后发制人"是有所不同的。"先发制人"与"后发制人"各有自己的特点，即前者主动进攻，技术元素占优，但还缺乏战术元素；后者被动防守，虽然技术元素中的"旋转"和战术元素中的"落点"及保障元素中的"弧线"五占其三较为均衡，但技术元素较弱。如果按照这样的模式去建立各自的核心技术与非核心技术，"后发制人"打法者恐怕永无翻身之日，1952—2000年这一时期就是最好的证明（参见表1-1）。

表1-1　乒乓球各个时期运动员的核心技术和非核心

技术及打法比较示意表（许铭华，2020）

年代	时期	打法	核心技术	非核心技术
1926—1951年	小球初期	"后发制人"打法（削球）	旋转、弧线、落点	速度、力量
1952—1959年	小球中期	中远台长抽/近台快攻	速度、力量	旋转、弧线、落点
1960—1999年	小球后期	近台快攻	速度、力量	旋转、弧线、落点
		快弧/弧快	速度、力量、旋转、弧线	落点
2000—2014年	大球时代	"后发制人"打法	旋转、速度、弧线、落点	力量
		弧圈球	速度、力量、旋转、弧线	落点

表1-1（续）

年代	时期	打法	核心技术	非核心技术
2014—2016 年	塑料球初期	弧圈球	速度、力量、旋转、弧线	落点
2017—2020 年	ABS 塑料球初期	弧圈球	速度、力量、弧线	落点、旋转
直到掌握衔接技术	ABS 塑料球中期	弧圈球	速度、力量、弧线、落点	旋转

所以，继20世纪90年代末丁松进攻速度不亚于"先发制人"的进攻速度并以颠覆传统的"攻削结合"创新打法获得成功后，"后发制人"打法者意识到须加强进攻速度，也就是动力元素要提高才能与"先发制人"打法者相抗衡，因此众多运动员纷纷效仿其打法。理论上来说，就是核心技术除保持原"旋转""弧线""落点"能力突出外，增加了另一个动力元素"速度"，这样五要素中技术元素的比例加大了，使得核心技术趋于均衡（五占其四），进攻主动性有了，整体实力进一步加强，形成能攻能守的新局面。所以这一时期韩国的朱世赫（继承了丁松"攻削结合"打法）、金景娥（属"削中反攻"类型）迅速崛起。朱世赫更以削中连续对拉鹤立鸡群，以其精湛的技艺荣获世乒赛男单亚军；金景娥也不容小觑，能够凭借削球打法与"先发制人"打法激烈争锋，并取得奥运女单铜牌的好成绩；我国的张怡宁更是以其独特的能攻能守的"后发制人近台非削球打法"独占鳌头；随后的丁宁也成就了自己的大满贯梦想。这些成功的例子都说明了将五要素中技战术元素合理地整合到核心技术中的重要性。女线中采用后发制人打法的张怡宁在这一点上尤其突出，无愧于"大魔王"的称号，这时候的非核心技术对其影响也就微乎其微了。然而与女线不同的是，男线"先发制人"的杀伤力强劲，此时其核心技术虽然整体还不理想，但还是比"后发制人"的核心技术强大（多了一个"力量"元素）。所以，"先

发制人"打法还是碾压"后发制人"打法，从 1952 年至今，"后发制人"打法从未问鼎过世界男单冠军宝座的现实就证明了这点。

应该强调的是：核心技术与非核心技术是一个相辅相成的整体，是特长与一般的关系，它们之间的差距不宜太大。差距肯定会有，只要不形成优势与短板的关系，而只是突出与稍逊的关系即可。关于这一点，男线其实一直存在特长与短板的关系没有处理好的状况。直到 2014—2017 年国际乒联两次改革"40+ 塑料球"，"落点"这个战术元素才被有识之士提到训练日程上来。衔接技术中的线路变化规律能有效控制"落点"，这正是"先发制人"打法训练战术元素最有效的武器，也是现代乒乓球战术理论的基础，只要掌握了衔接技术，战术的使用也就水到渠成了。

第四节　乒乓球发展各个阶段运动员核心技术的演变

从乒乓球运动早期 1926 年 "后发制人"削球打法为主导的年代，到 1952—1959 年快攻主导的年代，又到 1960—1999 年小球弧圈球与快攻并存年代，再到 2000—2014 年大球弧圈球主导年代，最后到 2014—2016 年（塑料球初期）和 2017 年 ABS 塑料球正式实施以"先发制人"弧圈球打法为主导的年代，历时近百年漫长的岁月里运动员的核心技术与非核心技术的变化如表 1-1 所示。

由表 1-1 可见，"后发制人"的削球打法盛行了 25 年。1952 年随着日本运动员创新的中远台长抽技术打法的出现，"先发制人"的进攻打法颠覆了"后发制人"的削球打法。这表现在核心技术与非核心技术发生了质的变化，主要是双方的核心技术和非核心技术颠倒了过来，"先发制人"打法的核心技术明显比"后发制人"的杀伤力更加强大和先进（主要得益于海绵球拍的技术革新）。到了 1960 年，由于日本运动员又革命性地发明了"弧圈球"技术，核心技术与非核心技术再度发生质的变化，从此，乒乓球的技术元素（动力元素："速度""力量""旋转"）和保障元素（"弧线"）紧密结合，在 60 年间主宰了核心技术，而非核心技术中的战术元素"落点"却 60 年不变。这说明了"40+"新时代以前运动员的技战术两者不均衡，已经形成特长与短板的关系。尽管如此，当时的打法还是符合"40+"新时代以前球体小杀伤力强劲的客观规律。只有在"40+"新时代以后，运动员掌握了衔接技术，才有望达到技战术均衡的要求。

第二章　研究回顾

　　自 2001 至 2016 年以来中国的科研结果显示，中文类体育核心期刊所刊载的 99 篇乒乓球技战术定量研究文献中，有 63 篇对击球的线路、落点进行了研究，约占其总数量的 63.6%。（张赛强 等，2017）但在这些文献中，对于将线路和落点融于一体的"线路变化规律"问题进行专题研究的很少，笔者于 2010 年发表在核心期刊《体育学刊》第 8 期上的论文将"线路变化规律"进行了定性分析，总结定义出了"衔接技术"这个专业术语。"40+"改革以前，中国的乒乓球整体实力超强，一直处于"孤独求败"的境地。当时的球体轻，技术元素（动力元素）的作用很大，来回球不多，战术的使用率有限，对衔接技术的需求并不十分迫切。因此，未引起学术界的足够重视与深入研究，这就是为什么一直以来高水平乒乓球运动员实施战术时多以经验和基本功为前提。不论是教练员还是运动员都偏重于用经验来教学和打球，以致运动员在比赛中的"套路球"（熊志超 等，2020）不多，只能是一些零碎的、局部的、经验层面上的套路而已。

很多时候即使出现了战术机会他们也视而不见，或者自己使用了战术也不知道是战术，这称为被动使用战术。这是传统训练缺乏战术理论体系从而导致运动员掌握战术不全面的一种表现，因此，运动员所掌握的战术"套路"就各不相同。由此可见，以往的研究存在局限性，具体而言，主要体现在以下两个方面：其一，学者更多的是对发生得失分时的线路和落点问题进行静态研究，而缺乏对连续两板或多板线路变化的动态研究，从而难以揭示运动员之间的线路变化与对抗的特点和规律；其二，以往研究虽也有涉及变线问题（比如三条直线的应用），但始终未对"线路变化规律"及其动态变化进行深入探讨（熊志超 等，2020）。

为此，在"40+"新时代实施背景下，笔者试图从上述局限性入手，并以书的形式把过往的研究及目前所获得的最新研究成果对"线路变化规律"的概念进行更新、充实和界定，并在对大量高水平乒乓球运动员比赛视频进行实证分析的基础上，力求从衔接技术的视角对运动员的战术特征、效果、能力的提高进行深入研究，冀求全面地探讨衔接技术对高水平乒乓球运动员战术能力的影响，反思影响乒乓球技战术训练的因素，揭示传统乒乓球技战术训练存在的问题，开启乒乓球运动员的战术思维，探索有利于提高高水平运动员战术能力的发展方向。

第二部分　理论篇

第三章　衔接技术的形成与演进

第一节　衔接技术雏形阶段

何谓"套路球"？在还没有出现"衔接技术"这一专业术语以前，套路球是一种沿袭传统并以经验为基础产生出来的思维方法、技巧手段（俞菀，2016），是带有一定规律的、有战术意图的来回球个案。它只是局部的经验层面上的技战术套路，还没形成规律，因此，可以把套路球理解为一种经验性知识。例如，我方发急长球，一般而言对方也是回接长球，接着我方第三板就会提前退后一步准备进攻出台球。充分掌握发球和接发球的基本规律，准确预测来回球路线，击球成功率将大幅提高，这是毋庸置疑的。最早套路球之形成就正如国家队前资深教练李晓东（2010）所言："早在20世纪70年代日本世界冠军河野满采用日本式直拍打法，其脚下功夫一般却屡能在赶打正手后还能侧身。经细心观察后发现，他调正手打反手的套路十分精湛，先是攻一板又快又直的反手直线，逼着对手回接斜线，他再正手等打直线，此刻对方又再次回击斜线时，他就能等反手位从容地大胆侧身了。"当时专业人士对河野满的评价是击球线路清晰，所以预判就容易。在笔者看来，其实这就是河野满的打球经验（"套路球"）。河野满用的是正反手结合打了两条直线，一条反手位，另一条正手位。笔者套用现代的衔接技术理论来讲，河野满是利用了对方"逢直变斜"的"思维定式"来预判并打了两个"双边直线"战术（叠加战术），其作用是先"调右压左"，再"压左打右"。也就是说，河野满的这个"套路球"既是现代意义的"衔接技术"，也是"战术"。由此印证了衔接技术早已存在，从河野满那时期的打球经验来看，他是在认识客观事物过程中的一种体验心得，但只是局部的经验层面上的技战术套路，当时还没有人挖掘、整理、完善、上升到理论的高度，也可以理解为衔接技术的雏形，无疑对日后衔接技术理论的形成、建立和发展起着至关重要的作用。

第二节　衔接技术形成阶段

20 世纪 90 年代初蔡振华接手中国国家男子乒乓球球队时，在总结前人经验的基础上，对前三板以及其后的四、五板的衔接重要性提出了一体化概念（蔡振华，1999）。吴焕群、张晓蓬（2009）针对三条直线亦研究得比较透彻（其中一条指中路），并体会到要重视三条直线的运用，因为打直线本身就比斜线快，能使对方因没有充分的还原时间而造成被动或击球失误；能给对方判断增加困难，使对方反应不及。回顾中国队在 1995年天津世锦赛击溃天敌瑞典队所完成的翻身仗，当时除了大胆启用削球好手丁松转败为胜外（周资众 等，2015），另一制胜策略是实施了直线战术（吴焕群 等，2009）。可见中国队当年与瑞典队打翻身仗就非常重视直线的使用，起到了很好的战术效果，从而在当时为帮助低迷中的中国乒乓球男队重新走向辉煌做出了积极的贡献。

以上都是前辈在实践中由感悟总结出来的具有一定规律和特色的经验层面上的观点，这些观点在未形成理论之前均属于经验认知。但是，"经验还必须上升到建立理论的层面。理论是对某种经验现象或事实的科学解说和系统解释，是由一系列特定的以及对这些概念、原理严密论证组成的知识体系，其形成是科学抽象的结果"（朱光，2018）。

第三节　衔接技术建立阶段

一、线路变化规律

人们最初打乒乓球是从"直来直去""斜来斜去"这个"最原始"的方法开始的，可归并为"同线回接"技术；后来人们在此基础上摸索出能调动对方为自己创造有利局面的"逢直变斜"和"逢斜变直"技术，可归并为"异线回接"技术。这样，打乒乓球就出现了五条基本线路：正手位斜、直线；反手位斜、直线；中间位直线（熊志超，2010），后来再加上中间位左右两条小斜线也就是七条基本线路。以上就是乒乓球最原始、最基本的技战术打法。

笔者研究认为，人们在长期使用这两个"逢直变斜"和"逢斜变直"的异线回接技术过程中会发现它们很实用而且是有规律可循的，因此，逐渐把它们习惯化，并成为一种潜意识而不易改变。这种"按照积累的思维活动经验教训和已有的思维规律，在反复使用中所形成的比较稳定的、定型化了的思维路线、方式、程序、模式等在心理学中称为思维定式。正因为思维定式强大的惯性或顽固性，不仅逐渐成为思维习惯，甚至深入潜意识，成为不自觉的、类似于本能的反应"。于是这种思维定式一旦形成，要改变"逢直变斜"和"逢斜变直"是有一定难度的，笔者就利用了运动员的这种思维定式来实现前后两板的技战术衔接。比如：在实战中 A 运动员（以下简称 A）与 B 运动员（以下简称 B）从反手位打起，当 A 发球，B 第 2 板反手接发球抢拉斜线与 A 第 3 板反手形成斜线相持。当 B 第 4 板变直线，A 就会第 5 板习惯性正手打斜线（出现这种打法的概率很高），这时 B 第 6 板就要等在正手位打直线了，这叫反手变直线保正手。B 第 4 板与第 6 板为什么能配合得如此默契呢？道理很简单，B 这个线路变化意识是利用了 A 打球的习惯性思维定式"逢直变斜"来实现前后两板的衔接（熊志超，2010）。也就是说，B 第 4 板打直线是大概率预料到对方第 5 板会回斜线，这个技术就是练自己的衔接技术，那么，B 第 6 板等在正手位打直线就是打对手的战术，这叫 "双边直线"战术，也是"调右压左"战术。可见，B 第 4 板与第 6 板打衔接技术与打战术融为一体了。同理，打正手位直线，下一板就应有等反手位的衔接意识了。

像这样的例子有，A 打中路时，B 在毫无准备的情况下，如果用正手接球，回中路或中路偏一点正手位较常见，回正手位大角的可能性较少（用反手接球时同理），这样 A 就等在中路杀两角了，此乃"打中路杀两角"战术。打中间之所以能杀两角，是因为 A 突然打中路，B 在没有准备的情况下总是会瞬间做出自我保护的反应，这就是"本能反应"所起的作用。其模式非学习得来，也不是基于此前的经验，而是天生的生理反应。这表现在 B 的身体和持拍手会移动向着中间位保护自己，这样球碰到拍面自然就回弹到对面台的 A 的中间位，然后 A 候个正着"逢直变斜"杀两大角。

此乃利用了 B 的这种本能反应来实现前后两板打中间杀两角战术上的衔接。

以上的例子都是较典型的、在实战中常常能看到且出现频率较高的技战术。因此可以说，这就是笔者在长期打球和教学与训练中总结前人"套路球"的基础上，在乒乓球的七条基本线路中反复进行练习的过程中研究出来的线路变化规律。然而早期的这些研究成果，难免存在一些不够完善之处，因此，在后续的研究中笔者将会运用最新的研究成果加以完善并以战术专题研究与诊断分析的形式展现给读者。

衔接技术在建立阶段所强调的是击球线路变化规律，此规律乃从乒乓球的七条基本线路（正手位斜、直线，反手位斜、直线，中间位两小斜线及直线）中通过反复练习与实践结果而来。根据运动员们在长期使用同线回接（即"逢斜回斜"或"逢直回直"）和异线回接（即"逢直变斜"和"逢斜变直"）这个最原始的技战术过程中，我们发现它们具有实用性且有规律可循，因此，逐渐把它们习惯化后并成为一种不易改变的思维模式，我们称为线路变化规律（熊志超，2010）。衔接技术的核心就是掌握线路变化规律，在解读线路变化规律时都是从施战术者的角度去理解的，如每一分球前一板打的反手位直线球既是传统技术，也是衔接技术，能利用对方"逢直变斜"的思维模式来预判对手的斜线来球路线，后一板就是等正手位主打对方的战术，此乃"逢直变斜"衔接规律。所以衔接技术也是战术，两者关系密切。在尚未建立线路变化规律之前，专业运动员所掌握的套路球都很有限，唯有把这些套路球发掘、整理、总结后形成一套战术体系，运动员才能将套路球演变成线路变化规律，再透过系统训练后最终达到衔接目的。以下做法为笔者从长期研究衔接技术的成果中，首先筛选出具代表性之实战案例，再经由解读高水平运动员的比赛影像后，验证衔接技术在"建立阶段"中所归纳出的六条重要的线路变化衔接规律，兹分述如下。

1.打直线时的逢直变斜衔接规律的构建

本来过往专业界前辈对打直线是有一套传统经验性研究的，即"反手位打直线保正手"及"正手位打直线保反手"这种套路球之说。笔者认为，之所以施战术者打直线能预判防守者回斜线，是因为防守者接直线都有面临选择哪条回球线路对己有利的经验，施战术者在其反手位打直线防守者回斜线是施战术者的正手位空当，对防守者有利，而对施战术者不利；而施战术者在其反手位打直线防守者回直线对己最不利，施战术者不费吹灰之力打斜线就是防守者的反手位空当。因此，防守者接直线更多的是选择回接斜线，这种逐渐形成一种意识而不易改变的现象在心理学上叫思维定式效应。如果把传统打直线这种"套路球"的经验性研究上升到理论的层面就是上面笔者总结的施战术者前一板利用了对方"逢直变斜"的这个线路变化规律来大概率预判的（熊志超，2010）。如后一板再打直线就形成了双边直线战术，作用是"调右压左"；打斜线就是单边斜线战术，是"调右压左"的反向思维战术，叫"调右打右"，作用是抓住对方习惯性回反手位的心理打正手位空当。这两个战术的组合使用能够起到不俗的效果。可见，衔接技术与战术在前后两板融为一体了。以马龙 vs 樊振东的视频为例进行案例实证分析（超然象外，2018a）：樊振东接发球第 2 板入台正手位反手台内拧拉直线后，利用马龙第 3 板会回斜线这个逢直变斜思维定式来衔接，因此樊振东第 4 板快速退台回反手位与马龙形成连续多板的反手斜线相持，并在第 10 板樊振东反手位反手再变直线时，同样能预判对方会回斜线球，因此，又迅速移动到正手位正手第 12 板反拉斜线。樊振东前面的第 2 板与第 4 板及后面的第 10 板与第 12 板配合得如此默契，都是利用了对方打球的习惯性思维定式"逢直变斜"来实现的。

实证分析结果显示如下规律：施战术者凡是在反手位打直线就要有等正手位打战术的衔接意识，同理，施战术者凡是在正手位打直线就要有等反手位打战术的衔接意识。

2.打直线时的逢直回直衔接规律的构建

反手位打直线保正手是利用对方逢直变斜在正手位压左，实现"调右压左"，这种传统线路变化规律战术完全可以被另一种线路变化规律打破，即反手位打直线也可以保反手位，是通过极限球逼迫对方"逢直回直"为实现自己前后两板战术上的衔接而在反手位压左。其中的道理是：只要施战术者能抓住对方移动上的弱点，熟练采用压一边并打另一边战术突然袭击，利用对方因受到生理因素所限造成的"步法不到位"现象这个解剖结构影响，笔者将之称为"极限球"（熊志超 等，2020），因为它超出了运动员的生理极限，是不可抗拒的，此乃最新的研究成果。以刘诗雯对战木子一分球视频为例进行实证分析（超然象外，2019a）：刘诗雯正手发下旋短球至木子（施战术者）反手位，木子第2板反手挑斜线，刘诗雯第3板反手斜线相持，木子在关键的第4板突然变直线，造成刘诗雯步法不到位从而只能在第5板击出直线球，这样木子就可以利用第4板的极限球逼迫刘诗雯在正手位逢直回直，第6板等反手位再打斜线达到有利衔接，从而再度造成刘诗雯折返反手位，在第7板同样存在步法不到位现象，只能在赶打情况下击出直线球。

这样，施战术者反手打直线时的逢直回直衔接规律就颠覆了上面介绍打直线时的逢直变斜衔接规律，传统模式是在正手位压左（"双边直线"战术），现在也可以在反手位压左了（"单边斜线"战术）。也就是说，施战术者反手相持变直线（调右）后对方回球路线既可能回直线也可能回斜线，这就存在两种衔接方法了，今后运动员就必须解决好判断对方到底回的是哪条线的问题。

方法很简单，当施战术者反手变直线时，看对方使用什么步法。如使用并步（滑步），代表步法到位，可打斜、中、直线，但只要施战术者变直线的质量高，对方还是会受逢直变斜的思维定式影响而打斜线居多，此时就必须等正手位了；如使用跨步或手比脚快的应急步法是很难打斜线大角的，因为在接施战术者突如其来的球时对方是无法使用并步的，只能使用跨步或手比脚快的应急步法。跨步是应付特快的来球反应最敏捷的步法，本身步法就是不怎么到位的，须抢时间，往往都是手比脚快，无法进行重心交换，所以打直线居多或最多打小斜线至中路。同理，交叉步不到位也只能打直线，打斜线大角难度颇高。

实证分析结果显示如下规律：施战术者打直线时只要有质量就没有任何顾虑了，看对方是否步法到位来判断其回球路线，若到位则回斜线的概率还是大于回直线的，若不到位则只能回直线（熊志超 等，2020）。

3. 打斜线时的逢斜变直衔接规律的构建

既然施战术者打直线时的逢直变斜衔接规律可行，那么施战术者打斜线时可否也利用对方逢斜变直的思维定式来实现前后两板的衔接呢？关于这个问题笔者透过多年的教学与训练经验以及对奥运会、世界锦标赛及世界杯三大赛和大量高水平运动员影像资料观察发现，逢斜变直的衔接规律远不如逢直变斜来得强烈和可靠，原因如下：直线比斜线短，对方高质量的斜线来球时间不容易掌握，出手稍微慢了点就容易失误出界，此乃运动员来自经验层面的顾虑，自然施战术者在权衡利弊后逢斜变直的使用率就较低。笔者通过研究认为，这是因为如果想变直线，则需短暂的时间在髋部带动下从斜线时的拍面转向直线的拍面，这就存在时间差（熊志超，2019）。不过，笔者在研究的过程中发现，只要能抓住对方移动的弱点，施战术者熟练采用压一边打另一边战术突然袭击打出极限球，同样能令对方步法不到位，逼其"逢斜变直"为自己实现前后两板战术上的衔接。此乃解决问题的策略，也是上升到理论层面的战术规律。下面以2015年国际乒联职业巡回赛里斯本年终总决赛马龙对战樊振东的一分球视频为例进行实证分析（超然象外，2016a）：樊振东单步入台第2板接正手位短球时突然拧了一记斜线大角的极限球，马龙在没准备的情况下，第3板交叉扑右只能回直线（逢斜变直）或偏一点中路，而无法打斜线大角，此乃生理所限造成的步法不到位现象，是不可抗拒的客观规律。这样樊振东第4板就能精准地预判马龙的直线回球达到衔接目的，从而完成压一边打另一边的"双边斜线"战术，作用是"调右压左"。

实证分析结果显示如下规律：施战术者只要在反手位或正手位突然调动对方到另一边斜线大角接球，下一板就等其回直线了（熊志超 等，2020）。

4. 打斜线时的逢斜回斜衔接规律的构建

众所周知，打反手位斜线大角时，只要具有同等实力的双方运动员反手斜线高质量地相持，对方都很难变直线的。尤其是施战术者通常在下一板变线或侧身打之前都会突然加力，令对方无法变直线，只能同线回接，此乃经验层面上的战术。而笔者的研究认为：因为对方变直线需要板形变化，即如果想变直线，则需短暂的时间在髋部带动下从斜线方向的拍形转向直线方向的拍形，仍存在时间差及直线短容易失误的问题。所以，施战术者正是利用时间差控制对手令其因受到生理因素所限而来不及变直线，此乃上升到理论层面的战术（熊志超 等，2020）。我们以王励勤对战张继科的一分球比赛视频为例进行实证分析（超然象外，2018b）：张继科入正手位台内反手拧拉直线，王励勤第3板反手加力反撕斜线是必然的对策，使得张继科第4板非常被动，只能艰难地回斜线球，被王励勤第5板抓住不放，侧身正手拉冲直线得分。王励勤的第3板就是衔接技术理论中打斜线时的逢斜回斜衔接规律的核心，只要这板打斜线的质量高，就能利用时间差逼着张继科无法打直线而只能回斜线达到了逢斜回斜的衔接效果，第5板再侧身正手冲直线，完成"压左打右"的"单边直线"战术并实现从对方正手突破的目的。

实证分析结果显示如下规律：施战术者只要反手位反手打斜线质量高就能逼对方反手也回斜线，就能变线或侧身打。

5. 打中路两条小斜线时的逢斜回斜衔接规律的构建

如果运动员接发球站位中间突然反手反向拧/挑对方正手位（右手对右手）或反手位正向拧/挑对方正手位（右手对左手）小斜线，就都能创造出步法不到位的机会取得逢斜回斜的衔接效果。以2008年奥运会女单张怡宁（施战术者）对福原爱一分球为例进行实证分析（超然象外，2016b）：福原爱高抛发球至张怡宁中路偏一点正手位台内，张怡宁接发球第2板侧身突然反手反向挑小斜线至对方正手位，此时福原爱跨步在步法不到位的情况下，第3板正手回中路小斜线最常见，回直线次之，回斜线大角的可能性较小，所以福原爱就不得不"逢斜回斜"了。张怡宁就等在中路衔接，第4板反手杀对方反手位，再次逼迫福原爱第5板产生步法不到位现象，因而最多只能回小斜线至中路，同样是无法打回斜线大角。

张怡宁第 6 板在中路继续衔接，侧身正手杀机会球，令福原爱束手无策。此乃打中路时的两条小斜线的逢斜回斜衔接规律（熊志超 等，2020），打的是双边斜线战术，其作用同样是"调右压左"。

实证分析结果显示如下规律：施战术者只要站位中间突然拧对方正手位或反手位小斜线，就能等中间衔接打另一边小斜线了（熊志超 等，2020）。

6. 打中路时的逢直回直衔接规律的构建

过往的经验性研究结果表明，本方运动员突然打中路时，对方运动员也会回防中路球。如果上升到理论的话，可以引申出利用对方本能反应来实现前后两板战术上的衔接效果（熊志超，2010）。以瓦尔德内尔在某场国际比赛一分球视频为例进行实证分析（超然象外，2017a）：瓦尔德内尔反手接发球摆短，对方第 3 板入台劈长反手位偏一点中路，瓦尔德内尔反手突然抢拉中路时，对方在毫无准备的情况下，总是会瞬间做出自我保护的反应(天生的生理反应)从而正手也回中路，球就会碰到球板反弹回中路，这样，瓦尔德内尔就等在中路衔接杀对方正手位。这种利用对方本能反应的线路变化规律就是衔接技术理论，也是 "打中路杀大角" 战术。像这样的例子还有不少，如 2011 年第 51 届荷兰的鹿特丹世乒赛女单冠亚军比赛李晓霞对丁宁（超然象外，2016c）以及 2016 年世界杯团体赛中国队的刘诗雯对荷兰队的李佼（超然象外，2017b）的一分球视频等。

实证分析结果显示如下规律：施战术者只要在正手位或反手位突然打中路，下一板就等中路衔接杀两大角了，也就是"打中路杀两大角"战术。

二、旋转变化规律

最新研究结果发现，旋转变化规律能有效破坏对方接发球，为己大概率预判抢攻做准备。其核心是在巧用发侧上旋球至对方正、反手位抢攻时，能利用对方怕吃旋转球而抓其反方向避旋转的思维定式来达到衔接目的。这对发球方的质量要求很高，否则达不到衔接效果。以下都是以右手为例，构建了 4 条旋转变化规律。

1. 反手发侧上旋球至对方反手位等斜线衔接抢攻

之所以 A 运动员反手发侧上旋斜线球至 B 运动员反手位能预判其回斜线（"同线回接"），是因为 B 运动员反手直线回接（"逢斜变直"）是偏向吃旋转球方向的且很容易失误，故其反手接发球必然反方向打斜线避旋转。此乃 A 运动员利用对方怕吃旋转球的思维定式达到"逢斜回斜"衔接目的来进行第 3 板抢攻的。

掌握了此规律，运动员发球则是发侧上旋斜线等斜线再抢攻。

2. 反手发侧上旋球至对方正手位等直线衔接抢攻

之所以 A 运动员反手发侧上旋直线球至 B 运动员正手位能预判其回直线（"同线回接"），是因为 B 运动员正手斜线回接（"逢直变斜"）是偏向吃旋转球方向的且很容易失误，故其正手接发球必然反方向打直线避旋转。此乃 A 运动员利用对方怕吃旋转球的思维定式达到"逢直回直"衔接目的来进行第 3 板抢攻的。

掌握了此规律，运动员发球则是发直线等直线再抢攻。

3. 正手发侧上旋球至对方反手位等直线衔接抢攻

之所以 A 运动员正手发侧上旋斜线球至 B 运动员反手位能预判其回接

直线，是因为 B 运动员反手"同线回接"（斜线）是偏向吃旋转球方向的且很容易失误，故其反手接发球必然反方向打直线避旋转。此乃 A 运动员利用对方怕吃旋转球的思维定式达到"逢斜变直"衔接目的来进行第 3 板抢攻的。

掌握了此规律，运动员发球则是发斜线等直线再抢攻。

4. 正手发侧上旋球至对方正手位等斜线衔接抢攻

之所以 A 运动员正手发侧上旋直线球至 B 运动员正手位能预判其回接斜线，是因为 B 运动员正手"同线回接"（"逢直回直"）是偏向吃旋转球方向的且很容易失误，故其正手接发球必然反方向打斜线避旋转。此乃 A 运动员利用对方怕吃旋转球的思维定式达到"逢直变斜"衔接目的来进行第 3 板抢攻的。

掌握了此规律，运动员发球则是发直线等斜线再抢攻。

以上规律不限于发球抢攻的衔接，在比赛中若双方势均力敌，有时也可以在中远台相持处于劣势即击球位置不佳无法有效进攻时来一板侧上旋迷惑对方，令对方直接拉球吃转。我们以第 53 届世乒赛混双冠亚军比赛中韩配对的许昕 / 梁夏银 vs 日本的吉村真晴 / 石川佳纯的一分球为例进行案例实证分析（超然象外，2021a）。

从比赛视频可见，左撇子许昕是用正手一记侧旋击球（球体的右侧面），因此球的旋转方向是在许昕的右侧，也就是石川佳纯的左侧，可是石川佳纯还向旋转的同方向即左方向打球，还能不吃转吗？若石川佳纯打相反的方向，即右方或打在球台中间也不至于失误。高水平运动员犯这种旋转变化规律的低级错误实属不该，也许是缘于许昕应变突然，来不及多想凭本能的反应吧！

这是许昕常用的一种战术，作为许昕的配对梁夏银可以把这种旋转变化规律用于预判石川佳纯打相反方向来衔接，即梁夏银的左方（反手位）。也就是说，梁夏银根本不必理会其右方（正手位）。石川佳纯一打就出界了，梁夏银打左方（反手位）就对了，此乃利用旋转变化规律来打衔接技术。可是从视频上看，梁夏银还在追打石川佳纯打出界的球，说明她并没有体会许昕打出的侧旋球会使对方避旋转而打相反的方向，也就是说她犯了与石川佳纯同样的判断错误。

三、节奏变化规律

最新研究结果发现，节奏变化规律可被利用来逼迫对方出现技术故障，使施战术者获得有效战术，置对方于死地。其核心离不开时间差、速度差、位置差三个媒介，并通过"极限球"打出各种节奏变化战术直接获胜或为下一板的衔接创造条件。下面以这三个媒介来阐述节奏变化规律。

1. 时间差

笔者在研究线路变化规律战术的过程中发现，在具有同等水平的高手相持时，不论是同线回接（"逢斜回斜"或"逢直回直"）还是异线回接（"逢斜变直"或"逢直变斜"），都存在时间差这个概念。我们先分析打同线时的情形：双方在同线近台相持多板后总有一方会出界，这是因为快的一方是主动击球（球拍先碰到球），而被动击球的一方是球先碰拍，因此而出界失误，主动击球者就是占有很短暂的半拍的时间差优势赢球的，这就是节奏变化所起的作用。我们再看双方异线回接对抗的情况：打斜线相持变直线或直线相持变斜线时拍面的转向需短暂的时间，小范围的正反手转换也存在时间差，大范围左右调动对方脚下移动更存在时间差（双打两人轮换打球需时更长）。如果我们能充分利用好同线和异线共同存在的时间差这个特点，在使用战术时把握好前后两板的"第一时间"这个战术节奏，就能置对方于死地。

下面笔者就从这个切入点进行研究。以樊振东 2020 年获得男单世界杯冠军对阵马龙决赛的视频为例进行实证分析，这个视频有三个一分球，我们只看前两个视频（超然象外，2021b）：第一个一分球来回很多，体现出双方基本功扎实，最后马龙抓住对方左右手转换弱点，令樊振东从反手转正手时失误下网，战术原理是从反手转正手或从正手转反手都存在时间差，尤其是从反手转正手动作幅度相对较大，速度上也就会慢点，从正手转反手动作幅度虽相对小点，但两者都逃不过时间差，关键是施战术者前后两板要有衔接技术意识，把握好"第一时间"这个战术节奏，否则会功亏一篑，这里显然马龙做到了。

在第二个一分球中，马龙最后是抓住了对方正手重心转换弱点赢的，不过，这时马龙是在被动防守的情况下实施的，具体情况是樊振东正手侧身高质量打了个小斜线到中路被马龙正手回防中路，此时樊振东在正手侧身打完小斜线后重心落到了反手位的左脚，此时要从反手位方向往正手位方向还原，虽然球离身体不远（能够到球），但正手这种重心转换存在方向移动所产生的时间差，因此，樊振东受到生理所限造成的重心转换困难，这就是马龙利用"第一时间"这个战术节奏，逼出樊振东正手重心转换移动的弱点令其失误的原因。

由此可见，运动员善于抓对方存在时间差特点对提高战术效果的作用是不言而喻的。

2. 速度差

所谓速度差就是双方在相持过程中己方善于利用半台（小斜线）或打直线球对付对方全台（大斜线）产生速度差，从而逼对方直接被动击球失误或按施战术者的意愿回球达到衔接下一板的目的。

以一个"单边直线"战术为例，请看视频（超然象外，2021c）：这个一分球视频从画面上看是在打业余比赛，背靠镜头者是曾在专业队目前是网红教练的王开，面对镜头者是个与其实力相当的左撇子，双方运动员的对抗虽然很少，却较真切地反映出运动员主动击球与被动击球之间的关系。下面笔者从衔接技术理论的角度对运动员打极限球逼出时间差和速度差两个维度的节奏变化这一过程进行实证分析。王开发短球至对方（左撇子）中间偏正手位，对方第2板反手反向打王开反手位偏中路，王开第3板侧身正手拉斜线至对方正手位，对方第4板正手"同线回接"快带回头，王开第5板正手拉直线从对方反手位突破令其第6板反手被动击球反拉出界。

笔者分析，王开第3板打斜线高质量逼对方第4板只能回斜线，这样第5板打直线就构成了"单边直线"战术，此乃打斜线时的"逢斜回斜"衔接规律（熊志超 等，2020）。所谓"逢斜回斜"，即王开的第3板打斜线（逢斜）只要质量高就能逼对方第4板只能回斜线就范，这就是衔接技术规律。原理是左撇子在打斜线相持时的板面如要转直线方向就会存在时间差而来不及，硬变直线容易被动击球失误。接下来我们看王开第5板是如何打直线制胜的。

笔者进一步分析，王开第5板打直线就比对方第4板的斜线要短，客观上就是速度比对方快，这就是利用速度差产生的节奏变化。也就是说，王开在使用单边直线战术时除了前一板靠"极限球"逼对方因怕打直线存在时间差而不得不打斜线外，还利用后一板打速度差这个节奏变化产生双重的战术效果，才比对方快了一点点的时间，令其被动击球出界。

由此可见，运动员善于打速度差对提高节奏变化这个战术效果的作用是不言而喻的。

3. 位置差

位置差就是施战术者利用"速度差"逼对方进入某个位置后，下一板打对方空当；或通过重复落点战术打一角逼对方远离另一角后，下一板打对方空当。下面以王楚钦的某场国际比赛为例进行案例实证分析，请看视频（超然象外，2019b）：视频的内容虽然简单，来回球不多，三个回合就结束了战斗，但内涵丰富，这两个战术之间的衔接包含了不易觉察的位置差。下面笔者就来谈谈这个位置差到底对战术的作用和影响有多大。

从视频可见，王楚钦的战术思路非常清晰，应用主动防守战术，即第2板搓长直线让对方第3板先正手位挂起斜线，然后第4板进行反手反拉斜线来衔接。王楚钦的2、4板一直一斜重复落点的线路变化是引发对方3、5板产生移位远离反手位形成位置差的先决条件，使得王楚钦第6板从容侧身冲直线增加了保险系数。王楚钦这个战术真是打得好不如打得巧，否则对方还是有回防到位的可能性。这样，王楚钦4、6板又构成了"单边直线"战术，与前面2、4板的主动防守战术形成了叠加战术的威力。

由此可见，运动员善于打位置差对提高战术效果的作用是不言而喻的。

综上所述，节奏变化规律战术离不开时间差、速度差、位置差，可以说它们是与战术规律发生关系的媒介或工具，掌握好这些工具是提高战术节奏能力的有效途径。

四、一分球视频对战术研究的作用

一分球视频在这里是专门用来实证分析笔者的衔接技术理论的可行性的，如上面 6 条重要的线路变化规律都被验证为可行的，具体以第 3 条打斜线时的"逢斜变直"衔接规律实证分析为例：樊振东第 2 板在正手位反手突然拧拉斜线大角令马龙第 3 板交叉扑右产生步法不到位现象，而无法打斜线大角，就只能打直线。樊振东 vs 马龙的一分球视频达到了验证施战术者通过打极限球可以逼对方"逢斜变直"为自己衔接下一板打战术的目的。也就是说，实证分析结果是可行的，至于视频中的樊振东是否已掌握了"逢斜变直"衔接下一板（第 4 板）的规律和反手打斜线与前一板构成的"双边斜线"战术不是本章节主要的研究对象。但是笔者想让读者知道一个事实，这些高水平运动员所完成的一分球视频并不意味着他们已经掌握了衔接技术规律，道理很简单，运动员在接受打斜线时的"逢斜变直"衔接规律训练以前，可以肯定他们只有一板球战术，即樊振东在第 2 板台内拧斜线时没有衔接下一板球这个二板球战术意识的。那他们怎么会打出作者所要实证分析的结果呢？台面就 7 条基本线路，专业运动员天天练，线路走向很熟悉，他们凭技术上的基本功打出一些"神球"不是不可能，这些"神球"包含了运动员的某些战术也是常有之事，这叫被动使用战术（自己使用了战术也不知道是战术）。为证明笔者上述分析的专业性，而不是主观判断，笔者以观察思维法和条件分析法两大科学的方法做如下鉴定。

五、两种鉴定运动员是否有衔接和战术意识的科学方法

第一种方法简单易行，读者就可以使用。如果你不能肯定上面樊振东打斜线时的"逢斜变直"衔接规律战术是主动行为还是被动行为，我们可

以通过观察思维法。观察是解决一切问题的前提条件，仔细地观察对于解决问题起着十分重要的作用，可加深自己对问题基本条件的理解，缩短掌握问题关键的时间，从而很好地提高自己分析和解决问题的能力。具体就是观察他在其他比赛是否有重复类似的战术，如果这种事情只发生一次，那它就是小概率事件；如果它反复出现，那它就一定是规律。有重复率就能逐渐形成自己的经验层面上的战术套路，也就必然在比赛场上大放异彩（目前没有发现），这种重复率是衡量运动员是否已经掌握了这一战术套路的有效方法之一。

此外，笔者经过深入细致的分析和研究上百个高水平运动员比赛视频战术案例，总结出另一种方法，即运动员在比赛中发挥出战术能力与战术规律发生作用时的条件存在关联。只要战术规律发生作用时的条件存在（即有衔接技术意识，此乃原因），战术就必然起作用，运动员在比赛中就能发挥出战术能力（此乃结果），即主动使用战术；反之，若战术规律发生作用时的条件不存在，战术就不能起作用，运动员在比赛中就无法发挥出战术能力，有时则表现为被动使用战术（自己使用了战术也不知道是战术），甚至对战术视而不见。也就是说，战术规律发生作用时的条件与运动员在比赛中发挥出战术能力两者不仅存在关联，而且是因果关系，这个条件与衔接技术意识直接相关。符合以上关联条件的话，这种在战术规律发生作用时的条件下衔接技术意识存在与否所产生出来的结果，笔者将其定义为乒乓球战术的条件分析法，它是鉴定运动员是否有战术意识的专业试金石。

笔者通过进一步分析发现，樊振东虽然打出了"双边斜线"战术，但他第2板拧完斜线是站在中间的，不知道对方的来球方向，也就是说，他对自己第2板拧拉斜线后能"逢斜变直"衔接第4板判断不准，这就是一板球战术，缺乏下一板的衔接意识。当马龙直线来球，他才在中路等待的状态下去接球，明显是在失去重心的情况下回反手位打的斜线球（第4板），可见他的2、4板打的"双边斜线"战术并不是在"第一时间"这个战术节奏打出来的，这才让马龙起死回生，多打了来回球。可见这个战术规律发生作用时的条件是他缺乏衔接技术意识，导致"第一时间"这个战术节奏大打折扣（等于不存在了），所以樊振东打的"双边斜线"战术就不起作用，只能是基本功对抗了。按条件分析法鉴定结果显示，樊振东是被动使用战术。关于条件分析法，将在后续的战术专题研究与诊断分析案例中还有更多更精彩的案例详解。

尽管运动员在还没有接受衔接技术训练以前，在比赛中常会遇到不少在瞬间偶然打出来的连自己都不知道的战术（神球），如果能把它上升为理论层面的展示再训练运动员，当他们下次再遇到类似的情况时就不再是偶然取胜，而是在掌握战术规律的情况下有把握地反击。本章节所构建的6条重要的线路变化规律的作用就在于此。

第四节　衔接技术发展阶段

在上述线路变化规律建立阶段可以体会到，衔接技术之内涵在于它是技术、战术同步训练出来的产物，强调运动员打的每一分球从第1板开始到最后的结束是全方位的连续多个战术意识上的衔接，且每一个战术的前面一板都有衔接保障。也就是说，掌握了衔接技术，后面那板的战术使用也就能水到渠成了。随之，我们可根据这些线路变化规律之基础再发展出更为多元、复杂的战术来，让衔接技术这个概念更加完善。

一、线路变化规律战术的分类

从表 3–1 得知，根据线路变化规律所发展出来的战术共可归纳出 3 大类，若把它们在球台上的正、反手位打斜、直线和中路打斜、直线等各种情况累计细分的话，共可发展出 32 项子战术。按杀伤力的强弱和使用频率来排列，第一种类型为"压一边打另一边"战术，包含 4 种战术线路（单边斜线、单边直线、双边斜线、双边直线），可演变出 14 项子战术（编号 1 ~ 14）；第二种类型为"打两大角杀中路"战术，可演变出 16 项子战术（编号 15 ~ 30）；第三种类型为"打中路杀两大角"战术，可演变出 2 项子战术（编号 31 ~ 32）。表 3–1 为各战术种类命名及解读方式。我们以单边斜线战术为例，其线路变化规律是"逢直回直"（意为施战术者打直线，对方再回直线），战术内涵为：当 A 方（施战术者）在前一板打的是直线球，对方 B 回击直线时，A 方下一板的衔接是打斜线球。也就是说，"单边斜线"战术是以 A 方后一板的击球线路命名的，以此类推。

表 3–1　乒乓球线路变化规律 3 大类 32 项衔接战术归纳表

编号	战术种类	线路变化	32 项子战术之发展内容
1	单边斜线	逢直回直	A 方反手位反手打直线，B 方回直线时，A 方反手位反手打斜线
2		逢直回直	A 方正手位正手打直线，B 方回直线时，A 方正手位正手打斜线
3		逢直变斜	A 方反手位反手打直线，B 方回斜线时，A 方正手位正手打斜线
4		逢直变斜	A 方正手位正手打直线，B 方回斜线时，A 方反手位反手打斜线
5	单边直线	逢斜回斜	A 方反手在正手位挖斜线，B 方回斜线时，A 方正手位正手打直线
6		逢斜变直	A 方反手在正手位挖斜线，B 方回直线时，A 方反手位反手打直线
7		逢斜回斜	A 方反手反手打斜线，B 方回斜线时，A 方正手位侧身打直线
8		逢斜变直	A 方反手反手打斜线，B 方回直线时，A 方正手位正手打直线
9	双边斜线	逢斜变直	A 方反手在正手位挖斜线，B 方回直线时，A 方反手位反手打斜线
10		逢斜变直	A 方在反手位侧身打斜线，B 方回直线时，A 方正手位正手打斜线
11		逢斜回斜	A 方反手在中间位反向打 B 方正手位小斜线（右手对右手），B 方回中路小斜线时，A 方等中路反手再打 B 方反手位小斜线
12		逢斜回斜	A 方反手在中间位打 B 方正手位小斜线（右手对左手），B 方回中路小斜线时，A 方等中路正手打 B 方反手小斜线

表 3-1（续）

编号	战术种类	线路变化	32 项子战术之发展内容
13	双边	逢直变斜	A 方反手位打直线，B 方回斜线时，A 方正手位正手打直线
14	直线	逢直变斜	A 方正手位打直线，B 方回斜线时，A 方反手位反手打直线
15		逢斜回斜	A 方打双边斜线两大角，B 方回斜线时，A 方再杀中路
16		逢斜变直	A 方打双边斜线两大角，B 方回直线时，A 方再杀中路
17		逢直回直	A 方打双边直线两大角，B 方回直线时，A 方再杀中路
18		逢直变斜	A 方打双边直线两大角，B 方回斜线时，A 方再杀中路
19		逢直变斜	A 方打单边直线两大角，B 方回斜线时，A 方再杀中路
20		逢直回直	A 方打单边直线两大角，B 方回直线时，A 方再杀中路
21	打两大角	逢斜变直	A 方打单边斜线两大角，B 方回直线时，A 方再杀中路
22	杀中路	逢斜回斜	A 方打单边斜线两大角，B 方回斜线时，A 方再杀中路
23		逢斜回斜	A 方正手位打斜线单角，B 方同线回接时，A 方再杀中路
24		逢斜变直	A 方正手位打斜线单角，B 方回直线时，A 方再杀中路
25		逢斜变直	A 方反手位打斜线单角，B 方回直线时，A 方再杀中路
26		逢斜回斜	A 方反手位打斜线单角，B 方同线回接时，A 方再杀中路
27		逢直变斜	A 方正手位打直线单角，B 方回斜线时，A 方再杀中路
28		逢直回直	A 方正手位打直线单角，B 方同线回接时，A 方再杀中路
29		逢直回直	A 方反手位打直线单角，B 方同线回接时，A 方再杀中路
30		逢直变斜	A 方反手位打直线单角，B 方回斜线时，A 方再杀中路
31	打中路杀两大角	同线回接	A 方正手位突然打中路，B 方回中路，A 方杀正、反手位大角
32		同线回接	A 方反手位突然打中路，B 方回中路，A 方杀正、反手位大角

注：编号 1 ~ 14 为"压一边打另一边"战术；编号 15 ~ 30 为"打两大角杀中路"战术；编号 31 ~ 32 为"打中路杀两大角"战术（熊志超 等，2020）。

1. 第一种类型："压一边打另一边"战术

传统意义的套路球"调右压左"（"压左打右"）战术只是针对人们移动时往往受人体解剖结构影响这个弱点来实施的，即"运动员向持拍手方向（正手位）移动容易，相反，从持拍手正手位方向折返回反手位较难"（吴焕群 等，2009），却没有讲究线路变化规律。通过衔接技术理论中的线路变化规律的运用，笔者发现，"压一边打另一边"4 种战术线路（单边斜线、单边直线、双边斜线、双边直线）比传统意义的套路球"调右压左"（"压左打右"）战术具有更广泛的内涵（参阅下文战术分析），所以笔者更倾向于用"压一边打另一边"战术名称，这更符合科学规律，是从广义上理解的战术名称；而"调右压左"（"压左打右"）则是狭义上的战术名称。"压一边打另一边"包括4种战术（细分可扩展出14种子战术），这4种战术在近台相持中运用得最广泛，如能在一分球内连续运用两个以上不同或相同的战术就称其为"叠加战术"（熊志超 等，2019）。此乃"40+"新时代高水平运动员使用战术的特点（"40+"新时代杀伤力减弱，因而来回球增加，叠加战术就是新时代的杀伤力），也是先进战术打法的标志。

（1）"单边直线"战术。

"单边直线"战术就是A在反手位前一板打的是斜线，对方B回斜线时，A打直线，战术名称是以后一板决定的。众所周知，人们使用战术都有这样的经验体会，就是变直线或斜线后都要面临对方的三条回球线路的选择，其一，斜线；其二，直线；其三，中路。运动员使用完"调右压左"（"压左打右"）战术后往往对此束手无策，就只能站位中间凭经验来打比赛，这是几十年一贯的战术打法。有不少打过传统"调右压左"（"压左打右"）战术经验的读者会提出疑问：如果A打斜线时对方B不回斜线而回直线呢？这里关乎是否有衔接技术意识的问题，"单边直线"战术之所以能成立，是施战术者A运用"极限球"和"时间差"（熊志超 等，2019）概念打斜线时逼对方B回斜线来衔接的，也就是打斜线时的"逢斜回斜"衔接规律（熊志超 等，2020）。然后A侧身打直线，此乃从对方正手位突破战术，也叫"压左打右"战术。有了"极限球"这个概念去逼对方产生"时间差"，打"单边直线"战术就不会有顾虑了。

"单边直线"战术还可以利用人们移动上的弱点：A在正手位用"极限球"拧拉斜线时产生的生理所限令对方B步法不到位，无法打斜线大角就只能回直线来实现"逢斜变直"达到反手衔接目的,然后 A 等反手位打回直线,此乃"调右打右"线路变化规律。显然,这里传统"调右压左"战术是没有的。为什么要"调右打右"?这是利用对方习惯性回反手位的"调右压左"的思维定式的反向思维战术,两者组合使用有不俗的战术效果(熊志超,2020a)。

(2)"单边斜线"战术。

"单边斜线"战术就是 A 反手位前一板打的是直线,对方 B 回直线时,A 反手再打斜线,这同样是"调右压左"战术。也许打过传统战术者 B 会不屑一顾,被 A 打直线调右也就认了,谁会回直线给 A 再打斜线压左呢,回斜线调动 A 不行吗?由此可见,施传统"调右压左"战术者对在反手位打直线后下一板是在正手位还是反手位压左没有把握,但在经验层面上更倾向于在正手位压左。因为传统战术没有线路变化规律,所以反手位打直线保正手是必然的,几乎不会考虑在反手位压左。在笔者看来,B 回直线或回斜线都在 A 的掌控之中,都有同样的把握,这就是衔接技术之先进所在。

先分析 B 回斜线,当然 B 回斜线有他的道理,就是"逢直变斜"可调动 A 到正手位。但 B 只知其一而不知其二,A 打直线时已经预判好了 B 准回斜线,这叫 A 利用 B "逢直变斜"这个思维定式来衔接等正手位打战术的,此乃衔接技术理论中的打直线时的"逢直变斜"衔接规律(熊志超,2010)。这正是 A 的预判。

再分析 B 回直线的情况:B 可能完全想不到,A 还可以运用衔接技术中的"极限球"打直线(调右)逼迫 B 移动时步法不到位,这是打不到斜线大角的就只能打直线这个生理所限造成的不可抗拒的客观规律,此乃衔接技术理论中的打直线时的"逢直回直"衔接规律(熊志超 等,2020)。

也就是说，虽然 B 技术也很好，但 A 照样可以逼迫 B 回直线，然后打"斜线压左"。这就颠覆了更多倾向于在正手位才能压左的传统"调右压左"战术，验证了"单边斜线"战术也可以常常按需要在反手位调右后反手位压左，丰富了乒乓球的战术内涵（熊志超，2020a）。

（3）"双边斜线"战术。

"双边斜线"战术有三种站位方法：其一，传统反手位；其二，正手位台内；其三，中间站位。三者也都是"调右压左"（压左打右）战术。我们先对传统反手位进行分析，从反手位侧身打起的双边斜线战术是最难的，一旦成功也是杀伤力最强大的，是风险与机遇共存的打法，不容易做到。道理是前后两板之间距离远，要使用交叉步，虽说交叉步有主动交叉与被动交叉之分，但被动交叉成功率小，即使是主动交叉也要冒风险，因为所谓打主动交叉步实质是使用"主动防守"战术，一般不常用。倒是反手打斜线结合正手打斜线有时会用到，毕竟站位离正手位相对较近，只要并步就能打到。

此外，现代使用较多的打法是接发球入己方正手位台内拧拉斜线，往往能使对方步法不到位而无法打回斜线大角，就只能回直线或小斜线至中路，直线居多而小斜线次之，此乃不可抗拒的生理规律，需要自己提前等（第一时间）反手位打另一边来实现"双边斜线"战术。此乃衔接技术理论中打斜线时的"逢斜变直"衔接规律（熊志超 等，2020）。传统打法往往不好判断对方的球到底从哪儿来，因此站位中间等对方的来球能照顾全台，却失去了第一时间打下一板具有杀伤力的战术的机会，这样实质上是没有衔接意识的很被动和落后的打法，只是基本功对抗了。

我们再对站位中间打"双边斜线"战术进行分析，这种站位是目前比较先进的打法，应区别于传统打法中被动防守时的站位。因为打战术时站中间是主动行为，其目的是利用"极限球"突然反手反向打小斜线至对方正手位（双方以右手为例），逼迫对方步法不到位而打不到斜线大角，就只能回小斜线至中路来衔接，然后打另一边实现打"双边斜线"战术，此乃衔接技术理论中的站位中间时的"逢斜回斜"衔接规律（熊志超 等，2020）。

（4）"双边直线"战术。

"双边直线"战术就是 A 前一板在反手位打直线，对方 B 回斜线时，A 在正手位再打直线（正向打），这也是传统意义的"调右压左"战术，称反手位打直线保正手；或 A 从正手位前一板台内拧直线，对方 B 回斜线时，A 在反手位再打直线（反向打），称正手位打直线保反手。以上正反两个方向打直线都离不开衔接技术理论中 6 条重要的线路变化规律之一的打直线时的"逢直变斜"衔接规律，即利用对方"逢直变斜"的思维定式提前等正手位（正向打）或反手位（反向打）再打直线来实现衔接。从预判的角度看，传统和衔接技术两者的差别不大，都是判断对方较大概率会回斜线。但如果对方不按常规打法回斜线，而是回直线（"同线回接"）呢？此时施战术者向正手位（正向打）或反手位（反向打）就扑空了，这个可能性还是存在的。虽说对方打斜线是大概率事件，回直线是小概率事件，但也不能回避小概率事件。关于这点，传统战术一直没有有效的解决办法，笔者倒是在第四章第一节用衔接技术新理论解决了。

以下为"压一边打另一边"的 4 个战术的案例实证分析。

瓦尔德内尔 vs 日本削球手松下浩二

如果有一个一分球视频能集"压一边打另一边（单边直线、双边直线、单边斜线、双边斜线）"战术于一身就再理想不过了，让笔者没想到的是无意中在网络上发现了瓦尔德内尔 vs 日本削球手松下浩二的这个一分球视频，虽说这是小球时代的视频，年代有些久远，但胜在这是打削球，有一定意义。在研究"压一边打另一边"4 个连续的战术以前，笔者设计制作了双方运动员的对话框，这个对话框有什么作用呢？它能把看到的反映比赛双方运动员实力对抗情况的视频或动画内容从第一板发球开始记录至最后一板；能把双方运动员全方位的所有技战术都展现在科研人员和教练面前，方便分析技战术；能更加科学、客观、全面地反映双方运动员的技战术和打法特点，一目了然。这样得出来的数据比传统录像分析法更为真实、可靠和客观，能双向地反映出运动员的真实情况，这对教练员和科研人员分析技战术帮助颇大。由于这些都是高水平运动员的实战视频或动画，因此引用这些一分球视频或动画极具说服力，对自己提出的某些观点或理论有实证研究的支撑效果。现在让我们看视频（超然象外，2019c）和双方运动员战术对话框（表 3–2）。

表 3–2　瓦尔德内尔集"压一边打另一边"4 个战术于一身打叠加战术对话框示意表

人　员	内　容
瓦尔德内尔	1. 正手发直线至对方正手位
松 下 浩 二	2. 正手削小斜线至中路偏一点正手位
瓦尔德内尔	3. 正手拉斜线
松 下 浩 二	4. 正手削回斜线
瓦尔德内尔	5. 正手拉直线（3、5 板构成"单边直线"战术）
松 下 浩 二	6. 反手削回中路
瓦尔德内尔	7. 正手拉直线（5、7 板构成"双边直线"战术）
松 下 浩 二	8. 正手削回直线至对方反手位
瓦尔德内尔	9. 正手侧身拉斜线至对方反手位（7、9 板构成"单边斜线"战术）
松 下 浩 二	10. 反手位反手削回对方正手位
瓦尔德内尔	11. 正手位打斜线至对方正手位（9、11 板构成"双边斜线"战术）
松 下 浩 二	12. 鞭长莫及

我们看瓦尔德内尔（以下简称老瓦）打削球手松下浩二这个视频非常精彩！双方的对战很有神仙打架的味道，笔者按照衔接技术理论的思路来分析老瓦的战术打法，他把这 4 种战术（单边直线、双边直线、单边斜线、双边斜线）的各自特点都发挥得淋漓尽致，而且连续不断、一气呵成。这种连续发挥 4 个战术的杀伤力是非常强大的，因为每一个"压一边打另一边"战术都是要大范围调动对方，如表 3-2 中的老瓦第 3 板在正手位打斜线至对方正手位（调右），第 5 板在正手位打直线至对方反手位（压左），这 3、5 板构成"单边直线"战术，实现"调右压左"；第 7 板在反手位正手又打直线至对方正手位（再调右），这 5、7 板构成"双边直线"战术，实现"压左打右"；第 9 板在反手位侧身正手打斜线至对方反手位（再压左），这 7、9 板构成"单边斜线"战术，实现"调右压左"；第 11 板在中路偏正手位打斜线（又再调右）一击制胜，这 9、11 板构成"双边斜线"战术，实现"压左打右"，从对方正手位突破。老瓦 4 个连续战术的发挥都是把对方往相反的方向调动，不仅抓住了对方因生理解剖结构的影响而移动困难的弱点，还使对方两边疲于奔命，这个令对方往相反方向多次移动的调动过程杀伤力可见一斑，这就是叠加战术的威力所在。削球手松下浩二能坚持到 4 个战术的叠加之后才落败已实属不易，可见老瓦打削球很在行，值得某些不善打削球的国乒男女线选手学习和重视！

陈梦集"压一边打另一边"4 个完整的战术于一身 vs 王曼昱

在前面的战术专题研究中，笔者一直渴望找到一个能够集"压一边打另一边"4 个战术（单边直线、双边直线、单边斜线、双边斜线）于一身的一分球视频来做实证分析。让笔者没想到的是最近在网络上继发现瓦尔德内尔打削球手松下浩二的一分球视频后，又发现了陈梦 vs 王曼昱（双双都是进攻者）这个更有意义的现代一分球视频，请看视频（超然象外，2021d）和双方运动员战术对话框（表 3-3）。

表 3-3　陈梦集"压一边打另一边"4 个战术于一身打叠加战术对话框示意表

人　员	内　　容
王曼昱	1. 正手发下旋短球至对方中间偏一点正手位
陈　梦	2. 正手劈长直线至对方反手位
王曼昱	3. 反手拉直线
陈　梦	4. 正手回直线（有点步法不到位）
王曼昱	5. 反手拉斜线至对方反手位（3、5 板构成"单边斜线"战术）
陈　梦	6. 迅速回反手位侧身正手拉斜线
王曼昱	7. 反手拉小斜线至对方中路（被动相持）
陈　梦	8. 反手位侧身正手拉冲直线至对方正手位(6、8 板构成"单边直线"战术)
王曼昱	9. 交叉扑右正手打小斜线至对方中路（步法不到位）
陈　梦	10. 正手拉直线至对方中路偏一点反手位(8、10 板构成"双边直线"战术)
王曼昱	11. 回中路正手打回对方中路（被动相持）
陈　梦	12. 正手反拉斜线至对方正手位（10、12 板构成"单边斜线"战术）
王曼昱	13. 再次交叉扑右打直线（步法不到位，只能打直线）
陈　梦	14. 反手打斜线（12、14 板构成"双边斜线"战术）
王曼昱	15. 鞭长莫及

陈梦 vs 王曼昱这个视频更精彩。笔者按照衔接技术理论的思路来分析陈梦的战术打法：陈梦在前 4 板被动的情况下，从第 6 板开始把战术发挥得淋漓尽致，连续不断打出（6、8、10、12、14）5 板集"单边直线 + 双边直线 + 单边斜线 + 双边斜线"4 个战术，把王曼昱打得晕头转向。如表 3-3 中的陈梦第 6 板回反手位侧身正手打斜线至对方反手位（压左），第 8 板在反手位侧身正手打直线至对方正手位（调右），这 6、8 板构成"单边直线"战术，实现"压左打右"；第 10 板在正手位又打直线至对方反手位（再压左），这 8、10 板构成"双边直线"战术，实现"调右压左"；第 12 板在正手位反拉小斜线至对方正手位（又调右），这 10、12 板构成"单边斜线"战术，实现第二次"压左打右"；第 14 板在反手位反手打斜线（又压左）一击制胜，这 12、14 板构成"双边斜线"战术，

实现第二次"调右压左",从对方反手位突破。陈梦连续"压左打右 + 调右压左 + 压左打右 + 调右压左",都是把对方往相反的方向调动,抓住了对方因生理解剖结构的影响而移动困难的弱点,使得对方两边疲于奔命,叠加战术的杀伤力可见一斑。

陈梦使用战术合理,该用反手时就用反手,该用正、反手结合时绝不用全正手,打得速度奇快,令王曼昱回防不及。这就再次印证了这一战术的科学性:现代施战术者在近台能用正、反手结合打的战术,就绝不使用全正手打,甚至全反手打更佳,这叫打得好不如打得巧。因为动作越小连续打叠加战术的速度就越快,快速衔接叠加战术之所以具有威胁性,原因如下:①快速、连续给对手以高质量的球性刺激,会使对手因来不及反应而增加失误频次;②缩短了两板球或多板球之间的间隔时间,能够在一定程度上限制对手的技术发挥。可见陈梦在这个一分球里打出了相当高的战术水平。

综上所述,从以上小球时代瓦尔德内尔 vs 松下浩二和如今陈梦 vs 王曼昱两个一分球 4 个战术连续使用分析来看,不论是"40+"新时代以前的老瓦,还是"40+"新时代的陈梦,能打出这一连串罕见的战术神球都说明了不同时代战术的重要性,否则靠技术上的基本功打对抗不知要消耗多久才能结束这一分球。进入"40+"新时代来回球更多了,更需要使用战术,所以"40+"新时代训练的发展方向实际上就是要提高战术能力,而连续多个战术的叠加将是"40+"新时代高水平运动员使用战术的特征,也是"40+"新时代战术的杀伤力和战术打法先进的标志,更是衡量高水平运动员战术能力的试金石(熊志超,2021b)。

2. 第二种类型："打两大角杀中路"战术

"打两大角杀中路"战术可演变出 16 项子战术，是因为打两角可以理解为前面的第一类"压一边打另一边"的 4 种战术，当一分球打第一类战术还没结束，就衔接配合使用第二类打中路追身。

3. 第三种类型："打中路杀两大角"战术

若仍一分球内第二类打中路追身未击溃对方自然就会衔接配合第三类打两大角战术，可演变出 2 项子战术，甚至又延伸回到第一类的"压一边打另一边"的 4 种战术，以下为第二类和第三类案例实证分析。

刘诗雯 vs 朱雨玲

众所周知，刘诗雯打球最大的特点是正反手摆速奇快，笔者发现她还有另一个本领，就是能比较灵活地使用各种战术打法，不拘泥于常规的、经验的和局部的战术打法，而且使用战术合理，是国乒女线中最接近"40+"新时代战术打法的佼佼者。我们来看看 2016 年日本公开赛刘诗雯对朱雨玲半决赛一分球视频（超然象外，2017c）及双方技战术对抗对话框（表 3-4）。

表 3-4　三大类战术在一分球内形成叠加战术对话框示意表

人　员	内　容
刘诗雯	1. 正手发直线短下旋球至对方正手位
朱雨玲	2. 入台正手劈长小斜线至中路
刘诗雯	3. 正手挂起中路（相当于直线）
朱雨玲	4. 反手打小斜线至对方反手位
刘诗雯	5. 反手打斜线大角（3、5 板构成"单边斜线"战术）
朱雨玲	6. 反手位反手打小斜线至中路（被动相持）
刘诗雯	7. 反手打中路（5、7 板构成"打两大角杀中路"战术衍生出"打单角再杀中路"的子战术）
朱雨玲	8. 反手回中路（本能反应）
刘诗雯	9. 反手打反向小斜线至对方正手位（7、9 板构成"打中路杀两大角"战术）
朱雨玲	10. 正手位正手扑救小斜线回到中路（步法不到位）
刘诗雯	11. 等中路反手再打小斜线至对方反手位（9、11 板构成"双边斜线"战术）
朱雨玲	12. 反手扑救后失误

刘诗雯从第 3 板至第 11 板，连续打了 5 板 4 个战术的叠加，分别为：3、5 板构成"单边斜线"战术，5、7 板构成"打两大角杀中路"战术中衍生出来的"打单角再杀中路"的子战术，7、9 板构成"打中路杀两大角"战术及 9、11 板构成"双边斜线"战术。

笔者通过研究发现，"打两大角杀中路"这个战术的两角实质就是"压一边打另一边"的 4 个战术（双边斜线、双边直线、单边直线、单边斜线），这里又可把 4 个双角的战术衍生出打正手位斜、直线和反手位斜、直线各 4 个单角的子战术，如对方的球还不死且"同线回接"的话，再杀中路就为下一个战术埋下了伏笔，因为打中路时对方回中路的可能性较高（本能反应），因此刘诗雯第 9 板反手反向杀小斜线至朱雨玲正手位，此乃"打中路杀两大角"战术。这两个连续战术中的打中路起到承前启后的作用，承前就是在"打反手位斜线（单角）对方回斜线"时杀中路；启后就是打中路时对方大概率会回中路，就杀她大角了。这样刘诗雯前后两板即第 9 板反向打斜线至朱雨玲的正手位，会令其步法不到位从而只能选择第 10 板正手回小斜线至中路。此乃刘诗雯站位中间打"逢斜回斜"衔接规律（熊志超 等，2020），与第 11 板打斜线至朱雨玲的反手位构成"双边斜线"战术，令朱雨玲束手无策。可见，3、5+5、7+7、9+9、11 连续 4 个战术（单边斜线＋打单角再杀中路＋打中路杀两大角＋双边斜线）的板与板之间都有衔接的内在联系，形成无限循环、紧密相连的叠加战术。

目前战术水平高的运动员时常会无意识地使出类似这些叠加战术来，如本案例中的刘诗雯连续使用了 4 个战术的叠加，之所以她比别人使用得好，与她的打法风格有关。她属非力量型的技巧型运动员，无法像李晓霞那样的力量型运动员容易打穿对方，就只能靠打落点（线路）变化来打穿对方，久而久之就形成了比别人更多板的来回，自然战术能力就比力量型的运动员更好，加之她正反手均衡，两边摆速又奇快，就更加得心应手了。

萨姆索洛夫 vs 张继科

以 2015 年第 53 届世乒赛男单十六强中萨姆索洛夫对阵张继科的一分球视频为例（超然象外，2021e），研究热点是萨姆索洛夫（以下简称老萨）对张继科打出了第一类、第二类及第三类战术，笔者就从这个切入点进行实证分析。

老萨反手发下旋出台球让张继科第 2 板先反手拉起，然后老萨反手第 3 板反拉回头，1、3 板打出一记主动防守战术，张继科第 4 板反手斜线相持，老萨第 5 板反手变直线，3、5 板构成了"单边直线"战术，张继科有备交叉扑右反拉斜线，老萨第 7 板以逸待劳正手位等着衔接反拉斜线回头，这 5、7 板构成"单边斜线"战术。张继科第 8 板相持正手拉中路偏一点对方的正手位，老萨第 9 板反手调直线至张继科反手位，7、9 板又构成"单边直线"战术，张继科第 10 板回反手位侧身正手拉小斜线至对方中路偏反手位，被老萨第 11 板反手打直线，第 9、11 板构成"双边直线"战术（调反压正）。张继科第 12 板再次交叉扑右打中路（这次是被动而为，无法打斜线）被老萨第 13 板正手打回中路追身，9、11、13 板可理解为"打两大角杀中路"追身战术，逼着张继科第 14 板只能反手反拉回老萨中路，那么，紧接着就是老萨制胜的第 15 板杀斜角战术了（13、15 板构成"打中路杀两大角"战术）。

老萨从头到尾占尽主动，连续打了 8 板 7 个战术的叠加，先是打主动防守，然后"两边"（第一类战术："压一边打另一边"）结合"中间"（第二类战术："打两大角杀中路追身"）再（第三类战术："打中路杀两大角"）无限循环，紧密相连。

樊振东 vs 日本运动员

第一类"压一边打另一边"的 4 种战术与第二类"打两大角杀中路"战术以及第三类"打中路杀两大角"战术是密切相关的，当一分球还没结束，这三类战术都可以衔接打下去甚至又回到第一类的"压一边打另一边"的 4 种战术，所以这三大类战术就是"打两边"结合"打两大角杀中路"再"打中路杀两大角"又再"打两边"，无限循环，紧密相连。下面笔者按照线路变化规律以 2018 年国际乒联职业巡回赛某场比赛中樊振东 vs 日本运动员一分球视频为例（超然象外，2019d）进行案例实证分析。表 3-5 中樊振东为 A，日本运动员为 B，请看下列双方战术对抗对话框。

表 3-5　三大类战术在一分球内形成叠加战术对话框示意表

人　员	内　容
B	3. 正手位打右半台小斜线［序号是从视频（超然象外，2019d）开始的，没有发球和接发球部分，敬请留意］
A	4. 反手打直线（均势相持）
B	5. 正手打右半台小斜线（3、5 板构成了"双边斜线"战术）
A	6. 正手打全台斜线大角（被动相持）（被逼出"位置差"）
B	7. 正手打右半台小斜线至中路(此球打的是"速度差"，逼对方回中路)
A	8. 回中路打中路（被动相持）
B	9. 反手反向杀左半台小斜线（7、9 板构成了"打中路杀两大角"战术）
A	10. 回正手打斜线大角（被动相持）（被逼出"位置差"）
B	11. 正手打右半台直线一击制胜（9、11 板构成了"单边直线"战术）
A	12. 鞭长莫及

笔者按照衔接技术理论的思路来分析双方运动员的战术打法，从以上对话框可见，B 站位靠中间，第 3 板正手抢拉小斜线至 A 反手位，A 第 4 板反手回直线偏中路，B 第 5 板正手打小斜线至 A 正手位，这 3、5 板构成了"压一边打另一边"中的"双边斜线"战术，第一次逼 A 产生"位置差"。A 第 6 板正手位正手反拉回头打全台大斜线，被 B 第 7 板打中路，

抓住机会打小斜线产生"速度差"逼迫 A 不得不第 8 板回中路打中路球，为下一板（第 9 板）的战术衔接埋下了伏笔。B 第 9 板反手反向杀有一定难度的小斜线至 A 正手位，这第 7、9 板构成了"打中路杀两大角"战术，此乃制胜的关键，再次逼 A 回正手位产生第二次"位置差"。A 正手位正手第 10 板反拉斜线大角回头，被 B 正手果断打直线一击制胜。

我们进一步分析可发现，日本运动员这个一分球的战术非常精妙，三大种类战术齐发，先是 3、5 板打"两边"（"双边斜线"战术），球不死，就第 7 板结合打"中间"，这里 3、5、7 板可以理解为"打两大角杀中路"战术；球还不死，就第 9 板杀斜角，形成"打中路杀两大角"战术；球再不死，第 11 板再打"两边"就构成了"单边直线"战术，无限循环，紧密相连。这是（3、5、7、9、11 板）连续 5 板 4 个战术（双边斜线、打两大角杀中路、打中路杀两大角、单边直线）的叠加，威力非常巨大，是"40+"新时代先进的战术打法标志，任何级别的运动员都耗不起这种连续的战术打击（熊志超，2021c）。

以上三类战术关系密切，所谓"打两大角杀中路"其实就是前面的"压一边打另一边"的 4 种战术。当球还没结束，就衔接配合使用打中路追身，若仍未击溃对方就衔接配合打两大角甚至又回到"压一边打另一边"的 4 种战术，所以这三大类战术就是"打两边"结合"打两大角杀中路"再"打中路杀两大角"又再"打两边"，环环相扣，紧密相连。

二、主动防守战术的定义

运动员若经过系统的衔接技术训练，会自然而然形成上述 32 项战术意识。值得一提的是，在研究上述线路变化规律的基础上会发现过去常常使用的"主动防守"战术也具有衔接效果，因此也可将之视为衔接技术的一种。以张继科招牌式反手台内拧拉下旋球为例：当对方发下旋短球至张继科正手位，张继科在比赛中常按照事先设计好的套路，第 2 板单步入台在正手位反手拧直线球，其衔接原理是由于己方反手位存在一个非常大的空当，很容易就能诱使对手第 3 板回斜线至己方反手位，张继科第 4 板就是凭此衔接效果迅速回反手位反手相持（Zhang et al，2019）。此乃"主动防守"战术，相对被动进攻来讲，它具有稳定性、主动性、威胁性较大等特点，这是化被动为主动的"后发制人"的战术体系。其定义为："运动员事先设计好套路，有意给对方进攻机会并预测对方回球线路后，提前移动到最佳的击球位置击球，在防守中谋求胜利或为转守为攻创造更大的可能性。"（钟宇静 等，2008）

第五节　衔接技术理论的定义

由于"线路变化规律""旋转变化规律""节奏变化规律"与"主动防守规律"有着异曲同工之妙，因此笔者把它们结合上升到衔接技术理论的层面，其定义为：乒乓球的衔接技术主要是培养运动员熟练掌握线路变化规律、旋转变化规律、节奏变化规律和主动防守规律来预判对方的回球线路，在原位或提前移动到最佳的击球点击球来实现具有战术效果的前后两板的连贯衔接。也就是说，衔接技术理论由"线路变化规律""旋转变化规律""节奏变化规律"和"主动防守规律"四大系统组成，由此形成了现代乒乓球的战术理论体系。

第六节　小结

衔接技术是"40+"新时代乒乓球的战术理论，也是高水平运动员及高校乒乓球专业研究生的必修课，教练员、研究生导师只有掌握了衔接技术这个科学规律，他们在各自的岗位训练与教学培养出来的运动员、研究生，才能具备灵活多变的战术能力及战术专题研究和诊断分析的能力。

也许有读者会不理解，问道："乒乓球高水平运动员打每一分球的战术能力不是与技术能力一样训练得炉火纯青的吗？"其实不然，虽然技术是战术的基础，但不能把技术与战术画等号。"一般来说，战术知识的存在形态主要有两种：一种是经验性知识，一种是理论性知识。经验性知识主要是靠运动员在长期的训练和比赛中积累起有限的战术套路，由于运动员存在认识过程和掌握技能等各方面的差异，因而经验性的战术知识往往带有较大的局限性和个体差异性。理论性知识是以一种抽象化信息形式来表现的，它是建立在无数个体经验性知识的基础上的，在很大程度上反映了客观事物发展的一般性规律，因而具有普遍性意义。"（张伟峰，2018）所以，运动员只有具备了一定的衔接技术理论基础，再通过实践和比赛的锻炼，才能形成灵活多变的战术意识。

第三部分　实践篇

第四章　战术专题研究与诊断分析

本章运用运动生理学的行为习惯规律和乒乓球的线路变化规律，采用经验分析、视频分析及案例诊断分析等方法对衔接技术进行深入的研究。主要针对线路变化规律前期衔接技术理论中打直线时的"逢直变斜"和打斜线时的"逢斜变直"线路变化规律战术及打中路时的衔接规律进行诊断，旨在改进、完善衔接技术理论，以期加深衔接技术理论基础。为确保这些研究的实效性、权威性和可靠性，笔者所选取的比赛场次的发生时间涵盖了大球时代（40 mm）和"40+"新时代，跨度为 20 年，选择的比赛双方运动员均为世界顶尖乒乓球名将，并以他们的传统打法和衔接技术理论两个维度进行研究分析和诊断。

第一节　乒乓球线路变化规律深化研究与战术诊断分析

在尚未建立线路变化规律之前，专业运动员使用战术多以经验为主，没有形成规律，所以他们所掌握的"套路球"都很有限，唯有把这些套路球的打法发掘、整理、总结后形成理论体系，运动员才能将套路球演变成线路变化规律。然而，在实践中笔者发现运动员在早期的衔接技术使用率没有预期的高，问题出在哪儿？笔者做出如下分析。

一、打直线时的"逢直变斜"衔接规律没有预期使用率高的原因诊断

同为世界冠军的王励勤和陈玘是大球（40 mm）时代的高水平运动员的代表，技术水平毋庸置疑，那么战术水平呢？我们以 2009 年世乒赛 8 强赛王励勤 vs 陈玘一分球比赛视频（超然象外，2018c）为例进行案例诊断分析。

1. 从高水平运动员传统技术打法去分析

从视频可见，双方前 4 板互相摆短，王励勤第 5 板反手抓住机会拉直线抢先上手的意识还是不错的。本来王励勤已获得了主动，遗憾的是第 5 板以后的衔接和战术意识非常薄弱，自己反手位第 5 板打完直线没有保正手位的衔接意识，很明显第 7 板是等中路，对方回斜线了他才去追打，没有衔接意识，错失良机，造成自己后面的被动局面。像这样的例子还有不少，如张继科与周雨（超然象外，2017d）、马龙与波尔（熊志超，2018）一分球比赛视频。张继科和马龙都存在反手位反手拉直线后等中间位再追打周雨和波尔的斜线来球的情况。

2. 从衔接技术理论的角度去分析

（1）打直线时的"逢直变斜"衔接规律（利用对方"逢直变斜"的思维定式可衔接下一板打战术）。

专业界前辈对打直线是有一套传统经验性研究的，即"反手位打直线保正手"及"正手位打直线保反手"这种"套路球"之说。笔者已把它上升到理论层面，就是施战术者利用对方"逢直变斜"的思维定式这个线路变化规律来进行预判。然而，笔者发现一个有趣的现象，就是以上的高水平运动员对"反手位打直线保正手"规律没有衔接意识或对此规律仍有顾虑，但对"正手位打直线保反手"（反手在正手位短台拧下旋球直线后保反手）规律张继科和樊振东却表现得出神入化，这是同样性质的打直线衔接规律，只是位置不同而已，为什么？

（2）打直线时使用"同线回接"是反常规战术，可破解对方"逢直变斜"战术。

应该指出的是，"逢直变斜"这种线路变化规律不是一成不变的，我们可以用"同线回接"技术来打破它。比如：双方运动员 A 与 B 反手斜线相持，当 A 变直线，遇 B 不按常规的"逢直变斜"而是"同线回接"打法，会令 A 下一板等正手位衔接扑空。高水平运动员中，像王励勤、张继科和马龙都普遍存在这种顾虑，此乃对衔接技术不甚了解所致。"一般情况下，在运动员对战术的理解还不够透彻时，他就很难摆脱原有观念对其的影响和约束"（张伟峰，2018），因此，打完一球都按传统习惯回中间站位等打下一板球。站位中间是因为他们不知道对方的球到底从哪儿来，站中间容易照顾全台，这是没有衔接意识的表现。

其实出现这种"同线回接"概率是很小的，只有两种情况。诊断如下。

其一，只有施战术者 A 连续地使用同一战术及变直线时的质量不高，才会引起对方 B 的注意或有时间考虑使用"同线回接"，否则对方 B 根本没时间考虑，只能按照逢直变斜这个思维定式打球。也就是说，B 打斜线或直线完全取决于思维定式，A 打直线打得好时 B 不得不打斜线，A 打直线打得不好时是属于犯了一种低级错误，此时 B 才会发现原来 A 在利用自己使用战术，因此 B 不可能还打斜线，就必然打"同线回接"。可见，此时的 B 打"同线回接"是被动的，不属于战术行为，只是一种本能的反应。

其二，高手使用"同线回接"往往在顶级大赛中两者对决斗智斗勇时会出现。高手之间除了比技术和心理之外，就是比战术。当双方势均力敌时，战术能力就好比水，水能灭火，但火也能烧干水，这说明没有一种战术套路是百战百胜的，所谓有效战术都是针对某一特定战术实施的，最终还是要看谁的战术意识和能力更强。也就是说，高手能用"同线回接"破解对方的衔接技术的技术也叫战术，这种能力是反其道而行之的主动行为，是一种谋略，属战术范畴，笔者称其为"反常规"战术（熊志超，2010）。

经以上诊断分析发现，运动员打直线时即使避免了低级错误的产生，也无法逃避顶尖高手的反常规战术的搅局。尤其是在比赛的关键时刻还是存在极大的风险的。这让笔者想起了 2017 年在德国杜塞尔多夫举行的第54 届世锦赛男子单打冠亚军比赛马龙 vs 樊振东那场百年难遇的经典之战（超然象外，2018d），当双方第七局比分接近尾局时，樊振东以 9：7 领先，可是不到最后，一切皆有可能，这就是比赛的残酷性。樊振东正手逆旋转发了个短球到马龙正手位，马龙入台第 2 板回摆樊振东正手位短，樊振东入台第 3 板再摆马龙反手位，马龙第 4 板反手搓长斜线至樊振东反手底线，樊振东第 5 板反手拉直线。请注意，精彩之处就出现在第 5 板以后的对抗。仔细看视频，樊振东拉完直线后已经准备向正手位移动了，按常规樊振东拉直线就会利用马龙"逢直变斜"的思维定式等正手位衔接下一板（第 7板），可是马龙竟然第 6 板"同线回接"打得樊振东措手不及，在身体失去平衡的情况下，反手第 7 板勉强回直线，被马龙第 8 板抓住机会再拉冲直线一击制胜（8∶9），此乃"同线回接"反常规战术，令樊振东失去了平衡几乎倒地。

马龙第 6 板之所以会打直线，并非人们以为他打"反常规战术"令樊振东措手不及，而是因为被樊振东第 5 板突如其来的反手拉直线导致马龙步法不到位无法打斜线大角，就只能打直线，笔者称樊振东第 5 板为"极限球"，此乃生理所限造成的不可抗拒的客观规律。懂此道者就可掌握先进的衔接规律，对不明就里的樊振东来说就是灾难。这里不得不说马龙确实是运气好：其实第 8 板马龙打的直线才是真正意义的"反常规战术"，他看到樊振东第 7 板艰难地回直线后还想等正手位打下一板，身体又已经开始向右移了。这里不得不称赞马龙，他在第七局 7∶9 落后的情况下，居然还头脑那么清醒，想到了"同线回接"这个反常规战术，实在是难能可贵。马龙第 6 板打直线巧在扰乱了樊振东第 7 板与前面第 5 板打直线时逢直变斜衔接规律的思维定式，即要等正手位（马龙的斜线回球）。实质上，马龙受步法不到位这个生理所限造成的影响，是无法打斜线大角的，就只能打直线。而樊振东却不知道此衔接规律，以为马龙会回斜线。樊振东误判后，第 7 板只好向相反方向的反手位打直线，这也是步法不到位导致的。马龙第 8 板再拉直线，是因为他洞察到樊振东第 7 板还想移向正手位，以为马龙会打斜线。所以说这个反常规战术马龙实在是打得好又打得巧啊！此分的胜利是马龙最后夺冠的转折点。

从这个精彩纷呈的案例来看，即使平时反手位打直线时"逢直变斜"的思维定式有较强的线路变化规律，在关键时刻的顶尖高手面前也不灵了。这就是为什么许多顶尖高手对反手位打直线时"逢直变斜"衔接规律的使用存有戒心。

（3）大概率事件和小概率事件。

在笔者看来，反手打直线时的"逢直变斜"衔接规律本身没有任何的问题，毕竟"逢直变斜"衔接属于大概率事件，是常规战术，而"同线回接"这个反常规战术则是小概率事件。但是，反常规战术又可以制约我们的常规战术。因此，如何解决"同线回接"的搅局，才是问题的关键。

（4）高手使用"同线回接"打"反常规战术"搅局时的解决对策。

笔者最新的研究发现，打直线时的"逢直变斜"衔接规律是大概率预判，仍有被顶尖高手打"同线回接"反常规战术这个小概率预判钻空子的可能。而运用打直线时的"逢直回直"衔接规律（熊志超 等，2020）却是精准的判断，因此完全可以堵住对方搅局的漏洞。即抓住人们移动的弱点，施战术者可利用"压一边打另一边"战术突然打直线调右，此乃"极限球"，能令对方步法不到位，而不得不"逢直回直"（生理所限造成的不可抗拒的客观规律），然后施战术者下一板再打斜线压左，来完成前后两板"单边斜线"战术，也就是俗称的"调右压左"战术。这与打直线时的"逢直变斜"衔接规律即打"调右压左"的双边直线战术有着异曲同工之妙，只不过一个是在反手位压左，另一个是在正手位压左。这是让顶尖高手针对打直线时的"逢直变斜"衔接规律的主动而为的反常规战术（同线回接）变成被动而为的本能反应。

二、打斜线时的"逢斜变直"衔接规律远没有打直线时的"逢直变斜"衔接规律使用率高的原因诊断

笔者在教学与训练实践中发现，"逢斜变直"的衔接规律远不如"逢直变斜"来得强烈和可靠。从表面上看，直线短，对方高质量的斜线来球变直线容易失误，自然使用率较低。但其实并非那么简单，经笔者深入研究后发现，双方斜线相持时如想变直线，一方需用短暂的时间从斜线方向的拍面转向直线方向的拍面，存在"时间差"，这才是问题的关键。

战术诊断处方——打斜线"极限球"逼迫对方只能回直线就范

如果我们利用好这个"时间差"，便可通过打斜线"极限球"逼迫对方只能回直线，从而达到前后两板的"逢斜变直"的衔接效果，此乃打斜线时的"逢斜变直"衔接规律（熊志超 等，2020）。下面以马龙 vs 樊振东 2017 年在德国杜塞尔多夫举行的第 54 届世锦赛男子单打冠军决赛一分球视频（超然象外，2020a）为例进行实证和诊断分析。双方的对抗并不多，樊振东凭经验判断失误提前结束了战斗，为什么？我们先看看双方对抗对话框示意表（表 4–1）或视频：

表 4–1　樊振东严重误判对话框示意表

人　员	内　容
樊振东	1. 正手逆旋转发短下旋球至对方中路
马龙	2. 入台正手劈中路半出台球
樊振东	3. 正手抢冲斜线
马龙	4. 跨步拉回直线（步法不到位是拉不到斜线大角的）
樊振东	5. 身体重心已经移向正手位，再回反手位时接球失误（严重误判）

从对话框示意表和视频可见，樊振东第 3 板在中路正手抢冲小斜线至马龙正手位，马龙第 4 板是因步法不到位只能打直线，可是樊振东却因误判而移向正手位，以为马龙打斜线，当马龙第 4 板回直线时他才反应过来，但第 5 板回反手位已经迟了（接球失误）。

是马龙打了个直线好球令樊振东措手不及吗？其实不然，马龙是打不到斜线球的。樊振东第 3 板打得角度较大，马龙虽有备而打，但对方打出的距离超出了他的想象，他只能手比脚快用跨步应付，受制于步法不到位，此乃不可抗拒的客观规律。樊振东在接受衔接技术训练以前，是不可能有利用打斜线时的"逢斜变直"衔接规律逼对方就范的意识的。可见，水平再高的运动员在掌握衔接技术以前都会存在这种经验性小概率预判失误的。当今世界最顶尖的两名运动员尚且如此，其他运动员就更不用说了。

衔接技术可以做到大概率预判，甚至是精准判断，如果用衔接技术理论重新演绎的话，樊振东第3板拉冲就是打的"极限球"，逼马龙步法不到位从而第4板就只能打直线就范（"逢斜变直"），那么，樊振东第5板第一时间等反手位（而不是移向正手位）反手再打斜线就立刻令马龙束手无策。第3板打的是衔接技术（极限球），能精准判断马龙第4板必回直线，第5板就是打对方的战术，即"双边斜线"战术。

三、打中路时的衔接规律没有预期使用率高的原因诊断

传统经验对打中路战术的总结是这样的：运动员在打中路时不管施战术者是在正手位还是反手位"突然"打中路的，对方运动员在没有准备的情况下，多半会回防中路球，于是下一板就形成了杀两角的战术。笔者分析得出，这是因为对方面对突如其来的球存在自我保护的一种生理反应和心理上的"直觉（本能）反应"，此时球拍会被动而自然地碰到施战术者中路过来的球而反弹回中路。于是施战术者就是利用这种本能（直觉）反应形成了理论层面的杀两角战术。

然而笔者进一步研究发现，早期的研究结果表明，利用对方直觉反应是经不起多次刺激的，当施战术者多次使用时就会引起对方警惕，直觉反应也就变为正常反应了。这种早期利用对方直觉反应的研究也就存在局限性，所以要突破这个战术瓶颈就必须有所创新。

战术诊断处方——引入"速度差""位置差"概念逼迫对方在有准备的情况下也不得不就范

笔者认为能够做到令对方在有准备的情况下也不得不就范的"良方"，即对"突然"打中路引入了一个打"速度差"（熊志超，2019）和"位置差"（熊志超，2019）概念。所谓"速度差"就是双方在相持过程中本方善于利用半台（小斜线）对付对方全台（大斜线）产生的速度差。"位置差"就是施战术者利用"速度差"逼对方进入某个位置后，下一板打对方空当。也就是说，只要施战术者善于打"速度差"就能逼对方主动回中路也打中路，这样，从"直觉反应"被动有条件地回球进一步实现主动地无条件逼对方就范。因为有"速度差"保证了球的质量，所以对方即使回中路也难以变斜线，就只能回直线（中路）。这里就是"时间差"起的作用，因为对方如要变斜线需要从打直线（中路球）时的板面转向打斜线时的板面，虽然短暂，但也需要时间，往往来不及。所以"速度差"和"时间差"就是打中路的双保险，而杀两角战术打的就是"位置差"。这样，"时间差""速度差"和"位置差"就是打"中路"时的衔接规律的理论核心，也就是传统意义的"打中路杀两大角"战术，弥补了早期研究的不足。

以丁宁对战陈幸同一分球视频为例进行实证分析（超然象外，2019e）：陈幸同（施战术者）在第3板侧身拉斜线后，丁宁（左手持拍）第4板在正手位反拉回斜线，陈幸同按传统经验第5板反手打中路小斜线过渡一板。理论上，陈幸同是利用"速度差"（比丁宁的斜线大角来球快）迫使丁宁往中间靠，丁宁果然在第6板往右移位，身体已靠近反手位偏一点中路打了一个侧身正手球到陈幸同的中路偏一点反手位，此球造成了丁宁正手位的大空当（产生了"位置差"），这也让陈幸同在第7板能侧身打了斜线大角，令丁宁束手无策。从运动生理学的角度来讲，陈幸同第 5 板打中路是通过打"速度差"逼迫丁宁第 6 板从正手位回中路，如果陈幸同第 7 板再逼丁宁第 8 板回正手位就是连续两次方向相反地走动，这样就会令丁宁受到身体解剖结构的影响而移动困难。此乃陈幸同打"位置差"战术的依据。（熊志超 等，2020）

应该指出的是，"速度差"和"位置差"的意识不仅限于"打中路杀两大角"战术，而应该是全方位的战术意识，这里只是简单介绍，有了此意识，打衔接技术和战术会更得心应手，更具杀伤力。

第二节　小结

早期衔接技术理论还不够完善，通过以上对线路变化规律的深入研究，以介入运动生理学的行为习惯规律打"极限球"及"时间差""速度差""位置差"这些节奏变化规律的战术媒介等最新研究成果为手段，突破了以上战术瓶颈，充实了线路变化规律的内涵，使衔接技术理论基础更趋完善。

第五章　再议乒乓球战术专题研究与诊断分析

在"40+"新时代以前，乒乓球技术已经发展到了高级阶段（苏丕仁，2001），而战术却远未达到技术的高度，所以高水平运动员的技术与战术是不均衡的。鉴于目前所探讨的衔接技术理论对运动员战术意识、战术思维的提升的专题研究还极少，为此，在"40+ABS塑料球"实施背景下，笔者试图由此入手，以专题研究的形式把衔接技术理论融入其中，并通过高水平比赛战术视频进行案例实证或诊断分析，力求从衔接技术的视角启发运动员的战术思维，以期为开阔科研人员、教练员和运动员战术视野和推广衔接技术提供借鉴。

第一节　乒乓球战术规律发生作用时的条件对运动员的影响研究

竞技乒乓球战术大致分为一板球战术、二板球战术和多板球战术（叠加战术和结合战术）三种形态，由于竞技乒乓球的这三种战术形态是客观存在不会改变的，而运动员的战术能力是可改变的，掌握得好的一方力争主动发挥特长技术，掌握得不好则失去先机，不仅处于被动状态且来回球仅为基本功对抗，孰优孰劣高下立判。传统做法是凭经验分析，鉴于竞技乒乓球传统战术主要是靠运动员长期训练和比赛中积累的个人经验所形成的，发展出个人特色战术，每位乒乓球运动员存在认识过程和技能掌握等各方面的差异，因而经验性的战术知识往往带有较大的局限性。

笔者透过多年的衔接技术研究、教学与训练经验，以及对三大赛和大量高水平运动员视频的观察发现，在运动员尚未掌握衔接技术规律以前，除了前四板（1、3 板的发球和发球抢攻战术及 2、4 板的接发球和接发球抢攻战术）外，高水平运动员遇到战术视而不见或被动使用战术的情况屡见不鲜，他们更多的是通过比较基本功的扎实程度来决定胜负，显然这在"40+"新时代是不正常的现象。之所以会这样，是因为他们缺乏衔接技术理论的支撑，这与他们从小没经过衔接技术系统训练有关，传统的战术训练不像技术训练那样有一套完整的训练体系。

一直以来乒乓球的技术创新不断，从 20 世纪世界乒坛技术创新总数的 43 个资料来看（1902—1999）（苏丕仁，2001），中国技术创新的总数明显高于外国，拥有 23 项，占全世界技术创新总数的 53.5%（苏丕仁，2001）。进入 21 世纪，技术创新力度再难出现像 20 世纪那样的繁荣景象，这是因为技术已经发展到了高级阶段（苏丕仁，2001），而战术却仍停留在初级阶段（熊志超，2019）。因此，"40+"新时代以前人们训练的侧重点更倾向于技术，战术训练远未引起专业和学术界的足够重视与深入研究，原因当然是动力元素（"速度""力量""旋转"）的作用很大，弧圈球的杀伤力强劲，技术主导了比赛的胜率，战术作用不大。直到"40+"

新时代的到来，杀伤力受到了限制，来回球多了，战术的作用显现出来，衔接技术才开始被有识之士研发并引起重视。所以，战术训练不像技术那样长期以来形成了科学的技术理论体系，可以说过去的战术只是经验，没有上升到理论的层面，也没有形成科学规律。这样，运动员所掌握的"套路球"有限也各不相同，所以，运动员实施战术仅以前四板的局部战术为主，更多的是以经验和基本功对抗来打比赛，缺乏全方位的战术思维，即使是世界冠军乃至大满贯运动员也都不例外。"目前，国家乒乓球队的训练主要还是依靠传统的方法，即借助教练员个人经验对运动员的训练进行指导"（孔令辉 等，2016）。

因此，笔者尝试融合衔接技术理论于多个赛事案例论据中，从运动员在比赛中能否发挥出战术能力出发，分析导致运动员被动使用战术或遇战术视而不见现状的原因；分析要达到主动使用战术的理想状态所需的条件，揭示论据与论点的逻辑关系，以条件分析这一科学方法为乒乓球运动员诊断战术应用的成效。下面笔者从世界顶尖运动员及衔接技术理论两个维度对竞技乒乓球战术打法的三种形态进行案例实证和诊断分析。兹分述探讨如下。

一、竞技乒乓球战术打法的三种形态探讨

乒乓球战术三种形态的概念是指"40+"新时代运动员在比赛中的每一个一分球里必然会遇到一板球、二板球或多板球战术。笔者认为竞技乒乓球"一板球""二板球""多板球"都有战术功能，它们是战术最基本的三种形态，也是教学与训练中必不可少的战术术语，然而，遗憾的是传统训练和教科书并没有人定义过这三种形态的战术名称。其实这三种形态

的战术是客观存在的，比如顶尖运动员传统习惯的技战术打法中较常使用到一板发直线奔球偷袭对方正手位或双方反手位斜线相持多板突变直线，这两板直线球就是一板球战术；前4板以内的二板球战术是指1、3板的发球和发球抢攻或第3板无法上手过渡一板再第5板抢攻的前后两板战术的延伸（3、5板）及2、4板的第2板接发球抢攻与下一板（第4板）的前后两板衔接或第4板无法上手过渡一板再第6板抢攻的前后两板战术的延伸。6板以后相持段的一个有内在联系的二板球战术（6、8板）目前较为少见，连续三板两个有内在联系的二板球战术（6、8+8、10板）以上的多板球战术更为罕见。运动员不是遇战术视而不见，就是被动使用战术（自己使用了也不知道那是战术）。之所以会这样，是因为前面分析过的传统训练是把前四板局部战术纳入技术体系之中，没有专门的战术体系，运动员的战术能力就不全面，也很有限，难以满足现代比赛的需要，赢球主要还是靠技术上的基本功对抗。为了构建乒乓球的战术体系及教学与训练的需求，有必要对乒乓球的"一板球""二板球""多板球"战术这三种形态进行科学的命名和定义。

接下来，透过不同的顶尖运动员赛事影片，来了解竞技乒乓球战术打法的三种形态应用与衔接技术理论之关联，从"传统技战术打法"及"衔接技术理论"两个维度进行对比和实证与分析，以期进一步诊断和评估衔接技术所构建的战术体系对顶尖运动员战术能力发挥的重要作用和影响。

1. 一板球战术

"一板球战术"是可以一板球就置对方于"死地"，没有与下一板形成衔接的一种搏杀战术，是不需要衔接技术支撑也能掌握的技战术。本研究的一板球战术重点在6板以后的一板球战术才能揭示出在没有独立战术体系之前所培养出来的运动员真实情况，即在第 7 板后的多板相持中一板球就得分才叫战术，例如：线路变化规律中双方反手斜线相持多板后，抢先变直线直接得分、对方打直线的"逢直变斜"衔接规律战术时，己方打"同线回接"反常规战术破解直接得分和旋转变化规律中的制造一板球侧上旋直接得分等。力量型的运动员更擅长一板球战术，下面以梁靖崑对阵马龙正反两个案例进行解析。

（1）梁靖崑 vs 马龙一板球战术成功案例实证分析。

请观看 2020 年中国乒乓球超级联赛男子团体决赛的第二场比赛，由山东魏桥队的梁靖崑（以下简称梁）对战山东鲁能队的马龙（超然象外，2021a）。

① 从高水平运动员的传统技战术打法分析。

由梁发球，马龙摆短至梁的中间半出台，梁第 3 板正手挑打马龙中路偏一点反手位，马龙第 4 板反手打斜线，梁第 5 板反手高质量与马龙第 6 板斜线相持，梁第 7 板反手突变直线成功（此乃一板球战术）。

梁属传统经验打法，打反手位斜线大角时，只要具有同等实力的双方运动员反手斜线高质量的相持，对方都很难变直线，尤其是施战术者通常在下一板变线或侧身打之前都会突然加力，令对方无法变直线，就只能同线回接，这样梁就能变直线从马龙正手位突破，一击制胜。

② 从衔接技术理论的角度分析。

如果梁靖崑按衔接技术意识打球就是第 5 板打极限球，可迫使马龙第 6 板只能回斜线来衔接第 7 板变直线从对方正手位突破。此乃反手打斜线时的"逢斜回斜"衔接规律（熊志超 等，2020），相持球的路径如图 5-1 所示。

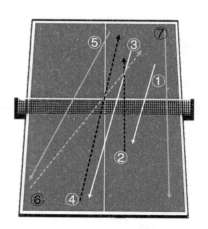

图 5-1　梁靖崑 vs 马龙一板球战术分析示意图

"衔接技术理论打'极限球'逼对方就范是基于对方变直线需要板形变化，即如想变直线则须短暂的时间内用髋部带动，欲从斜线拍形转向直线拍形，就仍存在'时间差'及直线短容易失误现象。所以，施战术者正是利用'时间差'控制对手令其受到生理因素所限从而来不及变直线。"（熊志超 等，2020）

综上所述，梁靖崑这一板球战术没有衔接技术意识也能凭经验实现简单的战术意图，所以以上分析的一板球战术是成立的，直接得分。

（2）梁靖崑 vs 马龙一板球战术失败案例诊断分析。

请观看 2020 年中国乒乓球超级联赛男子团体决赛的第二场比赛，由山东魏桥队的梁靖崑（以下简称梁）对战山东鲁能队的马龙。这是与上一个成功案例相同的一场比赛，笔者将不同的一分球制作于同一个视频中，目的是把以上的成功案例与失败的本案例做对比分析。（超然象外，2021a）

① 从高水平运动员的传统技战术打法分析。

马龙发球，梁接发球反手拉斜线，马龙第 3 板反手回斜线，梁第 4 板反手变直线有一定的突然性，令马龙第 5 板只能手脚同步跨出拉回一记步法不到位之直线球（生理解剖结构影响马龙无法打斜线大角），此时梁第 6 板身体重心向正手位方向移动，这一动作说明他是预判错误，以为马龙会回斜线，当发现马龙的直线回球后，才在失去重心的情况下只能转回反手位反手打回对方反手位偏中路。结果此球正中马龙下怀，被马龙正手连续两板击败。

② 从衔接技术理论的角度分析。

梁第 4 板这个极限球变直线后，应该在第 6 板等反手位"第一时间"打马龙反手位，可令马龙直接失误，这一分球的结果输赢或许就可能改变。此乃衔接技术理论中的打直线时"逢直回直"衔接规律（熊志超 等，2020），这是线路变化规律，也就是衔接技术意识，更是战术规律发生作用时的首要条件，其次才是"第一时间"。

由此可见，梁预判错误，用传统反手打直线保正手（下板等正手位），而没有用衔接技术对付反手打直线也可以保反手（下板等反手位），即有两种方法预判：其一，打直线时的"逢直变斜"衔接规律，是利用对方的思维模式来预判的（下板等正手位）；其二，打直线时的"逢直回直"衔接规律，是利用突然打出"极限球"令对方因生理所限造成步法不到位来实现精准的判断（下板等反手位）。

梁靖崑输掉了经验层面的一板球战术，对马龙的回球方向判断不准是因为没有衔接技术意识，按条件分析法鉴定的结果显示，梁靖崑遇战术视而不见只是打基本功对抗了。这样，从梁靖崑这个世界冠军和衔接技术理论两个维度的分析来看，就不吻合。为了进一步验证乒乓球战术规律发生作用时的条件对运动员战术发挥的影响，我们找到水平更高的樊振东在2020 年与马龙争夺世界杯男单决赛的一分球视频进行分析（超然象外，2020b）。

（3）樊振东 vs 马龙一板球战术失败案例诊断分析。

① 从高水平运动员的战术思维分析。

樊振东发球后连续五板（3、5、7、9、11）反手与马龙相持（2、4、6、8、10），樊振东于第 11 板变直线，如果成功则叫一板球战术，但这种情况并不常见，偷袭一两次就会被对方注意到，难以再偷袭。除非你有下一板的衔接意识，这就是二板球战术了，甚至更多。但樊振东在第 11 板球改变完直线后回到中间，显然他只有一板球战术的意识，不知道马龙的回球从哪里来。当马龙第 12 板回直线后，他才从中间回过神来，在已失去重心的情况下第 13 板球手比脚快打反手斜线球，与前一板（11 板）虽然构成了"压一边打另一边"中的"单边斜线"战术，但已失去了"第一时间"，所以这个战术规律发生作用时的条件已不复存在，"单边斜线"战术也就不起作用了（等于被动使用战术，即自己使用了战术也不知道是战术），这才让马龙第 14 板得以死里逃生返回到反手位反手还能打斜线回头。樊振东第 15 板再变直线，马龙第 16 板还是步法不到位再回直线，樊振东又是习惯性回中间等，导致第 17 板再度失去了"第一时间"这个战术节奏，对马龙的回球路线判断不准，情形与前面打第 11、13 板时如出一辙。两次同样性质的一板球战术都未成功，又无法与下一板形成战术上的衔接，得势不得分，导致后面的多板来回缠斗，以失误告终（如图 5-2 所示）。

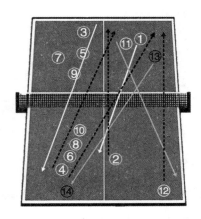

图 5-2 樊振东 vs 马龙一板球战术分析示意图

② 从衔接技术理论的角度分析。

如果从衔接技术理论的角度重新演绎这一分球的话，樊振东发球后连续五板（3、5、7、9、11）反手与马龙相持（2、4、6、8、10），樊振东于第 11 板变直线，马龙第 12 板之所以打直线回头，而不是樊振东以为的斜线大角，是因为从衔接技术的角度来讲，樊振东的第 11 板打的是衔接技术中的"极限球"，能令马龙第 12 板产生生理所限造成的步法不到位现象从而就只能打直线，而无法打斜线大角，此乃不可抗拒的客观规律，为樊振东下一板（第 13 板）欲打斜线做出精准的判断。因此樊振东就必然提前等在对方回球的位置即自己的反手位（而不是站中间）"第一时间"再打另一边斜线球（对方反手位），这就是打对方的战术（11、13 板构成"单边斜线"战术才有杀伤力），此乃最常用的前后二板球战术，是打直线时的"逢直回直"衔接规律（熊志超 等，2020）。

笔者分析，有了前后两板的衔接技术意识就必然保证了板与板之间"第一时间"这个战术节奏的把握。"战术节奏主要体现在时间特征上，即运动员在前后两板的一个战术或多个战术连续叠加之间对'第一时间'的把握能力是影响战术规律发生作用时的条件因素之一和战术效果成败的关键。"（熊志超，2021）所以衔接技术是乒乓球战术的理论基础，是战术规律发生作用时的主要条件，只有掌握了衔接技术，战术的使用才能水到渠成。

笔者进一步分析，战术规律发生作用时的条件就是樊振东第 13 和 17 板的衔接技术意识，若有，战术必然起作用，杀伤力就能体现出来；若没有，就是战术规律发生作用时的条件不存在，此时战术就不起作用。而事实上樊振东两次同样性质的第 11 和 15 板变直线在未能成功打出一板球战术的情况下，因缺乏衔接技术意识导致"第一时间"的战术节奏打了折扣，也就无法与第 13 和 17 板形成具有威胁性的二板球战术，也就沦为他最擅长的基本功对抗了。这样，从樊振东这个世界冠军和衔接技术理论两个维度分析来看，同样是不吻合的。按条件分析法鉴定的结果显示：樊振东也是被动使用战术。

2. 二板球战术

二板球战术是指施战术者应具备前一板与后一板存在内在联系的衔接技术意识所打出来的一个战术，如调右压左的"双边斜线"战术就是施战术者前一板在正手位台内突然拧拉斜线，精准判断对方步法不到位必回直线，因此后一板提前等反手位再打斜线。没有战术意识的前后两板球不叫衔接，只是基本功对抗而已。

随着因规则多次改革（尤其是改用 40+ABS 塑料球），导致杀伤力减弱，来回球增多，原来的前 4 板自然而然延伸至前 6 板，且难度比前 4 板来得高，但在构建战术体系以前的运动员也仅限于此局部的前后两板（3、5 或 4、6 板）的一个二板球战术意识而已，例如：调右压左的"双边直线"战术等，连续三板（3、5、7 和 4、6、8 板）的两个有战术意识的二板球叠加不多见，如："调右压左"和"压左打右"的两个"双边直线"+"双边直线"战术叠加，连续四板（3、5、7、9和4、6、8、10板）的三个有战术意识的二板球叠加更为罕见（"单边直线"+"单边斜线"+"双边斜线"），这是因为传统的技战术打法在一分球里是脱节的，前4板的战术意识较强，前6板的战术意识和能力次之，6板以后相持段基本上就是打基本功对抗。大多数顶尖运动员目前具有运用自如6板以后战术能力的并不多见，更没有把前6板战术延伸至6板以后的连续多个战术上来的能力，这就是为什么运动员打到6板以后多以基本功对抗为主，甚少战术行为，此乃"40+"新时代以前遗留下来的技战术不均衡现象，运动员缺乏衔接技术理论的支撑。而掌握了衔接技术的运动员或技巧型运动员在一分球里是不会脱节的，对前后两板的衔接不是局部的，而是全方位的多个二板球战术上的衔接，只要一分球没结束，就都有连续叠加战术的意识。可见"40+"新时代的二板球战术内涵和意义与"40+"新时代以前是完全不同的，是在有衔接技术意识支撑下所掌握的二板球战术，不仅涵盖传统的前六板战术令其如虎添翼，更重要的是还能与六板以后相持阶段的战术衔接，是全方位的战术意识。为了诊断和提高运动员六板以后的战术能力并实现真正意义的全方位战术意识，我们有必要把乒乓球战术科学地划分为前六板和六板以后两段，便于科研人员或教练员分析解读运动员的战术能力。

　　本章重点探讨六板以后的二板球战术，这需要有衔接技术理论的支撑或极少数有战术天赋打法的运动员才能运用自如，比如国乒男线的林高远和女线的刘诗雯。以下透过技巧型的林高远 vs 马龙和刘诗雯 vs 陈梦的成功与力量型的樊振东 vs 周启豪的失败的正反案例来说明何谓六板以后的二板球战术。

（1）林高远 vs 马龙二板球战术成功的案例实证分析。

本视频选自 2020 年全国乒乓球锦标赛团体决赛的第四场林高远 vs 马龙的一个一分球比赛视频（超然象外，2020c），林高远在这场决赛中发挥出很高的技战术水平，战胜了马龙，为广东队最终战胜北京队立下首功。

本研究聚焦的是林高远打出连续三板两个叠加战术，令对方连续两次方向相反地跑动，这样就会令马龙受到身体解剖结构的影响而移动困难。林高远是如何做到的呢？具体就是发球后正手 3、5 板连续压（左）马龙反手位，趁马龙第 6 板侧身正手打斜线时，林高远第 7 板正手打直线（5、7 板构成了单边直线战术，也就是二板球战术），这里的打直线是通过打"速度差"逼迫马龙第 8 板从反手位向正手位移动的，林高远第 9 板再打斜线（7、9 板构成了单边斜线战术，也就是多板球战术了）又把马龙（第 10 板）从正手位调回反手位打的是"位置差"战术。从运动生理学的角度来讲，马龙第 8 板从反手位被逼到正手位、第 10 板又从正手位再次被逼到反手位就是连续两次方向相反地跑动，这就是令马龙受到身体解剖结构的影响移动困难，从而导致第 10 板失误的主因（如图 5-3 所示）。

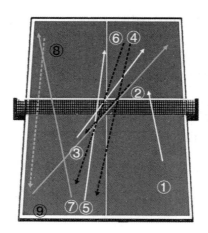

图 5-3　林高远 vs 马龙二板球战术分析示意图

林高远这种全台正手完成的战术打法比较罕见，说罕见是因为他的技战术打法体系是以反手或正反手结合为主，甚少全台正手使用战术（笔者不主张全正手使用战术，偶然行为另当别论），道理是正手动作大，转换慢，他能打出这个好球得益于他的个人特点，人们都说林高远的速度快，战术意识好，从衔接技术理论的角度上讲，他的快体现在前后板或战术与战术之间的"第一时间"这个战术节奏上，而这个战术节奏的把握是靠前后两板的衔接技术意识来确保板与板之间"第一时间"的，有了这个衔接技术意识条件的存在，才能发挥出"第一时间"的战术节奏，从而体现出林高远这个全正手的两个叠加战术（单边直线＋单边斜线）的快速威力。可见，林高远的战术意识是相当不错的，三板球两个战术都很完美，既完成了二板球战术任务，也打出了三板球（多板球）战术，超额完成了任务，完全符合衔接技术原理。从林高远这个世界冠军和衔接技术理论两个维度分析来看，是吻合的。笔者认为林高远是目前中国队男线中最接近"40+"新时代战术打法要求的，前景可期。

（2）刘诗雯 vs 陈梦二板球战术成功的案例实证分析。

笔者之所以选第 55 届世乒赛女单决赛刘诗雯对陈梦的一分球视频（超然象外，2019f），是因为过往刘诗雯给人印象深刻的地方是速度奇快，我们看到她正反手快速多变的战术都是最接近线路变化规律战术打法的，即除了"压一边打另一边"中的"调右压左"和"压左打右"战术已经是难能可贵外，笔者发现刘诗雯还展现出另一面的战术特点。她把衔接技术里的另一个战术系统主动防守战术使用得出神入化，展现出节奏快慢有序的技战术能力。刘诗雯接发球反手抢拉半出台下旋斜线后，与陈梦反手近台相持于第 6 板变直线就是主动防守战术，刘诗雯是主动诱陈梦第 7 板正手打斜线，由于主动防守战术是以退为进的战术，陈梦不易觉察，陈梦也就只能按着刘诗雯的节奏走，刘诗雯提前等正手位第8板正手打回头（这6、8板打的就是主动防守战术，也是二板球战术），角度较大令陈梦步法不到位从而第9板无法打斜线大角，只能勉强跨步打回直线，被刘诗雯抓住不放第10板等反手位反手第一时间打陈梦反手位斜线大角（这8、10板构成的是"双边斜线"战术，也是二板球战术），这个战术节奏掌握得非常好，是战术规律发生作用时的条件，可以和衔接技术媲美，否则刘诗雯稍微慢点，陈梦都有返回反手位起死回生的可能，这8、10板的衔接就是打斜线时的"逢斜变直"衔接规律（熊志超 等，2020）利用对方生理所限造成的步法不到位来实现的（如图5-4所示）。

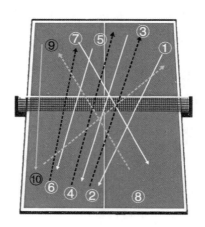

图5-4 刘诗雯vs陈梦二板球战术分析示意图

纵观以上一分球视频的主动防守战术，刘诗雯是从反手相持时打直线开始的，读者不知是否发现刘诗雯打直线并非从对方的空当打起，而是主动送球给已经站在正手位的陈梦让她先打起，难就难在这里，有一定的风险。陈梦打过来的球质量都是上乘的，因为这是有备而打，不过，刘诗雯也得益于主动防守战术是暗的战术，如果陈梦是"螳螂在前"的话，刘诗雯便是"黄雀在后"，更狠，这就是有与没有主动防守战术的区别，这样，刘诗雯6、8、10三板打了两个战术的叠加（"主动防守"+"双边斜线"），既完成了二板球战术任务，也打出了三板球（多板球）战术，超额完成了任务，从刘诗雯这个世界冠军和衔接技术理论两个维度来分析是吻合的。

（3）樊振东 vs 周启豪二板球战术失败案例诊断分析。

以2020年"中国直通赛"樊振东 vs 周启豪一分球影片为例（超然象外，2020d）：由于两者都缺乏生理所限造成步法不到位现象和衔接技术理论的意识，所以双双误判对方的回球路线，如此一来周启豪捡到了便宜。

樊振东发下旋短球至周启豪正手位，周启豪第2板入台正手位反手摆短，樊振东第3板回摆，周启豪第4板正手劈长直线，樊振东第5板反手拉起高吊（直线），周启豪第6板正手位正手反拉斜线与樊振东形成多板的基本功对抗相持，樊振东第13板打直线战术被周启豪第14板反手位反手拨了个大角度的斜线球到樊振东的反手位，樊振东第15板在已经很被动的情况下居然还连续小碎步，从正手位折返反手位，硬是侧身用正手打回直线（此乃二板球的"双边直线"战术）。这很明显是个步法不到位现象，可是周启豪还以为樊振东会回斜线大角等在自己的反手位，结果樊振东第15板只能打直线，周启豪才急忙第16板赶打正手位直线球，此时樊振东犯同样的判断错误，以为周启豪第16板一定会打回斜线大角而扑空，实际上周启豪也是情急之下手比脚快（无法重心交换），属步法不到位现象，根本无法打斜线大角，结果周启豪凭14、16二板球居然被动使用"单边直线"战术侥幸赢得此一分球。

笔者从衔接技术理论的角度分析，周启豪第14板在反手位反手拨了个大角度的斜线球至樊振东的反手位，实质上打的是"极限球"，可迫使樊振东从正手位折返回反手位时第 15 板只能回直线球，此乃打斜线时的"逢斜变直"衔接规律（熊志超 等，2020）。可见若有此衔接规律的意识，周启豪是可以通过掌握衔接技术来获得精准判断的，故周启豪第 16 板必然就等在其正手位"第一时间"打樊振东的直线来球到另一边（斜线），这叫主动使用"双边斜线"战术，樊振东只能受制于周启豪"第一时间"的杀伤力而望"球"兴叹了！可惜！事实上周启豪是歪打正着被动使用了另一个"单边直线"战术。

另一边，如果樊振东知道从正手位折返反手位侧身正手打直线这第 15 板球也是"极限球"的话，可逼周启豪第 16 板从反手位折返回正手位只能打直线，而无法打斜线球，此时樊振东还会向正手位扑空吗？这是打直线时的"逢直回直"衔接规律（熊志超 等，2020）。可见若有此衔接规律的意识，樊振东就可以掌握衔接技术来获得精准判断，故樊振东第 17 板必然主动使用战术就等在其反手位"第一时间"反手打周启豪的直线来球到另一边斜线，此乃"单边斜线"战术。这样就与前面的"双边直线"战术构成连续三板（13、15、17）的叠加战术（"双边直线"+"单边斜线"），这时望"球"兴叹的就是周启豪了！可惜！事实上樊振东并没有衔接意识打第 17 板，以致 13、15 板的二板球战术（双边直线）不能直接得分也无法与第 17 板形成多板球的衔接，这也意味着二板球战术（双边直线）失败了。

从以上分析来看，为什么他们都会误判对方的来球路线？是因为他们缺乏衔接技术意识，战术规律发生作用时的条件就不存在，所以樊振东、周启豪在比赛中的战术能力就未能体现出来，也就在打基本功对抗了。按条件分析法鉴定结果显示，樊振东遇"逢直回直"和周启豪遇"逢斜变直"衔接技术规律战术视而不见和被动使用战术，与前面分析的四板以后的战术意识薄弱情况相符。从樊振东这个世界冠军和衔接技术理论两个维度分析来看，是不吻合的。

综上所述，按条件分析法分析得出，林高远和刘诗雯两位运动员在比赛中发挥出战术能力与战术规律发生作用时的条件存在着关联，他们的战术意识强与衔接技术意识非常相似，所以乒乓球战术规律发生作用时的条件对绝大多数运动员（包括樊振东和周启豪）影响很大，而林高远和刘诗雯却是例外。

3. 多板球战术

多板球战术是以二板球战术为基础的三板连续两个二板球战术（例：双边直线＋单边斜线）以上的叠加称为多板球战术。例子：施战术者第2板反手在正手位拧拉直线，对方第3板回斜线，施战术者第4板回反手位打直线（此乃第一个二板球的"双边直线"战术），对方第5板回防正手位打直线，施战术者第6板再打斜线就是第二个二板球的"单边斜线"战术。这2、4、6三板连续两个战术前后各板之间都存在内在联系的衔接技术意识所打出来的两个二板球战术（2、4板是利用对方"逢直变斜"的思维定式来大概率预判衔接的，4、6板是利用对方"逢直回直"第5板步法不到位就只能打直线来精准判断衔接的）。四板球战术就是连续三个二板球战术的连贯衔接，余此类推。它包括叠加战术和结合战术。然而目前能把叠加或结合战术运用自如的顶尖运动员凤毛麟角，这同样需要衔接技术理论支撑或极少数有战术天赋打法的运动员才能运用自如，比如国乒女线的刘诗雯和台湾新锐林昀儒等都是佼佼者，以下通过这些成功案例来说明何谓多板球战术。

（1）叠加战术。

叠加战术虽然是乒乓球进入"40+"新时代笔者首先在专业界和学术界提出来的战术理论，然而实际上在"40+"新时代以前高水平运动员凭经验对某项局部技术十分精通或偶尔也会使用叠加战术。有文献记载的可追溯到20世纪70年代日本男单世界冠军河野满，"他反手打直线后赶打正手还能回反手位侧身再打出精湛的局部战术"（李晓东，2010），套用衔接技术理论来讲就是他打了正反手位各两条直线，是打直线时的"逢直变斜"衔接规律（熊志超，2010）来衔接打了两个双边直线战术，符合在一分球内两个以上不同的或相同的战术连续地使用这个叠加战术的定义。

刘诗雯 vs 福原爱

我们以国际乒联某场比赛刘诗雯 vs 福原爱的一个精彩对决的视频为例进行案例实证分析（超然象外，2021g）。请看视频和下列双方对抗解剖对话框（表5-1）。

表5-1　刘诗雯从正手位打对方正手位重复落点战术对话框示意表

人　员	内　　容
福原爱	1. 正手高抛发下旋球至对方中间半出台
刘诗雯	2. 反手接发球搓一板至对方反手位
福原爱	3. 反手搓长斜线大角
刘诗雯	4. 反手拉起斜线形成相持
福原爱	5. 反手回中路
刘诗雯	6. 正手冲小斜线至对方正手位（4、6板构成了"双边斜线"战术）
福原爱	7. 正手回直线（步法不到位只能直线）
刘诗雯	8. 反手拉斜线大角（6、8板再构成了"双边斜线"战术）
福原爱	9. 反手回斜线
刘诗雯	10. 反手拉直线至对方正手位（8、10板构成了"单边直线"战术）

表 5-1（续）

人　员	内　容
福原爱	11. 正手回小线至中路（被动相持）
刘诗雯	12. 正手侧身拉斜线至对方反手位（10、12 板构成"单边斜线"战术）
福原爱	13. 反手回防斜线
刘诗雯	14. 反手拉小斜线至对方中路（12、14 板构成"打单角杀中路"战术）
福原爱	15. 正手有些别扭回防小斜线至对方正手位
刘诗雯	16. 正手拉斜线大角至对方正手位（14、16 板又构成"双边斜线"战术）
福原爱	17. 正手回防直线至对方反手位
刘诗雯	18. 反手拉斜线大角至对方反手位（16、18 板再构成"双边斜线"战术）
福原爱	19. 反手回防斜线大角至对方反手位
刘诗雯	20. 反手拉直线至对方正手位（18、20 板构成"单边直线"战术）
福原爱	21. 正手回防斜线大角至对方正手位
刘诗雯	22. 正手位正手拉斜线大角至对方正手位一击制胜（20、22 板构成"单边斜线"战术，也是"重复拉落点"战术）
福原爱	23. 正手位正手回防出界（有习惯性回防反手位的倾向，犹豫了一下再救正手，被动击球出界）

从视频和对话框示意表可见，双方大战对峙 11 个来回才分出胜负；刘诗雯从头到尾都占尽主动，连续打了 10 板（4、6、8、10、12、14、16、18、20、22）使用了 9 个战术（"双边斜线"＋"双边斜线"＋"单边直线"＋"单边斜线"＋"打单角杀中路"＋"双边斜线"＋"双边斜线"＋"单边直线"＋"单边斜线"），其中第 12 与第 14 板是"打单角杀中路"战术，这恐怕是史无前例的叠加战术案例，实属难能可贵，不可多得，甚至是绝无仅有的。最后，刘诗雯才在第 20 和 22 板打了个重复落点战术获得 1 分。

细心的读者也许已经发现，刘诗雯前 4 个战术与相隔一个"打单角杀中路"战术后的 4 个战术是完全一样的，为什么前面 4 个战术未能击溃福原爱，要到后面 4 个战术才一击制胜？我们从视频或对话框可见，前面 4 个战术里的后面一个战术叫"单边斜线"战术（第 10、12 板），是在不同的位置打对方两边；而后面 4 个战术里的后面一个战术也是"单边斜线"战术（第 20、22 板），也是在不同的位置打，但打的是相同落点（对方正手位），此乃致命的一击，区别就在这里（如图5-5所示）。

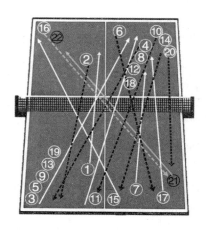

图5-5　刘诗雯 vs 福原爱多板球战术分析示意图

　　所谓重复落点战术就是施战术者利用对方曾经被打过"调右压左"战术对己反手位有顾及的思维定式，采取"调右打右"相反的方向，也叫"单边斜线"战术或从对方正手位突破战术。重复落点战术需要将功课做足，刘诗雯在前面"压一边打另一边"中的"调右压左"和"压左打右"战术便是要做的功课，因为福原爱多次被前面的"调右压左"和"压左打右"战术的节奏压制，从节奏和心理上已习惯了刘诗雯的两边调动。因此，刘诗雯一旦反手打直线再次调右（第20板）打福原爱正手后，福原爱下板必然以为刘诗雯一定打直线，就会有习惯性回反手位的倾向，即身体重心已开始移向反手位或哪怕犹豫一下，那么，刘诗雯第22板不打直线压左，而是再重复打右（福原爱正手位）不就抓到要害了吗？此乃刘诗雯的反向思维战术，属线路变化规律范畴，所以她的战术规律发生作用时的条件非常接近衔接技术意识，从她的板与板之间和战术与战术之间的衔接意识看，都是第一时间完成的，令福原爱没有喘息的机会。从刘诗雯这个世界冠军和衔接技术理论两个维度分析来看是吻合的。

马琳 vs 许昕

本战术案例分析选自马琳与许昕两位直板大师在某场国际比赛 PK 的精彩一分球视频（超然象外，2018e），之所以说其精彩，不仅是他们精湛的技术，更重要的是因为马琳一气呵成前后连续打了 5 板 4 个战术，这连续 4 个战术的叠加体现出马琳的战术内涵，打出了很高的水平。笔者一直在不遗余力地推介衔接技术和强调"40+"新时代的技战术均衡打法就是指的这类战术打法。马琳这一分球堪称"叠加战术"使用的典范之作。请大家先看对话框（表 5-2）或视频。

表 5-2　马琳连续 5 板打了 4 个战术的叠加战术对话框示意表

人　员	内　容
许　昕	1. 正手发短下旋球至对方正手位
马　琳	2. 入台正手摆短中间偏对方反手位
许　昕	3. 回摆对方正手位
马　琳	4. 再入台正手位挑打斜线至对方反手位
许　昕	5. 侧身正手拉直线
马　琳	6. 反手推挡斜线大角（4、6 板构成"双边斜线"战术）
许　昕	7. 交叉扑左正手打回斜线大角
马　琳	8. 侧身正手反拉直线偏中路（6、8 板构成"单边直线"战术）
许　昕	9. 中路反手挡回小斜线至对方正手位（不出台）
马　琳	10. 交叉向前打斜线大角（8、10 板构成"单边斜线"战术）
许　昕	11. 反手救回斜线至中路
马　琳	12. 中路侧身正手滑板打斜线大角（10、12 板构成"双边斜线"战术）
许　昕	13. 反手位正手侧身落空（对方打出一记相反方向的球）

笔者按照衔接技术理论的思路来分析马琳的战术打法：在第一个战术（4、6 板）中，前一板正手挑打斜线打的是自己的衔接技术，马琳预判许昕第 5 板会打自己的反手位，道理是许昕很可能抓自己（马琳）"入台容易退台难"的劣势，果不其然，许昕就是按马琳预测的线路回球，马琳后一板反手推斜线打的就是"双边斜线"战术（其效果就是压反调正）。

与此同时，只要许昕第 7 板球还没结束（交叉扑左救回斜线），马琳第 8 板打直线就与前面打的第 6 板斜线构成第二个战术（"单边直线"），许昕第 9 板反手防守回中路偏正手位（半出台球），被马琳第 10 板一个前交叉打斜线大角，许昕回反手位反手第 11 板防回小斜线至中路，被马琳第 12 板一个侧身正手滑板打小斜线至许昕的正手位空当一击制胜。

由此马琳连续打了 5 板 4 个战术上的叠加，第一个"双边斜线"战术（4、6 板）＋第二个"单边直线"战术（6、8 板）＋第三个"单边斜线"战术（8、10 板）＋第四个"双边斜线"战术（10、12 板），叠加战术后威力强大。从马琳这个奥运冠军和衔接技术理论两个维度分析来看是吻合的。

樊振东 vs 马龙

这是 2019 年国际乒联职业巡回赛日本公开赛男单比赛一分球视频（超然象外，2019g）：樊振东从接发球起 2、4、6、8 板连续 4 板使用了"双边斜线""单边直线""单边斜线" 3 个"压一边打另一边"战术，把马龙打得顾此失彼，樊振东的这些技战术也符合笔者想要得到的叠加战术实证分析的要求，在一分球中只要球还没死就应该有一直衔接下去的意识。这样，多个战术连续地使用叠加，其战术杀伤力必然强大，完全可以媲美国际乒联改塑料球以前"动力元素"的杀伤力。所以叠加战术是乒乓球进入"40＋"新时代笔者所倡导的，也是战术打法的大势所趋。请看视频和双方的技战术对抗对话框示意表（表 5-3）。

表 5-3　樊振东连续 4 板打了 3 个叠加战术对话框示意表

人　员	内　　容
马　龙	1. 正手发短下旋球至对方中路
樊振东	2. 入台反手反向拧斜线（对方右手持拍的正手位）
马　龙	3. 交叉扑右打直线（步法不到位）

表 5-3（续）

人　员	内　容
樊振东	4. 反手打斜线（2、4 板构成了"双边斜线"战术）
马　龙	5. 反向交叉回反手位打了个小斜线至中路（步法不到位）
樊振东	6. 侧身打直线（4、6 板构成了"单边直线"战术）
马　龙	7. 再次交叉扑右拉回小斜线至中路（步法不到位）
樊振东	8. 交叉扑右反拉斜线大角（6、8 板构成了"单边斜线"战术）
马　龙	9. 第三次交叉扑右追接不及

　　笔者按照衔接技术理论的思路来分析樊振东的战术打法，从解剖开来的对话框清晰可见，樊振东反手在中间打斜线有个优势，就是对方不知道你要打左还是打右，樊振东选择了第 2 板反向拧斜线先压对方正手，这一战术意识不错，也挺先进的，令马龙在没准备的情况下第 3 板扑右而步法不到位，正手很难打出大角度的斜线球，就只能打直线了，樊振东第 4 板打斜线，这是衔接技术理论中的打斜线时的"逢斜变直"衔接规律（熊志超 等，2020）。前面第 2 板打的就是"极限球"，令对方产生步法不到位现象，同时是衔接技术，知道对方只能回直线，第 4 板就是打对方的战术，此乃最有威胁的"压一边打另一边"中的"双边斜线"战术。令马龙第 5 板被动反向交叉扑左，反手同样会步法不到位难以打出大角度斜线球，就只能打小斜线（"逢斜回斜"）回防中路或顶多回直线，这样樊振东就能第 6 板侧身正手打直线了。到此为止，一般人就是死球了，可是马龙第 7 板居然还能再扑向右顽强地正手拉回头，他是想拉斜线大角的，但无奈还是步法不到位，也就只能拉出小斜线至中路偏一点正手位，被樊振东第 8 板交叉扑右反拉回头一个大角度的斜线球（这板球樊振东是基于抓马龙"逢直变斜"的思维定式来衔接的），马龙第 9 板有点大意了，没想到樊振东还能拉回头，也就没向正手位提前移动，所以发现樊振东的球回过来时，

再追已来不及。

　　这里樊振东连续 4 板 3 个叠加战术打得马龙措手不及的要诀是符合衔接技术理论之一的运动生理学的行为习惯规律，打"极限球"逼马龙步法不到位来实现"逢斜变直""逢斜回斜"及利用马龙 "逢直变斜" 的思维定式来衔接打战术，叠加战术的使用就水到渠成了。所以衔接技术本身也是基本功，它是战术的理论基础。从樊振东这个世界冠军和衔接技术理论两个维度分析来看是吻合的。

　　综上所述，从上述大球时代（40 mm）的马琳及"40+"新时代的樊振东等两代人的叠加战术使用分析来看，他们打出这一连串罕见的战术神球，莫非他们都已经掌握了叠加战术？非也。在笔者看来，主要原因如下。

　　从一分球视频中运动员打出的叠加战术来看，虽然符合叠加战术的定义，但并不意味着这些高水平运动员已经掌握了叠加战术，运动员在没有接受衔接技术训练以前，可以肯定他们是没有这个战术意识的，那他们是怎样打出笔者所要的实证分析结果的呢？道理很简单，台面就 7 条基本线路，专业运动员天天练，线路走向非常熟悉，他们凭技术上的基本功打出一些神球也不是不可能的，而这些神球就包含了运动员不为所知的叠加战术。我们可以再次使用观察思维法去验证，具体就是观察上述运动员在其他比赛中打对手是否有类似的重复率，如果这种事情只发生一次，那它就是小概率事件；如果它反复出现，那它就一定是规律。有重复率就能逐渐形成自己的经验层面上的战术套路，也就必然在比赛场上大放异彩（目前没有发现）！而这种重复率是衡量运动员是否已掌握了这一战术套路的有效方法之一。可见没有接受过衔接技术应有的训练，这种重复率是很难达到的，也就是偶然事件而已，还不算是自己的战术，他们打完这一分球也不知道自己打了什么战术，这叫被动使用战术。显然他们这些战术不是训练出来的结果，仍属技术层面上的基本功对抗。即使这样，他们连续多板的基本功对抗也是够厉害的了，若把它上升到战术层面后再训练运动员，当他们下次再遇到就不是偶然产生的战术，而是已掌握的叠加战术了。

（2）结合战术。

叠加战术是"40+"新时代的杀伤力，也是战术打法提升的标志。然而我们在实践中发现，比赛是千变万化的，叠加战术不是任何时候都可行的，要求运动员拥有善于把握时机灵活运用战术的能力，退而求其次是能够使用结合战术，即"两个战术之间不连续，过渡一至两板再使用战术也不失为一种策略，此情况笔者称为结合战术"（熊志超 等，2020）。以下以樊振东 vs 马龙（超然象外，2018f）和王皓 vs 高宁以及林昀儒 vs 波尔三场国际比赛一分球视频为例进行实证分析。

樊振东 vs 马龙

① 从高水平运动员的传统技战术打法分析。

樊振东第3板正手位偏中路挑打小斜线，及第5板反手拨斜线（偏中路），这第3、5板构成了"双边斜线"战术，其作用是"调右压左"。由于樊振东打的线路都是小斜线，马龙仍站位中间，无法连续打叠加战术撕破马龙的防线，第7板也就只有反手斜线过渡一板了。这一板的过渡非常重要，令马龙第8板侧身正手拉斜线时产生了正手位的"位置差"，为樊振东下一板（第9板）打直线埋下了伏笔，结果樊振东第9板打直线一击制胜。这第7、9板就构成了"压一边打另一边"中的"单边直线"战术。这样樊振东第3、5板（"双边斜线"战术）与第7、9板（"单边直线"

战术）虽然使用了两个战术，但这两个战术之间不是连续的战术，因为第7板与前面的第5板都是打相同方向的斜线，不是战术，而是一种过渡球。

② 从衔接技术理论的角度分析。

通过以上分析发现，樊振东的这两个不连续的战术用得相当合理，有时不一定非要使用最先进的叠加战术，这要看时机是否成熟，如果不成熟就硬使用，叠加战术规律发生作用时的条件不存在（对方马龙站在中间，樊振东即使第7板打直线的话，马龙也能轻而易举打回头），效果就会大打折扣，甚至被对方打死，叠加战术也就不起作用。而樊振东第7板退而求其次过渡一板反手打斜线逼出马龙第8板侧身正手反拉回斜线产生了正手位破绽（位置差），再反手第9板打直线从马龙正手位突破是明智之举，一击制胜。此乃樊振东第7板打斜线时逼出马龙"逢斜回斜"衔接规律（熊志超 等，2020）。从樊振东这个世界冠军和衔接技术理论两个维度分析来看是吻合的。

结合战术与叠加战术很相似，都有两个以上相同或不同的战术，不同之处在于叠加战术是连续地使用各种战术，而结合战术是两个战术之间有个过渡板，使用率相对较少，杀伤力虽不及叠加战术强劲，但它是叠加战术的有益补充。但两者的结合使用是"40+"新时代使用战术的特点，也是战术打法提升的标志。（熊志超，2021a）

王皓 vs 高宁

王皓在某场国际比赛与高宁对战一分球精彩视频（超然象外，2018 g）使用了一个结合战术和四个叠加战术，为方便观察双方运动员的思路和技战术走向，笔者特制作双方对抗解剖对话框（表5-4）。

表 5-4　王皓集结合战术和多个战术的叠加对抗解剖对话框示意表

人　员	内　　容
王　皓	1. 站位中间偏正手位钩子发球小斜线至对方正手位近网
高　宁	2. 劈长直线
王　皓	3. 反手拉斜线（1、3 板构成"双边斜线"战术）
高　宁	4. 反手回防斜线
王　皓	5. 反手拉斜线（过渡第 1 板）
高　宁	6. 反手斜线相持
王　皓	7. 反手斜线相持（过渡第 2 板）
高　宁	8. 正手侧身拉斜线
王　皓	9. 反手反拉直线（7、9 板构成"单边直线"战术）
高　宁	10. 正手反拉斜线
王　皓	11. 保正手时交叉扑右正手拉回斜线（9、11 板构成"单边斜线"战术）
高　宁	12. 正手位正手拉中路
王　皓	13. 正手位正手拉直线（11、13 板构成"单边直线"战术）
高　宁	14. 侧身正手拉小斜线至中路偏反手位
王　皓	15. 保反手时正手拉直线（13、15 板构成"双边直线"战术）
高　宁	16. 正手拉斜线
王　皓	17. 保正手时交叉扑右拉斜线（15、17 板构成"单边斜线"战术）
高　宁	18. 正手反拉下网

① 从高水平运动员的传统技战术打法分析。

从以上对话框或视频中所见，王皓前三板（1、3 板）使用了一个"双边斜线"战术，紧接着过渡了两板（5、7 板）后在第 9 板抓住对方侧身正手反拉的机会偷直线，与第 7 板构成了"单边直线"战术。这 1、3 板和 7、9 板就构成了结合战术。

② 从衔接技术理论的角度分析。

这 1、3 板和 7、9 板前后两个战术之间为什么要过渡，叠加不是更好吗？其实不然，要知道战术不可能总是叠加到的，有时在无法叠加使用的情况下，允许战术与战术之间过渡一至二板找到机会再使用战术更好。

虽然结合战术不如叠加战术杀伤力强，但总比只是基本功对抗的技术上的衔接要强。因此，学会结合战术和叠加战术是进入"40+"新时代成为顶尖高手必不可少的条件，所以每一位运动员都必须重视它。

此外，我们从 9、11 板，11、13 板，13、15 板，15、17 板王皓连续地打了 5 板使用了 4 个战术的叠加来看，虽然此处并非讲解叠加战术，但只要讲到战术很多时候就不可避免地会出现叠加战术，说明叠加战术早已成为战术专题研究的热词。由此可见，每一个一分球只要球还没结束，均衡的技战术就应该伴随运动员应运而生，技术打不通就应该发挥战术的作用尤其是叠加战术或结合战术直至结束，而不是只用单纯的技术上的基本功对抗来打比赛。

笔者进一步分析这一分球发现还有亮点：王皓在第 9 板反手位拉完直线，在保正手位时迅速交叉扑右衔接正手位打斜线，此乃传统经验上的衔接，叫"反手位打直线保正手"，其战术名称叫"单边斜线"，这里王皓为什么正反手衔接得如此默契呢？道理很简单，他是利用了对方"逢直变斜"的思维定式来大概率预判和衔接的，没有这个心理学的思维定式交叉学科的理论支撑就没有大概率的预判，所以王皓打直线时的"逢直变斜"衔接规律（熊志超，2010）就是产生"单边斜线"战术规律发生作用的条件。我们再来看看，王皓第 13 板在正手位正手拉直线后，迅速回反手位保反手时正手侧身再拉直线，这也是传统经验上的"正手位打直线保反手"战术。道理同上，只是位置不同而已。从王皓这个世界冠军和衔接技术理论两个维度分析来看是吻合的。

林昀儒 vs 波尔

2019 年 8 月 25 日国际乒联职业巡回赛捷克公开赛男单半决赛林昀儒 vs 波尔为我们展现出又一个结合战术的一分球视频（超然象外，2019h），结合战术是在笔者研究叠加战术过程中总结出来的新战术，它虽然在大多数情况下都不如叠加战术的连续杀伤力厉害，但有时却能够作为互补取得意想不到的战术效果，本案例就展现了一个连叠加战术也自愧不如的情形。现在请读者看双方运动员一分球对话框（表 5-5）和视频：

表 5-5　林昀儒打出"结合战术"对话框示意表

人　员	内　容
波　尔	1. 发短下旋球至对方正手位
林昀儒	2. 入台反手拧拉斜线
波　尔	3. 跨步正手接直线（步法不到位）
林昀儒	4. 跳步反手衔接打斜线大角（2、4 板构成"双边斜线"战术）
波　尔	5. 回反手位打直线偏一点中路（步法不到位）
林昀儒	6. 正手打小斜线至对方反手位（过渡一板）
波　尔	7. 反手防一板小斜线回中路
林昀儒	8. 正手打直线至对方正手位（6、8 板构成"单边直线"战术）
波　尔	9. 鞭长莫及

① 从高水平运动员的传统技战术打法分析。

从对话框示意表或视频可见，林昀儒第 2 板在正手位突然反向拧了个斜线大角，令波尔第 3 板步法不到位就只能打直线，林昀儒对波尔的回球了如指掌，第 4 板反手再打斜线，前后两板构成了"双边斜线"战术。此时波尔第 5 板反手回了个小斜线至中路后，林昀儒注意到波尔有回正手位的倾向，于是第 6 板重复前一板的斜线线路逼波尔第 7 板反手挡回小斜线至中路，再第 8 板打直线一击制胜（如图 5-6 所示）。

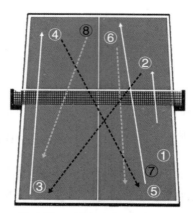

图 5-6　林昀儒 vs 波尔多板球战术分析示意图

② 从衔接技术理论的角度去分析。

其实林昀儒第 6 板不构成战术，只是过渡一板，实际上是有目的的，他如果第 6 板勉强正手打直线，正中对方下怀，因此这不符合战术规律发生作用时的条件，虽然可构成连续（叠加）的"单边直线"战术，但是在对方有备之下打的战术效果会大打折扣，也就是战术不起作用。所以他干脆就打重复线路过渡一板，这一板还为下一板（第 8 板）的衔接和战术埋下伏笔。一是打乱了波尔的节奏，二是逼波尔往反手位多移动一点距离，此乃打"位置差"，这样自己就能第 8 板打直线撕开波尔的防线（6、8板构成"单边直线"战术），令其无法处理。此乃 2、4 板（"双边斜线"战术）和 6、8 板（"单边直线"战术）两个战术的结合，可见第 6 板的重复斜线过渡是多么重要啊！这是战术应用灵活多变的体现。这样，从世界乒坛新锐林昀儒和衔接技术理论两个维度分析来看是吻合的。

刘诗雯 vs 马龙

① 从高水平运动员的传统技战术打法分析。

刘诗雯对战马龙？对，你没看错。这是 2021 年奥运热身男女关键分对抗赛的一个两分球视频（超然象外，2021h）。请看第二个一分球，刘诗雯发下旋短球至对方中间偏正手位，马龙第2板入台正手劈长小斜线至中路，刘诗雯第3板侧身正手挂起小斜线至马龙反手位，马龙第4板反手斜线相持，刘诗雯第5板反手斜线相持，马龙第6板反手斜线相持，刘诗雯第7板变直线调右，马龙第8板跨步拉回直线，被刘诗雯第9板反手打斜线压左，马龙第10板回反手位打斜线，刘诗雯第11板侧身正手打斜线与前面的第9板打重复落点，马龙第12板再打斜线相持，刘诗雯第13板反手突变直线一击制胜。

②从衔接技术理论的角度分析。

刘诗雯连续三板（5、7、9）反手分别打出"压一边打另一边"中的"单边直线"和"单边斜线"两个战术调动马龙，紧接着第11板正手侧身打斜线（重复前面的第9板线路）过渡一板，其目的是压制住马龙反手位（麻痹其正手位空当）再下一板（第13板）反手打直线，这就构成了"单边直线"战术，也是打"时间差"。因为马龙第12板打的是斜线，没有刘诗雯第13板反手打出的直线快，快到马龙都没有反应过来，还误判刘诗雯会回斜线侧身准备正手还击呢，所以刘诗雯第11板的过渡一板是制胜的关键，为第13板的杀板埋下了伏笔。刘诗雯第5、7、9板连续打了3板2个战术的叠加和第11、13板构成了结合战术，刘诗雯板与板之间的"第一时间"这个战术节奏非常快，这是她的特点，把叠加战术和结合战术运用得淋漓尽致。这样，从世界冠军刘诗雯和衔接技术理论两个维度分析来看是吻合的。

总括而言，依条件分析法来看，樊振东、王皓、林昀儒、刘诗雯四位运动员在比赛中发挥出战术能力与战术规律发生作用时的条件（战术意识接近衔接技术意识）存在关联，与衔接技术理论间接相关。

二、综合讨论

力量型运动员与非力量型运动员战术能力比较分析如下：

从以上樊振东、林高远、梁靖崑、刘诗雯、林昀儒等运动员和衔接技术理论两个维度进行案例、实证和诊断分析研究来看，林高远、刘诗雯、林昀儒最好，樊振东和梁靖崑次之，他们的技术与战术能力都是不均衡的，两者之间存在特长与短板的关系，说明了战术规律发生作用时的条件（衔接技术意识）对他们的战术发挥影响很大，主要是由于缺乏衔接技术意识（他们从小都没有接受过衔接技术训练）直接导致战术规律发生作用时的条件不存在，战术也就不起作用，等于在被动使用战术，也就只是基本功对抗了。

樊振东和梁靖崑都是力量型的，之所以他们更强调杀伤力取胜，对线路变化（落点）意识较薄弱，使用战术不及非力量型的技巧型运动员，笔者认为是因为力量型的运动员天生的力量素质就比别人强，从小就对一板球的击球质量要求很高，得分率也很高，对击球机会、身体位置的要求都比别人高，即使在水平很高、难度很大的比赛中，也能应付自如，在多数情况下靠基本功就已把对方打成死球了，对方难以回球，也就难以施展战术，所以战术不是他们的强项。这样，从小就已经形成了技术超强、战术却不强的打法，即使长大后也难以改变。从他们身上不难看到乒乓球在"40+"新时代以前绝大多数运动员主要还是技术主导比赛胜负，战术的作用却很小，此乃时代所限。然而进入"40+"新时代就不是技术主导比赛胜负了，而是技战术共同主导比赛胜负，也许"40+"新时代的早期（甚至东京奥运会）在大家都还没有掌握衔接技术阶段仍存在技术主导比赛胜负现象，但这种现象不会长久，随着衔接技术理论的推广和普及，技战术均衡发展是"40+"新时代的大势所趋，也是不可抗拒的先进潮流，广大教练员和运动员应引起足够的重视。

笔者认为，优秀选手如林高远、刘诗雯及林昀儒从小同样没有接受过衔接技术训练，但是战术规律发生作用时的条件对他们的战术发挥几乎没有影响。因为他们的打法和战术意识非常接近衔接技术意识，是最接近"40+"新时代战术打法的，具体细节要从他们小时候的训练和成长过程所形成的独特风格打法因势利导。林高远、刘诗雯及林昀儒都属技巧型运动员，由于强攻力道质量稍弱，他们从小在训练和比赛中就已形成了来回打多板的能力，因此，比别人更善于精心思考比赛制胜策略，久而久之他们的线路变化（落点）意识较强，容易满足战术的需要，熟能生巧的战术意识自然比力量型的运动员要强。以上是笔者对林高远、刘诗雯及林昀儒长期观察及运用条件分析法得出的结果。

三、小结

综上所述，笔者归纳出本章主要有以下结语与建议。

运动员在比赛中发挥出战术能力和战术规律发生作用时的条件与衔接技术理论直接或间接相关，也是专业鉴定运动员是否有战术意识的试金石。因此，除极少数技巧型运动员外，大多数运动员都因缺乏衔接技术意识导致他们的战术规律发生作用时的条件不存在，战术也就不起作用，他们的战术能力无从发挥等于在被动使用战术，也就只是基本功对抗了。建议衔接技术训练应从小抓起，高水平运动员也应尽快掌握衔接技术，以便适应

"40+" 新时代技战术均衡打法的要求。

第二节　从对方正手位突破的多种战术案例分析

众所周知，从对方正手位突破是一项很有效的战术得分手段，有反手位打 "压左打右" 的 "单边直线" 战术，也有通过 "打中路杀右角" 战术，还有通过 "调右打右" 或 "调左打左" 的 "单边斜线" 战术重复打正手位落点，再有全正手反向打 "双边直线" 战术从正手突破，更有双打重复打对方正手位战术。现在我们来逐一研究及进行案例分析。

一、反手位打斜线时以 "压左打右" 的 "单边直线" 战术实现从对方正手位突破的战术思维

以王励勤和王皓（施战术者）的一分球比赛视频为例（超然象外，2019i）：王励勤在发球后的第 5 板起，双方形成了 3 个回合的反手斜线相持，直到第 8 板王皓打出更高质量的球令王励勤第 9 板无法变直线，这就是衔接技术理论中打斜线时的 "逢斜回斜" 衔接规律（熊志超 等，2020）的核心，只要这板打斜线的质量高，就能利用 "时间差" 逼着王励勤无法打直线，就只能回斜线，达到了 "逢斜回斜" 的衔接效果，王皓第 10 板再侧身正手冲直线，也就是 "单边直线" 战术，作用是 "压左打右" 从对方正手位突破。

二、打中路时的杀右角战术实现从对方正手位突破的战术思维

下面以 2017 年第 54 届德国杜塞尔多夫单项世乒赛男单决赛马龙 vs 樊振东决胜局尾局 10：9 的关键球进行案例分析（超然象外，2017e）：此

时樊振东虽然9：10落后，但他没有胆怯，接发球第2板反手抢拉斜线，马龙第3板侧身正手反拉回头，樊振东早有准备，第4板正手侧身再拉直线，这2、4板构成了"单边直线"战术。马龙被突如其来的"压一边打另一边"战术打得很被动，由于步法不到位，只能第5板交叉扑右救回直线，被樊振东第6板正手从容打中路，这2、4、6板就是"打两角杀中路追身"战术，抓住机会打小斜线产生"速度差"逼迫马龙不得不第7板回中路，为下一板（第8板）的杀两角战术衔接埋下了伏笔，果不其然，马龙第7板被逼反手回中路球，樊振东第8板候个正着正手杀对方正手位斜角就是打的"位置差"。这6、8板构成了"打中路杀两角"战术，实现了从马龙正手位突破的战术目的。

三、重复打正手位落点战术实现从对方正手位突破的战术思维

重复打对方正手位落点战术可分为从正手位打和从反手位打两种。

1. 男线从正手位打"调右打右"重复落点战术

我们以国内某场比赛马龙 vs 樊振东的一个精彩对决的视频为例进行案例分析（超然象外，2020e）。请看视频和下列双方对抗解剖对话框（表5-6）。

表5-6　从正手位打重复落点战术对话框示意表

人　员	内　容
马　龙	1. 正手发一下旋追身球至对方反手位
樊振东	2. 侧身正手挂起直线
马　龙	3. 正手反拉直线
樊振东	4. 反手被动本能地挡回直线
马　龙	5. 正手冲斜线（3、5板构成了"单边斜线"战术）
樊振东	6. 正手反拉斜线（被动相持）
马　龙	7. 正手对拉变直线偏一点中路（5、7板构成了"单边直线"战术）
樊振东	8. 正手对拉回中路（被动相持）

表 5-6（续）

人　员	内　容
马　龙	9. 正手拉斜线（7、9 板构成"单边斜线"战术）
樊振东	10. 正手拉回斜线大角（被动相持）
马　龙	11. 正手再拉斜线（9、11 板构成"重复打落点"战术）
樊振东	12. 有习惯性回反手的倾向失去了重心，只能"望球兴叹"

从视频和对话框示意表可见，马龙从第 3 板至第 11 板（3、5、7、9、11）连续打了 5 板 4 个战术（"单边斜线"+"单边直线"+"单边斜线"+"重复落点"），都是一板反手位接一板正手位的落点，都没打败樊振东，最后马龙第 11 板与前一板（第 9 板）打了个"重复落点"战术才拿下了这 1 分。这个战术是马龙专门针对樊振东正手位实施的有效战术，理论依据是马龙重复打正手是利用了对方受"调右压左"战术思维定式影响而习惯性回反手位的倾向。这个倾向可以说是不可避免的，因为马龙前面连续几板都是正反手地调动樊振东，此时是否会再打反手位呢？所以樊振东很自然地就会顾及反手位，只要他的重心稍微向反手位方向移动了一点，马龙打正手位的连续落点就能奏效。此乃"调右压左"的反向思维战术，叫"调右打右"战术，两者不要孤立地使用，而应结合起来成为组合战术，效果会更佳。

2. 从反手位打的"单边斜线"（"调左打左"）重复落点战术

我们以 2019 年国际乒联职业巡回赛总决赛冠亚军争夺战马龙 vs 许昕的一个精彩对决的视频为例进行案例分析（超然象外，2020f）。请看视频和双方对抗解剖对话框（表 5-7）。

表 5-7　从反手位打起的重复打落点战术对话框示意表

人　员	内　容
许　昕	1. 发短下旋球至对方正手位
马　龙	2. 入台摆短对方反手位
许　昕	3. 用正手劈长直线至对方反手位
马　龙	4. 反手拉斜线大角

表 5-7（续）

人　员	内　容
许　昕	5. 移向正手位反拉斜线（3、5 板构成主动防守战术）
马　龙	6. 反手打直线（4、6 板构成"单边直线"战术）
许　昕	7. 回反手位反手反拉直线（步法不到位无法打斜线）
马　龙	8. 侧身正手反拉直线（应该反手打斜线）
许　昕	9. 侧身正手反拉斜线（7、9 板构成"单边斜线"战术）
马　龙	10. 正手反拉中路
许　昕	11. 对拉回中路（质量很高）
马　龙	12. 反手回中路（无法杀斜线）
许　昕	13. 反拉斜线（11、13 板构成"单边斜线"战术）
马　龙	14. 对拉变直线
许　昕	15. 移向正手反拉对方中路偏一点反手位
马　龙	16. 反手打斜线大角（14、16 板构成"单边斜线"战术）（"重复落点"战术）
许　昕	17. 重心开始偏向反手位再启动向正手位已来不及

　　许昕发下旋球至对方正手位短，马龙第 2 板摆短对方反手位，许昕侧身正手第 3 板采用主动防守战术劈长直线至马龙反手位，诱其第 4 板反手先拉斜线，许昕正手位第 5 板衔接反拉斜线大角，被马龙第 6 板反手压直线与前面的第 4 板构成了"压一边打另一边"中的"单边直线"战术，令许昕第 7 板回反手位在有些失去重心、在步法不到位的情况下勉强回直线，可惜马龙第 8 板没有抓住机会第一时间反手打斜线与第 6 板构成"压一边打另一边"中的"单边斜线"战术，否则就可实现（"单边直线"+"单边斜线"）两个战术的叠加，立马结束战斗了，也就没有后面的所谓精彩内容了。从运动生理学的角度来讲，马龙第 6 板打直线是通过打"速度差"比许昕第 5 板的斜线大角快，从而迫使许昕第 7 板从正手位回反手位，如果马龙第 8 板再逼许昕第 9 板回正手位就是连续两次方向相反地走动，这样就会令许昕受到身体解剖结构的影响而移动困难。此乃马龙打"位置差"战术能提前结束相持的理据。

但是马龙没有把握好战术机会，还是以自己的经验和习惯来打比赛，第8板侧身正手反拉直线正中许昕下怀，被许昕第9板正手拉斜线导致马龙由原来的主动相持变为均势相持，马龙第10板只能反拉回中路找机会，许昕第11板拉回质量更高的中路球（此乃破解对方欲打中路杀两角的战术，同时可逼对方回中路），令马龙第12板无法实施杀两角的战术就只能反手过渡再回中路，许昕则第13板拉斜线与前面的第11板构成了"打中路杀单角"战术，但角度不大，因此马龙第14板够得着正手反拉质量很高的直线（对方正手位），此乃马龙的第二次主动相持的机会，也是个转折点，许昕第15板向正手反拉回对方中路偏一点反手位，被马龙抓住不放，第16板反手从容打斜线拿下此分，许昕第17板犹豫了一下再追打正手位已来不及了。

许昕之所以犹豫，是因为每一位优秀运动员都有打和被打"调右压左"（右手者）或"调左打右"（左撇子）的经验，当马龙前一板（第14板）打许昕正手位，许昕后一板（第15板）都有习惯性回反手位的倾向，所以从理论上讲，就是马龙第16板再打许昕正手位就是利用许昕习惯性回反手位的思维定式来重复打正手位，这种重复打对方正手位的战术是从正手位突破的有效途径。

总的来说，从视频和对话框示意表来看，这一分球共17板8个来回，表面看似精彩纷呈，对观众来说无疑是越多的来回球就越过瘾了，但从研究者和教练员的角度来看则相反，实质上马龙在第8板就可以结束战斗，起码能少打一半的对抗。所以在笔者看来，一分球来回不是越多越好的，好的战术能使来回球少，既省时，又省力，更重要的是可以收到事半功倍的战术效果；反之，来回球越多越反映运动员驾驭战术的能力差。

3. 全正手反向打"双边直线"战术从对方正手位突破战术思维

第 53 届苏州世乒赛马龙与樊振东男单半决赛（超然象外，2019j）这个一分球视频的战术研究热点在于反向打"双边直线"战术。所谓反向是根据从反手位向正手位打的"双边直线"战术为正向来说的，这是因为方向不同会受到身体解剖结构的影响，即正向就是运动员向持拍手的同侧方向移动去打战术，这在生理上是容易做到的；相反，从正手位打一板，再回反手位打下一板就是向异侧移动，此乃生理上移动的弱点。那为什么樊振东还要使用反向来打"双边直线"战术呢？这是被马龙逼出来的，实属无奈之举。樊振东第 2 板拧拉斜线后，被马龙第 3 板变直线调右，由于樊振东准备侧身了才发现马龙的来球是直线，在没准备的情况下，由于步法不到位打不到斜线大角就只能打直线，樊振东在正手位打直线刚好利用了对方"逢直变斜"的思维定式，令马龙回斜线居多，樊振东才能放心地凭此条件提前向反手位移动。该情形与正手位的台内拧拉直线后回反手位的衔接如出一辙。即使反向移动是弱点，难度很大，有衔接意识也能从容地从对方正手位突破，杀伤力强大，同时丰富了"双边直线"战术的使用范围。（熊志超，2020a）

4. 双打从对方正手位突破重复打正手位战术思维

我们看一下东京奥运会女团冠亚军决赛第一场女双第四局，陈梦 / 王曼昱 7 : 3 领先于石川佳纯 / 平野美宇。接下来的一分球，石川佳纯发球，王曼昱第 2 板反手抢拉直线被平野美宇第 3 板反手打回直线，陈梦第 4 板没准备，只好手比脚快打直线回头（步法不到位是打不到斜线的），被石川佳纯第 5 板正手重复打直线从对方正手位突破一击制胜（4 : 7 扳回一分），王曼昱第 6 板在反手位只能望球兴叹。

笔者按照衔接技术理论的思路来分析，这一分球可圈可点之处在于平野美宇第 3 板所打的"同线回接"战术直接逼得陈梦第 4 板步法不到位，也就只能回直线，显示出其杀伤力，为石川佳纯下一板（第 5 板）再打直线一击制胜埋下了伏笔。可见日本组合这一分球里的战术意识和默契程度是不错的。

第三节 小结

本章的重点是叠加战术，甚至其他章节的战术都是围绕它来研究的，所以，在叠加战术的运用上要高度重视使用率最高的第一类"压一边打另一边"的 4 种战术，并以其为主，第二类、第三类为辅。三者关系密切，形成优势互补。此外，"极限球""速度差""位置差""时间差"这些节奏变化规律意识应是全方位的衔接技术意识，运动员有了此意识，战术的运用会得心应手，更具杀伤力。

第六章 三议乒乓球战术专题研究
与实证和诊断分析

本研究选择了战术节奏、反战术能力两个内容，以专题研究的形式把衔接技术理论中的 6 条线路变化规律融入其中，并通过多个高水平运动员的比赛视频进行案例诊断分析。从世界顶尖运动员和衔接技术理论两个维度进行研究分析；从运动员在比赛中使用战术的能力与战术规律发生作用时的条件是否存在关联进行研究分析，以条件分析法鉴定运动员是否有战术意识。研究结果发现，影响高水平运动员战术能力的有以下 4 种倾向：依赖倾向、经验倾向、理论缺失倾向、思维习惯倾向。研究结论：衔接技术理论是乒乓球战术的理论基础，是战术规律发生作用的主要条件，运动员只有掌握了衔接技术，战术的使用才能水到渠成。

第一节 战术节奏

战术节奏主要体现在时间特征上，即运动员前后两板的一个战术或两个战术与多个战术之间"第一时间"的把握能力，这是影响战术规律发生作用时的条件因素之一和战术效果成败的关键，因此很有研究价值。笔者根据上面所总结出的鉴定运动员是否有战术意识的条件分析方法，在此加以详解。下面以马龙 vs 许昕和林高远 vs 樊振东两个案例进行实证分析。

马龙 vs 许昕

（1）从高水平运动员的传统技战术打法分析。

看视频（超然象外，2021i）（此视频有三个一分球，只看第一个一分球），许昕发球后双方互相摆短多板，从第8板开始马龙正手发起了抢攻，双方进入正反手多板的攻防转换，许昕于第17板在中间位正手打回一记较高质量的直线球，而马龙第18板正手抓住了许昕打完正手直线还原慢的弱点，借力、发力打同线回接，令许昕看着回球在非远离身体的情况下正手还是措手不及。

（2）从衔接技术理论的角度分析。

马龙打第18板借力打力实在是妙哉！妙在他使用了同线回接，既可抓许昕正手位正手还原慢打"时间差"战术，又可打反常规战术，就是反许昕"逢直变斜"的思维定式（在下一节有专题研究）。许昕以为马龙会回斜线，视频中所见的他已经侧身反手位落空了，所以马龙打直线是一箭双雕，不论许昕在中间位正手接还是侧身反手位接下一板都必失分。因为马龙"第一时间"打直线这个战术节奏掌握得特别好，令许昕正手无法施展下一板，此乃马龙打对方"正手重心转换弱点"战术（在第七章有专题研究），抓住了许昕转换慢存在的"时间差"（常规战术），此战术规律发生作用时的条件就是衔接技术意识，有此意识必然就有"第一时间"这个战术节奏，抓对方"正手重心转换弱点"战术就必然起作用。而马龙打"同线回接"反常规战术发生作用时的条件又是什么呢？还是衔接技术意识破解了许昕的"逢直变斜"的思维定式。这样，从大满贯马龙和衔接技术理论两个维度来分析是吻合的。

林高远 vs 樊振东

（1）从高水平运动员的传统技战术打法分析。

这是 2018 年在日本横滨举行的亚洲杯男单林高远 vs 樊振东决赛的一个一分球视频（超然象外，2021o）。林高远和樊振东是两个完全不同风格打法的选手，前者是技巧型，板与板之间的衔接速度快，善于打两边调动，战术灵活多变、意识强；后者为力量型，技术全面，经验丰富。双方对垒要克制住对方的锋芒就必须把自己的特点打出来，再寻找机会。林高远（以下简称"林"）似乎对此心领神会，第 2 板反手抢拉樊振东（以下简称"樊"）发出的出台球（调右），樊第 3 板正手反拉斜线回头，林第 4 板反手拉直线压左，樊被林两边调动得很被动，第 5 板步法不到位反手只能回直线，被林第 6 板反手拉出一记斜线大角度球一击制胜。林 2、4、6 三板之内就令樊这种顶尖高手失分，看似简单，实质上包含了丰富的战术内涵，他是如何做到的呢？

（2）从衔接技术理论的角度分析。

林 2、4、6 三板打了两个"单边直线"（2、4 板）+"单边斜线"（4、6 板）战术的叠加，叠加战术的威力在于它的连续性，还有一个更重要的战术规律发生作用时的条件，就是林板与板之间的"第一时间"这个战术节奏的把握非常成功，林第 2 板反手抢拉斜线质量高 (极限球)，逼着樊到正手位，第 3 板正手只能拉回斜线，这叫打斜线时的"逢斜回斜"衔接规律（熊志超 等，2020）。所谓"逢斜回斜"意即林反手打出斜线（逢斜）

质量高，樊也只能回斜线。因此林第 4 板就衔接等反手位打直线，又把樊调回反手位，前后两板（2、4 板）构成"单边直线"战术，樊从正手位回到反手位存在步法不到位现象，第 5 板也只能打直线，这叫打直线时的"逢直回直"衔接规律（熊志超 等，2020）。林第 6 板衔接等反手位反手再打斜线调右就抓到樊的正手位空当了，与前面的第 4 板构成"单边斜线"战术。这三板两个战术从右到左两个相反的方向调动，又从左到右相反的方向调动，令樊受到生理解剖结构的影响而移动困难。而"第一时间"这个战术节奏就是得益于以上"逢斜回斜"和"逢直回直"衔接技术规律，使得林板与板之间的速度更快，把对方逼出技术故障。

林高远的这种技巧型选手良好的战术意识与衔接技术意识相近，很好地抓到了樊振东脚下移动的弱点，淋漓尽致地发挥出自己小巧灵的特点。

第二节　反战术能力

反战术能力就是高水平运动员要有突破规律的能力，一般高水平运动员都熟练掌握几个套路球的战术能力，也能摸索出一些规律来，关键是战术规律发生作用的条件是否存在，所以达到高水平境界的运动员都深谙其道，不会那么容易被对方的战术规律所利用，而是根据临场上的实际情况灵活加以运用，能做到既不拘泥战术的规律，又能打破常规的束缚，不墨守成规，因此，善于使用反常规战术就是反战术能力，笔者称此为高手的"搅局"。下面以国际比赛中多个高水平运动员一分球视频为例进行案例诊断分析。

一、"同线回接"战术

1. 刘诗雯 vs 丁宁

本案例分析热点是"同线回接"战术。"同线回接"更多的是作为一般的过渡性技术，但也可以作为战术运用，通常是破解对方使用打直线时的"逢直变斜"衔接规律战术，是反其道而行的反常规战术。所以"同线回接"也是战术，能否运用好此战术就看比赛场上运动员的衔接技术意识了。

（1）从高水平运动员的传统技战术打法分析。

现在让我们看视频（超然象外，2018h）。刘诗雯在视频里的第3板反手拉直线，她按传统"反手变直线保正手"经验预判第4板丁宁多半会回斜线，因此刘诗雯的身体重心已经移向正手位了，可是丁宁第4板却是反手打直线（"同线回接"），扰乱了刘诗雯的战术部署，可见丁宁这个级别的高手反战术能力是很强的，这个是反其道而行的主动行为，属战术范畴，笔者称其为反常规战术（熊志超，2010），丁宁同时可以利用刘诗雯第5板受打直线时的"逢直变斜"的思维定式影响为自己第6板在正手位衔接打战术，一举两得。果不其然，刘诗雯第5板反手回斜线，可惜丁宁等正手位衔接第6板时没有打战术效果更好的直线（与前面的第4板构成了"双边直线"战术，打的是刘诗雯的正手位空当），而是按自己的思维习惯打斜线，刘诗雯第7板反手位反手变直线是个"极限球"，也是对方的空当，这样，丁宁从正手位折返回反手位反而造成了自己的被动挨打局面，在步法不到位的情况下第8板就只能打直线了（无法打斜线大角），丁宁猜刘诗雯下一板会打她正手位（斜线），从视频中明显看到她的身体重心已经完全移向了正手位，被聪明的刘诗雯第9板正手反其道而行侧身打直线（"同线回接"）的反常规战术还以颜色，令丁宁措手不及。

值得一提的是，丁宁第4板和第8板都是"同线回接"，但性质完全不同，前面的第4板打的是反常规战术，因为是主动的行为（有战术意识，相当于衔接技术意识），所以这个战术规律发生作用时的条件也就存在了。而第8板打的直线是在步法不到位（没有衔接技术意识）的被动情况下不得已而为之，没有战术规律必备的条件存在，因此不属于战术行为，只是一种本能反应。

可见，如果运动员能把"同线回接"技术上升为"同线回接"战术的话（反常规战术），那她一定就是高手，在对方打直线后，高手的下一板不会那么容易被对方的"逢直变斜"思维定式这种衔接规律所左右，而是根据临场上的实际情况灵活加以运用，这就是高手的"搅局"，丁宁的第4板和刘诗雯的第9板就是典范之作。

（2）从衔接技术理论的角度诊断分析。

丁宁的前一板（第4板）打直线破解刘诗雯欲打直线时的"逢直变斜"衔接规律（熊志超，2010）的反战术能力与衔接技术理论是吻合的，但其后的第6板却不吻合，主要原因是丁宁缺乏战术意识，死板地套用自己的思维习惯正手打斜线，导致被动挨打，显然丁宁骨子里还是想用基本功来对抗，缺乏战术思维，被"思维习惯"所左右。思维习惯是"一个人在日常生活中思考问题时所偏爱的一种方式和方法，思维习惯决定着人们的思想和行为"（搜狗百科）。这种思维习惯，往往受制于运动员日积月累、根深蒂固的经验层面的观念影响，对新生事物有很长一段时间的干扰效应，不容易被纠正过来。而衔接技术理论对此球的处理是灵活的，既可打直线与前面的第4板构成"双边直线"战术，也可打小斜线至中路伺机杀两角战术，这两种处理方式效果相当且都比丁宁的回斜线要强，道理是打直线或小斜线短，这也就意味着速度更快、更好，可逼刘诗雯回正手位或中路追身造成被动，此乃打"双边直线"或"中路杀两角"战术的有利条件。所以，"一般情况下，在运动员对战术的理解还不够透彻时，就很难摆脱原有观念对其的影响和约束"（张伟峰，2018）。丁宁第6板打斜线与前面第4板打直线也是战术，即"单边斜线"战术，但与第4板没有形成符合对己有利的衔接条件，也就是战术规律发生作用时的条件不存在，战术也就不起作用。

反观刘诗雯，她使用战术就灵活多了。前面第3板打直线时的"逢直变斜"衔接规律被丁宁第4板的"同线回接"反常规战术所破。一个战术行不通，她就寻找机会再来，第7板使用打直线时的"逢直回直"衔接规律（熊志超 等，2020），逼迫丁宁第8板从正手位折返回反手位产生步法不到位现象，就只能回直线，刘诗雯第9板再打直线战术是重复落点，也是反常规战术，抓对方习惯性回正手位再打其反手空当。

诚然，丁宁第4板的搅局的确会令打直线时的"逢直变斜"衔接规律不起作用，虽说这种高手的"搅局"是小概率事件，"逢直变斜"的思维定式是大概率事件，但若不解决小概率事件运动员就会对此规律产生顾虑，怎么办？从衔接技术理论的角度看，如果说丁宁的第4板的"搅局"是道高一尺，那么刘诗雯的第7板打直线时的"逢直回直"衔接规律就是魔高一丈，可以反破对方的"搅局"，让顶尖高手今后可能产生的主动而为的"反常规"战术（同线回接）变成被动而为的本能反应，好比"水能灭火，火也能烧干水"这一道理。这说明没有一种战术是百战百胜的，所谓有效战术都是针对某一特定打法类型或者某一特定战术实施的，是一套有针对性的综合性技战术运用的破解方案（王吉生，2015）。

从以上案例诊断分析可以发现，丁宁反常规战术与她的常规战术能力不符，前者还是不错的，但后者为什么又不强了呢？原因只能说她遇到了战术能力比她更强的对手，刘诗雯是目前我国女线中战术能力最强、最接近"40+"新时代技战术均衡要求的运动员。此外，运动员在还没有接受衔接技术训练以前，高水平运动员（不论男女线）普遍战术能力都不强，大满贯或世界冠军也不会例外，这是客观存在的事实，所以，丁宁比赛以个人经验、旧有的习惯打法影响颇大和基本功对抗为主，缺乏战术意识，无法适应新时代打法，也只有退役了。

从大满贯得主丁宁和世界冠军刘诗雯与衔接技术理论两个维度分析可见，前者是有出入的，而后者是吻合的。（熊志超，2021a）

2. 王皓 vs 水谷隼

（1）从高水平运动员的技战术打法分析。

2011 年世界杯半决赛王皓 vs 水谷隼的一分球比赛（超然象外，2018i），看点是王皓反战术的能力十分出色，把水谷隼这个"牛皮糖"打得晕头转向。王皓在使用两个战术过程中非常老到，他洞察到水谷隼有准备回正手位的迹象，因而突然改变战术来了个令对方意想不到的反常规战术——"同线回接"，给水谷隼打傻眼了。

王皓正手位接发球拧拉直线，水谷隼第 3 板正手回斜线，王皓第 4 板回反手位再打直线，水谷隼第 5 板从正手位回反手位侧身发力冲直线，按常规王皓第 6 板反手回斜线大角居多，水谷隼也判断王皓会"逢直变斜"打斜线的，然而王皓却打了直线，令身位已经移动（移向正手位）的水谷隼突然停下，几乎失去了平衡，第 7 板非常被动地接回直线球，被王皓第 8 板反手反拉斜线大角。无奈，顾此失彼的水谷隼心有不甘地看着球从自己的正手位飞速而去，此乃反战术能力的威力。

（2）从衔接技术理论的角度分析。

王皓 2、4 板打了个"双边直线"战术，第 6 板完全可以打斜线形成又一个"单边斜线"战术为叠加战术的，但他没有这样做，而是过渡一板直线，为下一板置对方于死地埋下了伏笔。这一板打得非常巧妙，打破了对方赖以衔接的思维定式，令对方失去了身体平衡艰难地回直线，无法回斜线大角，被王皓候个正着反手打斜线一击制胜。所以在施战术的时候要灵活运用战术才能收到事半功倍的效果。在这里王皓 2、4 板所打的"双边直线"战术与 6、8 板所打的"单边斜线"战术构成结合战术，中间过渡了一板（第 6 板直线），比直接打斜线构成叠加战术更强。道理是水谷隼已经移向正手位了，即使打出叠加战术（第 6 板与前面的第 4 板构成"单边斜线"战术）也没多大作用，因为叠加战术产生威力的条件是连续使用"压一边打另一边"抓对方的空当，此时如果王皓打斜线刚好正中水谷隼下怀，这样调动对方不符合衔接技术意识中的"压一边打另一边"的条件，"双边直线"与"单边斜线"的叠加战术就不起作用，过渡一板直线后的下一板再打斜线反而能抓到对方正手位空当，这才符合"压一边打另一边"战术的条件。由此可见，结合战术的过渡一板是非常必要的，也进一步论证了结合战术是叠加战术有益的补充这一观点。

笔者不忘提醒读者，不能再以"得正手得天下"的习惯思维看问题了，这个视频，王皓是全反手在打比赛，而水谷隼却是全正手在打比赛，反手虽然力量不如正手，但灵活多变且速度快；正手力量是大，但动作也大，导致还原和移动都很慢。可见水谷隼 2011 年时的打法已经不合时宜了。

随着国际乒联对规则的不断改革，现代乒乓球很多技术都在悄然无声地演变，过去小球时代是"得正手得天下"，大球时代是"两面均衡"发展，进入"40+"新时代则已经变成"反手一定要强"，甚至反手强正手弱也能立足。张继科和奥恰洛夫就是典型的反手强正手弱者，一个是大满贯，另一个是世界冠军。国际乒联规则的一改再改，其目的无非就是要使技术门槛一再降低，从而让战术能发挥更大的作用，拯救颗粒打法①的生存空间，促进乒乓球运动的健康发展。

王皓的战术意识还是比较强的，很接近衔接技术意识，从世界冠军王皓与衔接技术理论两个维度分析来看是吻合的。

随着笔者对反战术能力的进一步研究，读者会发现其实没有一种战术套路是百战百胜的，以下为各种战术与战术之间是可以互相制约的案例分析。

二、"压一边打另一边"战术可破解"打中路杀两角"战术案例分析

随着高水平乒乓球运动员衔接技术水平的不断提高，战术能力也会必然同步地提高，这成为他们的重要得分手段。战术不再是"40+"新时代以前的局部意识，而是全方位的战术与战术间的衔接意识，高水平运动员

---

① 颗粒打法就是正胶、生胶、长胶粘贴在海绵上，前者为正胶套餐，中者为生胶套餐，后者为长胶套餐。三者贴到拍子上就是三种打法，统称颗粒打法，前者衍生出的是中国传统打法，中者和后者都是后来派生出来的怪异打法。还有一种是反胶，就是颗粒不朝外，而是朝里粘贴在拍子上的，叫反胶打法，表面黏性很强，与球摩擦能产生出强烈的旋转。自 1960 年日本人发明弧圈球后，这种反胶打法"一统天下"，几乎把颗粒打法挤到淘汰的边缘。所以国际乒联的改革的确是拯救了颗粒打法，战术就更不用说了。

到了这种境界就应有反战术能力。下面笔者以 2016 年卡塔尔公开赛中刘诗雯 vs 朱雨玲的一分球视频为例（超然象外，2016d），对刘诗雯使用"压一边打另一边"战术破解习惯站位中间的朱雨玲实施"打中间杀两角"战术的案例诊断分析。

1. 从高水平运动员的传统技战术打法分析

在以上的精彩对决中，朱雨玲几乎都是打的中路球，站位中间且移动范围小，防守时正反手只需跨一步打小斜线球就又回防到中路，进攻时打中路直线是寻找机会逼对方也回中路伺机杀两角，因此攻守兼顾，这是"后发制人"较为稳健的打法。而刘诗雯深知个中奥妙，因此双方形成了这一对抗循环套路：朱雨玲打小斜线至中路，刘诗雯回中路或打小斜线。当朱雨玲抓到刘诗雯第 8 板回中路的机会时，第 9 板反手杀小斜线，虽然质量一般，但已逼刘诗雯跨步回反手位从而只能第 10 板打小斜线回中路（步法不到位），产生了"位置差"，出现正手位破绽（空当）。然而，朱雨玲却在第 11 板反手打她习惯性套路回中路，没有连续打战术的意识，反倒给了刘诗雯第 12 板反手反向打她正手位的机会，此乃刘诗雯的转折点，很突然，令朱雨玲步法不到位，第 13 板就只能被动回小斜线至中路，此时刘诗雯也抓住了对方的破绽（空当）产生了"位置差"，因此等中路第 14 板衔接从容打小斜线到对方反手位，朱雨玲第 15 板返回反手位也是因为步法不到位只能被动回小斜线至中路，刘诗雯第 16 板再等中路，正手打小斜线（对方正手位）一击制胜。这样，刘诗雯第 12 板先调右，第 14 板再压左，第 16 板又打右。连续 3 板 2 个战术都是"压一边打另一边"中的"双边斜线"战术，成为杀伤力强大的叠加战术，前面是调右压左，后面是压左打右，两个战术有着异曲同工之妙，打得朱雨玲顾此失彼。

2. 从衔接技术理论的角度分析

值得一提的是要令对方步法不到位的前提是刘诗雯第 12 板反向打得够突然（有质量），笔者称此球为"极限球"（"双边斜线"战术规律）发生作用时存在的条件（衔接技术意识），因为它超出了人的生理极限，是不可抗拒的客观规律。所以朱雨玲就不得已回小斜线，可见，世界冠军刘诗雯这两个"双边斜线"战术实现了与衔接技术理论中的六条衔接规律之一的站位中间时打"逢斜回斜"的衔接规律（熊志超 等，2020）吻合。

此外，从这个精彩的一分球强强对抗的视频来看，采用"后发制人"防守型打法的朱雨玲战术意识的确不如采用"先发制人"进攻型打法的刘诗雯强。本来朱雨玲第 9 板反手杀小斜线已经实现了 7、9 板打中路时的衔接规律，是逼出刘诗雯正手位破绽的机会球，第 11 板就应该侧身正手打小斜线至刘诗雯正手位，这样，前后第 9、11 板左右调动基本上就能结束战斗了。如果刘诗雯的球不死回到正手位也只能回直线（步法不到位），朱雨玲第 13 板再反手打另一边，这样就 7、9+9、11+11、13 三个战术相叠加，刘诗雯也就只能望"球"兴叹了。这是朱雨玲的打法所决定的以及"经验倾向"的影响。一般来说，运动员在打球时会依据前人认识客观事物过程中所获得的心得体验和方法或通过自己以往打球所摸索积累下来的经验去打比赛，这往往带有很强的主观意愿，缺乏衔接技术理论支撑。

经以上诊断分析可见，"压一边打另一边"战术是可以破解站位中间善于打两角战术的对手的，关键是能否抓住所施战术规律发生作用时的衔接技术规律的条件（这里指"极限球"）。反之，运动员用"打中路杀两角"战术也能破解对方"压一边打另一边"战术吗？笔者认为理论上是可行的，因为没有一种战术套路是百战百胜的，关键在于运动员的反战术能力，以及取决于战术规律的条件能否发生作用（比如打"极限球"时质量是关键）。就拿 2015 年里斯本总决赛马龙与樊振东的例子来说：樊振东正手位入台第 2 板反手突然拧斜线打"压一边打另一边"战术，如果质量一般，达不到"极限球"这个衔接技术意识的要求，"双边斜线"战术的规律发生作用的条件就不存在，马龙的步法就能到位，可以有回斜线大角、中路、直线三个选择，他只要第 3 板突然打中路就可迫使樊振东也回中路再杀两角，破解其"压一边打另一边"战术。然而，事实上樊振东第 2 板打的"极限球"质量很高令马龙步法不到位只能回直线，最终还是输掉了这一分球，也就无法破解了。（熊志超，2021a）

三、"双边直线"破解"双边斜线"战术案例分析

这个案例是樊振东 vs 直板赵子豪的一场国际比赛一分球视频（超然象外，2020g），本案例的研究热点是"双边直线"战术如何运用"速度差"优势破解"双边斜线"战术。第三章中笔者做过"打中路杀两角"战术中"速度差"概念的分析，施战术者通过使用小斜线对付大斜线来打战术。本小节中"速度差"的另一种方法是，施战术者可通过使用打直线来对付对方打斜线，能否运用好此战术就看比赛场上运动员的基本功和衔接技术意识了。现在让我们看视频。

1. 从高水平运动员的传统技战术打法分析

从视频双方技战术对抗来看，前面双方主要拼技术，对抗争夺激烈，以反手为主寻找对方的漏洞。赵子豪的直板横打与樊振东的反手攻不落下风，让我们看到了直拍复苏的一点曙光。赵子豪第 12 板率先求变，正手侧身拉斜线，樊振东第 13 板反手变直线（产生第一个"速度差"），赵

子豪第 14 板正手早有准备反拉回斜线与前面的第 12 板构成了"压一边打另一边"中的"双边斜线"战术。但从视频可见赵子豪脚步移动很小，说明双边斜线的角度不够大，基本上前后两个落点都在中路与反手、中路与正手之间，反而被樊振东第 15 板跨步就利落地打直线利用第二个"速度差"前后回敬了一个"压一边打另一边"中的"双边直线"战术所破。可见战术使用得好能取得立竿见影的效果，使用得不好反招来"杀身之祸"。

2. 从衔接技术理论的角度诊断分析

"双边斜线"战术也能破解"双边直线"战术吗？答案是肯定的，如果我们把上述战术重新演绎一遍的话，只要赵子豪施"双边斜线"战术能够把斜线角度打大些这个条件起作用，樊振东必须跨一大步，使其步法不到位，打直线就不是主动了，而是生理所限造成不可抗拒的被动行为。那么，赵子豪衔接等正手位再打斜线，樊振东还能从容回正手位吗？即使勉强回到正手位同样会因步法不到位而被动打直线，赵子豪衔接回反手位反手再快拨斜线大角，此时樊振东就只能望"球"兴叹了。由此可见，赵子豪上面施"双边斜线"战术的角度太小与缺乏线路变化规律有关，战术规律发生作用时的条件就不存在，因此"双边斜线"战术才失效了。

赵子豪和樊振东各自使用的战术均可破解对方的战术再次说明没有一种战术套路是百战百胜的，最终还是要看谁的衔接技术意识（战术意识）和基本功更强了。（熊志超，2021a）

四、"双边斜线"破解"单边直线"战术案例分析

本案例研究热点是对双方运动员合理使用战术进行深度剖析，不合理使用战术的运动员往往存在"依赖倾向"，即运动员自身的技术打法或多

或少都存在强弱不均的情况（全面型只是理想值），因此，运动员在处理球时自然就会有所侧重，这些倾向往往会导致运动员不合理地使用战术。

以 2016 年韩国公开赛决赛马龙 vs 许昕一分球战术视频为例进行案例分析，请看视频（超然象外，2016e）。

1. 从高水平运动员的传统技战术打法分析

马龙正手发了个半出台下旋球，许昕第 2 板侧身正手抢先拉斜线大角，马龙早有准备，在第 2 板一个大跨步正手反拉回头，许昕第 5 板再次正手侧身拉直线（前后 2、4 板构成了"单边直线"战术），被马龙第 5 板反手打斜线至许昕正手位空当（前后 3、5 板构成了"双边斜线"战术）轻松破解。

本来从双方使用的战术意图来看，很明显都是"压一边打另一边"战术，但为什么许昕用全正手赢不了这一球，反而被马龙正反手结合轻易得手？道理很简单，马龙正反手结合使得前后 3、5 板的战术节奏明显比许昕快，也就是合理使用战术。而许昕全正手使用战术是不合理的，正手虽然力量大，但速度慢。两次侧身，一次比一次偏离其正手位，其空当是个死穴，马龙第 5 板就能轻松拿下。

2. 从衔接技术理论的角度诊断分析

其实许昕有必要使用全正手吗？如果我们把上述战术重新演绎一遍的话，可有两个方案：其一，许昕第 2 板反手拉斜线，马龙第 3 板反拉斜线球回头，许昕第 4 板反手防一板直线再等正手位正手第 6 板杀直线就是"双边直线"战术，此乃反手与正手结合，符合打直线时的"逢直变斜"衔接规律（熊志超，2010），利用对方"逢直变斜"的思维定式这个条件是存在的，因此"双边直线"战术就成立。其二，只要许昕第 2 板反手拉斜线的质量高，马龙只能回斜线（存在回直线须转换板面这个"时间差"和直线比斜线短及硬变直线容易失误的不利因素），许昕侧身拉冲直线的速度就比全正手快，移动的位置比全正手小得多，这些都是打"单边直线"战术存在的有利条件，因此符合打斜线时的"逢斜变斜"衔接规律（熊志超 等，2020）。这样，"单边直线"战术就反过来破解马龙欲施的"双边斜线"战术，让他的这一战术打不起来。由此可见，许昕上面的全正手打"单边直线"战术是太依赖正手，主要是前后两板都用正手不合理，尤其是第 4 板由于正手的动作和移动位置大，失去了"第一时间"这个战术节奏的条件优势，也就使得战术大打折扣导致失效。所以，施战术者在近台能用正反手结合打就绝不用全正手，甚至全反手打战术更佳，这叫打得好不如打得巧。因为动作越小连续衔接的速度就越快，这是合理使用战术的原则。（熊志超，2021a）

从以上 5 个战术视频案例分析中的大满贯、世界冠军运动员（王皓、马龙、樊振东、许昕、丁宁、刘诗雯、朱雨玲等）的打法和衔接技术理论两个维度进行案例诊断分析研究来看，刘诗雯最好，王皓、马龙、樊振东次之，其余两位是后发制人打法，其技战术逊色于先发制人打法也是正常的。这说明了这些世界冠军中的部分运动员技术与战术能力两者之间都是不均衡的，也许人们会难以理解，怎么会这样呢？如何解读高水平运动员这种技术与战术存在的特长与短板的关系？在笔者看来，因为人们看问题的角度不同就会产生不同的想法，道理其实很简单，疑问者是从大满贯或世界冠军获得者的角度去看问题，认为他们能够获得大满贯或世界冠军都是无所不能的，就会把他们的技术和战术想象得一样厉害，把他们当作神，而不是人来看待。正确的看法是站在乒乓球最前沿、衔接技术科学理论的高度去看问题，把大满贯或世界冠军当成平常人，而不是神来看待，所以反差很大是正常的。

第三节　小结

理论上乒乓球的一分球中的每一板球都包含技术和战术元素，但在"40+"新时代以前战术水平远未达到技术上的高度。表现在一分球里运动员只有一板球和前四板以内的二板球的战术能力，不具备四板球以后的多板球的战术能力（连续多个战术叠加），原因还是技术太过强大，几乎前四板以内就解决了战斗，打到相持阶段的机会较少，有的话也是打的基本功对抗，限制了运动员全方位的战术发展空间，那时人们自然更倾向于技术训练，战术研究力度就会受到影响。每一分球的取胜主要还是靠技术上的基本功对抗。"国家乒乓球队的训练主要还是依靠传统的方法，即借助教练员个人经验对运动员的训练进行指导"（孔令辉 等，2016），所以高水平运动员在"40+"新时代以前乒乓球的战术训练主要靠经验，也就难以形成战术理论体系。关于这一点从教科书就能发现，技术内容是长篇大论，而战术内容仅占很少的篇幅，这也进一步说明了"40+"新时代以前乒乓球运动员呈现技战术不均衡是非正常的自然现象。

第七章　四议乒乓球战术专题研究与诊断分析

众所周知，乒乓球"40+"新时代的到来使得杀伤力普遍减弱，近台相持的来回球多了，战术能力必然要有所提高，因此，研发多种多样的战术势在必行，否则难以适应新时代技战术均衡的要求。笔者在研发"压一边打另一边"战术的基础上又发现了小范围的"压一边打另一边"战术也有潜力可挖。小范围与大范围的"压一边打另一边"战术有所不同，小范围的基本不受移动影响或一小步就能打到球，施战术者主要抓对方从正手到反手的转换、从反手到正手的转换、全正手前后两板重心的转换等弱点（存在时间差），因此施战术者前后两板之间的"第一时间"的把握能力即战术节奏就显得非常重要，是令对方失误（被动击球）的关键。而大范围的"压一边打另一边"战术受移动影响很大，主要受人体解剖结构及人为逼对方或被对方逼出步法不到位从而造成运动员移动上的生理影响，进一步就可研发出利用"速度差"战术逼迫对方在中远台相持时产生的"技术故障"而失误。此外，主动防守战术及迂回战术也是本章的研究重点。

第一节　利用生理解剖结构对人体的影响构成的战术

本研究重点在于施战术者要学会捕捉对方近台相持时"脚下大范围移动"和"手上小范围转换"及"全正手小范围重心的转换"等弱点。在比赛中使用"压一边打另一边"战术时，运动员常用的"调右压左"战术就能逼出这种"脚下移动"和"手上转换"及"全正手重心转换"等弱点，如果从字面上看"调右压左"战术，人们很容易理解为抓对方的反手弱点，其实并非那么简单，从运动生理学的角度来讲，运动员被调右再压左都会受到身体解剖结构的影响，前者如果"从反手位向正手位的方向（持拍手同侧方向）移动容易，相反，从正手位回到反手位的方向（持拍手异侧方向）移动困难"（吴焕群 等，2009），这就是"移动的弱点"。同理，中者从正手转换反手容易（反手动作小），从反手转换正手相对较难些（正手动作大）。后者存在方向相反的重心转换。也就是说，前中后三者都逃不过这个生理限制的影响。因此，能否抓住对方的"脚下移动"和"正反手手上转换"及"全正手重心转换"的弱点是提高战术能力的有效途径。对此应该引起教练员和运动员的足够重视！

一、打对方脚下移动弱点战术

1. 逼对方从正手位回反手位的战术案例实证分析

以 2019 年 6 月 15 日国际乒联职业巡回赛日本公开赛男单 1/4 决赛梁靖崑 vs 孙闻的一分球视频（超然象外，2019k）为例，请看双方运动员一分球对话框（表 7-1）和视频：

表 7-1　梁靖崑 vs 孙闻一分球技战术对抗对话框示意表

人　员	内　　容
梁靖崑	1. 发短下旋至对方正手位
孙　闻	2. 入台反手拧拉直线后退回反手位
梁靖崑	3. 侧身正手冲直线至对方正手位
孙　闻	4. 正手拉小斜线至中路（步法不到位）
梁靖崑	5. 正手再拉直线至对方反手位（3、5 板构成了"双边直线"战术）
孙　闻	6. 回反手位反手拉斜线（4、6 板之间距离不大，移动弱点没起作用）
梁靖崑	7. 侧身正手反拉斜线（5、7 板构成了"单边斜线"战术）
孙　闻	8. 反手拉斜线（对方质量高无法变直线）
梁靖崑	9. 侧身正手拉直线（7、9 板构成了"单边直线"战术）
孙　闻	10. 交叉扑右正手拉斜线
梁靖崑	11. 交叉扑右冲直线（9、11 板构成了"双边直线"战术）
孙　闻	12. 跳步回反手位反手拉回中路出界外（10、12 板之间的距离比前面的 4、6 板大，遭遇了"移动弱点"）

　　从一分球对话框示意表或视频可见，梁靖崑第 3 板开始连续五板使用了 4 个叠加战术，分别为：3、5 板的"双边直线"战术，5、7 板的"单边斜线"战术，7、9 板的"单边直线"战术，9、11 板的"双边直线"战术。这些战术都有什么作用呢？如果不知道这些战术原理，运动员就是被动使用战术（自己使用了也不知道是战术）在打基本功对抗；如果知道，你就是战术专家。下面笔者进一步分析梁靖崑第一个"双边直线"，也叫"调右压左"战术，就是在第 5 板抓孙闻从正手位回反手位时的"移动弱点"，但碍于 3、5 板之间的"调右压左"战术距离不够大，被孙闻第 6 板反手打回斜线，因此未能奏效。梁靖崑第二个"单边斜线"战术是在第 7 板侧身正手拉斜线，目的是调动孙闻往反手底线大角，这比前一板（第 5 板）的角度要大且质量高，这样孙闻无法变直线就只能第 8 板反手回斜线。于是梁靖崑施第三个战术，第 9 板冲直线从对方正手突破，球不死就等于再次调右了，孙闻交叉扑右第 10 板拉回斜线大角，梁靖崑第一时间在第 11 板交叉扑右再打直线，第二次使用"双边直线"（调右压左）战术，这次

两板之间（9、11 板）的角度比第一次 3、5 板的"调右压左"战术要大，所以，孙闻第 12 板跳步回反手位逃脱不了"移动弱点"的影响导致反手拉球失误。像这样的例子还有很多，如 2019 年 4 月 25 日布达佩斯世乒赛男子单打 1/8 决赛梁靖崑 4：2 淘汰樊振东的一分球视频，樊振东正手位打完第 7 板回反手位打第 9 板时遭遇到"移动弱点"反手拉球失误；2019 年 6 月 14 日日本公开赛孙闻淘汰张本智和的一分球视频中，孙闻先在第 8 板正手位回反手位打第 10 板时遇到"移动弱点"反手拉球失误；随后孙闻淘汰张本智和同一场比赛的另一个一分球视频中，张本智和第 5 板被孙闻调动到正手位，回反手位时的第 7 板遇"移动弱点"反手拉球失误。

从以上视频分析可见，运动员最后的失误都是在正手位回反手位时产生的"移动弱点"造成的。如果我们在使用战术时都能够充分利用好对方的这种"移动弱点"，就能产生事半功倍的战术效果，但是前提条件是要敢于从对方正手突破，防其一板抓到对方"移动弱点"。（熊志超，2020c）

2. 逼对方"步法不到位"战术案例诊断分析

以 2019 年亚洲杯男单半决赛樊振东 vs 张本智和的一分球视频（熊志超，2019l）为例：视频中双方的来回很少（只有三个来回），别看只有一个成功的战术，实质内里包含了双方不同的预判。樊振东接发球时很潇洒地全反手（2、4 板）打了个"双边直线"战术，但并不完美，没能打出 2、4、6 板的叠加战术来。究其原因，正是他第 4 板回反手位打完直线后，凭个人经验认准了张本智和第 5 板会打回斜线（身体已经往正手位移动了），这是由"逢直变斜"的思维定式决定的，然而张本智和却回了个直线球，打乱了樊振东第 6 板等正手位的战术部署，身体失去了重心只能在反手位打直线了。显然，这里樊振东是误判了。也许很多观众还没看明白，难道张本智和第 5 板球打直线令樊振东失去了重心不是打了个好球（反常规战术）吗？事实并非如此，张本智和此时只能打直线，他是打不了斜线大角的，原因是他受到步法不到位的影响，此乃不可抗拒的生理因素限制造成的。所以樊振东如果知道这个道理他还会等正手吗？当然不会了，而是会等自己的反手位衔接从容反手再打斜线，也就是 4、6 板构成的"单边斜线"战术与前面的"双边直线"战术构成叠加战术，杀伤力强大，可立即结束战斗，从而就不存在第 6 板被迫打直线了。至于张本智和最后一板（第 7板）的失误也是误判造成的，他以为樊振东第 6 板会回斜线，这也是由"逢直变斜"的思维定式决定的，其实樊振东都失去了重心，还怎么能打斜线大角呢？所以张本智和犹豫了一下在正手位再打斜线，也就出界了。那么问题来了，樊振东今后再遇到这种情形应如何判断对方是否步法不到位呢？道理很简单，凡是施"压一边打另一边"战术（双边直线、双边斜线、单边直线、单边斜线）都有令对方步法不到位的时候，这里你要学会看对方使用的步法来判断其是否步法不到位，一般跨步都是步法不到位的（本例中的张本智和就是跨步），其优点在于它是所有步法中最快的，能应付突如其来的球。但其缺点也是显而易见的，只能借力打回头且打直线居多，因为这种步法无法交换重心；距离较远的交叉扑右打或没准备时使用它也是打直线居多，顶多偏一点小斜线至中路；能用上并步或跳步的情形都是有准备、有重心交换地打，所以能打直、中、斜三个方向，但只能用于比跨步慢的来球。

3. 利用"速度差"战术逼对方在中远台相持时产生"技术故障"之案例分析

中远台对拉下网，这看似是个技术问题，实质是用战术逼对方就范。我们先看马龙对樊振东的视频（超然象外，2021i）：中远台双方主要靠技术上的基本功对抗，虽然迟早都会有一方以失误告终，但如果没有战术，这一分球就会打很久，耗时长且费力不讨好，有战术意识就不同了，完全可以逼对方产生"技术故障"。比如这里马龙第13板拉出大角度斜线球，第15板拉中路球这种落点变化就把樊振东逼得步法不到位，强行侧身导致正手无法发力拉而下网。

樊振东vs方博的视频（超然象外，2021i）也一样，樊振东第19板拉一记大角度斜线，第21板拉中路得分，可见双方谁擅长调动对方产生"技术故障"谁就是战术高手。也就是说，使用战术就是捕捉对方漏洞行之有效的方法，关键是要有战术意识去逼对方就范。

笔者进一步分析，之所以马龙能成功逼樊振东出现"技术故障"，是因为马龙第15板拉中路是小斜线，比樊振东第14板打大斜线短，客观上马龙的速度比樊振东快，令樊振东第16板来不及调整步法。马龙很好地打了个"速度差"战术，这也是迫使樊振东产生"技术故障"的关键之处。樊振东打方博这一场球同理。

二、打对方手上左右转换弱点战术

笔者在研发线路变化规律战术过程中发现，双方同等水平的高手相持中不论是同线回接（"逢斜回斜"或"逢直回直"）还是异线回接（"逢斜变直""逢直变斜"），都存在"时间差"这个概念，因此小范围使用战术也不例外。我们先分析打同线时的情形：谁出手速度快、质量高，对方在判断上就容易出现困难，一旦回击时慢半秒都有可能令其回球出界，这是因为快的一方的队员球拍先碰到球是主动击球，而失误出界的对方则是球先碰球拍是被动击球。主动击球者就是占有半秒"时间差"的一点点优势，关于这一点在双打比赛中出现被动击球的情况比单打更甚。我们常常看高水平运动员单打或双打比赛双方近台相持多板后总有一方出界（这里不讨论下网球），就是慢了半秒之故。同理，打异线和双打比赛就更容易抓对方的"时间差"弱点（对方正反手和反正手的转换及双打两人配合需时更长），下面我们就从这个切入点进行研究分析。

1. 逼对方从正手转换到反手位的战术案例实证分析

来看第一个视频，以许昕 vs 马龙（超然象外，2020h）为例：从视频中可见，双方来回球不多，许昕率先使用了主动防守战术发出出台下旋球，诱马龙第2板正手先拉起加转并预判斜线，然后许昕反手第3板反拉斜线，马龙第4板被动正手快带回斜线，许昕侧身正手拉冲直线，质量很高，令马龙第6板被动击球出界。许昕这第3、5板小范围的"压一边打另一边"中的"单边直线"战术本质上与传统的"压一边打另一边"中的"单边直线"战术的最大区别除基本不受移动影响外，就是速度更快，主要是抓对方从正手到反手转换的弱点（时间差），这要求许昕前后两板球的质量非常高才能"第一时间"逼迫对方被动击球。具体就是打节奏变化战术，可以打轻重变化也就是打快慢变化，也可以打小范围落点变化来实现。视频中许昕第3板反手打斜线与第5板正手打直线的"单边直线"战术轻重和落点结合变化明显，反手的力量（属轻）肯定不如正手，突然正手的发大力拉冲（属重）且是直线，直线比斜线短，客观上就是直线的速度快令马龙从正手转换反手容易出现慢半秒的现象，从而被动击球失误。

2. 逼对方从反手转换到正手位的战术案例实证分析

我们再看第二个视频，还是以许昕 vs 马龙（超然象外，2020h）为例：许昕反手第 3 板拉起直线取得主动相持后第 5 板反手和第 7 板正手都是打基本相同一个落点，而第 9 板反手出手更快，突然打了个落点不大的小斜线变化至中间偏一点正手位，令马龙在从反手转换正手时就出现了被动击球现象，打球出界了。许昕正是抓到了马龙反手转正手这个短暂的"时间差"条件，促使对方被动击球失误，此时战术规律不就发生明显作用了吗？

所以使用逼对方从正手转反手或从反手转正手小范围战术的运动员必须取得主动相持，还要有连续性，主要针对对方正、反手或反、正手两边转换的弱点来打"时间差"。具体实施战术时应注意正手转反手容易、反手转正手难的规律，道理是前者大动作转小动作易，后者小动作转大动作难。虽然两者都是弱点，但还是有轻重之分的，因此在施战术时运动员须有的放矢地打好战术。如果对手有明显的正手强、反手弱的倾向，那么从反手转正手就是他的强项，那就多逼他从正手转反手；反之，若对手有明显的反手强、正手弱的倾向，那从正手转反手就是他的强项，那就多逼他从反手转正手。这种小范围战术不容易死球，往往要打许多个来回，需要有耐心，一次不行就第二次甚至第三次，总能逼出对方的破绽，因此这对基本功要求特别高，非常适合中国运动员，因为他们技术的基本功扎实。这里体现出技术是战术的基础，但没有"时间差"这个衔接技术理论也难以打出好的战术来，所以技术和战术是秤不离砣的关系，两者密不可分。（熊志超，2020c）

三、全正手重心转换弱点战术

以 2020 年国际乒联总决赛男单 1/8 决赛许昕 vs 阿鲁纳的一分球视频（超然象外，2021g）为例，对许昕打出令对方正手重心转移困难的三连击进行战术实证分析。

许昕接发球反手第 2、4 板连续压对方中路，此乃横板的软肋，令阿鲁纳正手第 3、5 板侧身难以打出高质量的球，第 3 板侧身打直线（许昕反手位），第 5 板侧身打斜线（许昕正手位）且重心都朝向反手位方向了，而许昕正手第 6 板再打直线（对方正手位）时就令阿鲁纳打第 7 板的重心从反手位方向转换到正手位较慢且困难，以致措手不及。许昕是如何做到压对方中路还能近距离从对方正手位突破的呢？

笔者分析，原来许昕第 6 板正手打直线比阿鲁纳第 5 板的斜线要快是通过打"速度差"逼迫阿鲁纳第 5 板正手打完斜线的重心从反手位方向再转正手位方向变得困难，所以阿鲁纳第 7 板就来不及了。从运动生理学的角度来讲，许昕第 6 板打直线抓到了阿鲁纳前后两板（第 5、7 板）方向相反的正手重心转移弱点，这就令阿鲁纳受到身体解剖结构的影响导致重心转移困难，从而导致他第 7 板束手无策。

笔者进一步分析，如果读者看过笔者的系列战术文章，一定会对"进入'40+'新时代在使用战术时必须改变传统观念了，能用正反手打的战术绝不用全正手，甚至全反手使用战术会更佳"这句话记忆犹新。道理很简单，全正手虽然力量大，但动作大还原慢不利于连续多板的战术使用。那笔者为什么还要研究挖掘出"打对方全正手重心转移弱点"战术，这不是前后矛盾了吗？非也。首先，目前高水平运动员队伍中仍然有不少习惯性过多依赖正手的运动员，他们很难在短时间内改变。其次，笔者开发出打对手"重心转移弱点"战术是可以逼任何人就范的，只要施战术者有此战术意识就能刚好抓到对方的弱点。就像许昕对战阿鲁纳那样，这不就多了一种对付对方的战术吗？这也是笔者挖掘出此战术的意义所在。

第二节　主动防守战术

一、主动防守战术与线路变化规律战术的重叠可产生双重战术效果案例分析

本案例采用国家队训练中樊振东 vs 王皓的视频（超然象外，2018j）为例：吴敬平教练 "多球单练"为樊振东训练台内拧拉技术，王皓陪练，这从中带出了一个重叠战术。所谓重叠就是指这个战术既是主动防守战术，又是线路变化规律战术，两个战术集于一身。

樊振东按照事先设计好的套路，单步入台第 2 板正手位接吴敬平教练所供的短下旋球拧直线，由于反手位存在一个非常大的空当（圈套），很容易就能引诱王皓第 3 板反手回斜线至己方的反手位，有了这个"圈套"，樊振东第 4 板就能凭此衔接效果迅速回反手位反手拉直线相持，可见，第 2 板拧直线是衔接技术（利用主动防守设下的"圈套"知道下一板对方的回球线路）。也可以说，樊振东第 2 板拧直线是利用了王皓"逢直变斜"的思维定式来预判的。可见，第 2 板拧完后的退台还原是有准备地打第 4 板衔接技术，有了这个"逢直变斜"的思维定式做保证，樊振东入正手位短台使用拧拉技术后能迅速提前回反手位再拉直线，此乃"正手位打直线保反手"衔接技术，属线路变化规律范畴。也就是说，第 2 板正手位反手

台内拧拉技术包含了主动防守战术（设圈套）和线路变化规律（利用对方的"逢直变斜"的思维定式）两个战术来达到衔接目的，是个重叠战术（双料战术），第4板再打直线就是"双边直线"战术，其作用是"压反调正"从对方正手位突破。这样前后两板这个"双边直线"战术就是由主动防守战术和线路变化规律战术组成的双料战术。运动员遇到这种情况时的衔接效果会更理想且也并不罕见。

搞清楚双料战术的衔接后，就要进一步提高连续衔接两个以上战术的能力，此乃叠加战术。目前大多数高水平运动员前四板的能力很强。樊振东第2板和第4板衔接默契，已达到了"压反调正"从对方的正手位突破的战术效果，可是球还没完呀！王皓正手十有八九拉斜线回头，事实也正是这样。这时候樊振东如果有衔接意识的话，第6板应该利用对方在正手位"逢直变斜"的思维定式提前等自己的正手位斜线大角再打直线就又达到了一个"调右压左"的战术效果（第二个"双边直线"战术），这样不就是连续三板（2、4、6）两个战术的叠加了吗（"压反调正"和"调右压左"，也可以说是两个"双边直线"战术的叠加）？可惜樊振东只做好了第2、4板的衔接，没有第4板与第6板的衔接意识，不是提前等正手位，而是回中路等再追打王皓正手打过来的斜线，从而错失良机。

这些"正手位变直线保反手"和"反手位变直线保正手"的直线战术本来是同样性质的衔接技术和战术，只是方向相反（一个在正手位打直线，另一个在反手位打直线），为什么樊振东遇到前者时衔接的意识很强，并使之成为自己的特长技、战术，而遇到后者同样的衔接技术却会视而不见？反差如此之大，这说明了什么？衔接技术没有得到广泛的推广，因此，未能充分发挥出理论指导训练的作用，高水平运动员也就无法得到系统的训练，这样运动员所掌握的衔接技术和战术必然存在局限性，他们往往有自己的一套方法，更多的是靠运动员自己的打球经验来比赛（正手位短台反手拧会衔接下一板的反手位，这就是自己的经验），然而这种经验并不系统与全面，所以高水平运动员战术的掌握也就各不相同。这与我国乒乓球运动的理论研究相对技术水平发展较为滞后有关。

二、反拉对方从下旋拉起的加转弧圈球——主动防守战术案例实证分析

以 2016 年卡塔尔公开赛四强战刘诗雯 vs 朱雨玲一分球比赛视频（超然象外，2016f）为例进行实证分析：朱雨玲发了个下旋短球至刘诗雯中路，刘诗雯第 2 板摆短中路，朱雨玲第 3 板回摆中路，刘诗雯第 4 板劈长斜线诱朱雨玲第 5 板先挂起，然后刘诗雯第 6 板预判朱雨玲第 5 板的回球路线是斜线，近台反拉回头。刘诗雯第 4 板劈长与第 6 板反拉就是前后两板主动防守意义上的衔接。

从视频可见，刘诗雯第 4 板送球给对方先拉起加转是被动的（诱对方上钩），如果对方的质量上乘会增加自己下一板的难度，甚至会导致失误，所以施主动防守战术有一定风险，它对基本功的要求很高，当然，成功反拉后就能变被动为主动了。（熊志超，2020c）

三、以主动防守战术在近台做穿针引线打开中远台对抗通道案例分析

以许昕 vs 王楚钦的比赛视频（超然象外，2020i）为例，从视频中许昕与王楚钦这种中远台精彩纷呈的对抗场面来看，中远台对拉能力实质上并不多见，即使有，也是中国队员之间的表演，使用率远没有近台技战

术高，不容易打到后面去。因为有难度，过去这项技术曾经是我国乒乓球的软肋。20世纪80年代末至90年代初由于打法所限，我们的近台快攻只能近不能退，加之直板反手弱，被以瑞典为代表的欧洲人肆虐了长达6年之久，痛失三届世乒赛的冠军。中国队知耻而后勇，从那时起极为重视中远台对拉能力的训练，但这一直还是我们的弱项。直到2000年以后这一技能才开始慢慢被中国队掌握，直至强大。现在谁也不敢与中国队打中远台相持，实质上打到中远台基本上就是打基本功对抗了，因为日本和欧洲运动员都信奉"以赛代练"，不像我们系统训练的基本功那么扎实，尤其是日本队都尽可能打近台回避我们的中远台来破解我们的强项。如何发挥优势诱惑甚至逼迫对方上钩按我们的节奏去打中远台从而保持我们这一强大优势，其实是一个值得研究的课题。

中国队每一位队员都可以利用自己扎实的基本功发挥这一优势，这里涉及中远台对拉技术优势如何与近台技战术相结合的技巧。因为现在使用技术不像以前那么容易在近台得分（杀伤力已被限），来回球多了，实施战术的机会也就来了。如何通过由近台的战术穿针引线打开中远台对抗的通道？运动员必须学会近台以技战术争夺先机为中远台铺路。读者还记得笔者一直不遗余力推广的衔接技术吗？衔接技术包含线路变化规律战术、旋转变化规律战术、节奏变化规律战术和主动防守战术，前者属于先发制人主动的、明的战术，要么，利用对方的思维定式来衔接打战术；要么，打"极限球"逼对方因生理所限造成步法不到位来衔接打战术；要么，打"速度差""位置差""时间差"等逼对方就范来衔接打战术。比如：在反手位发直线长球利用对方"逢直变斜"的思维定式这个线路变化规律战术来衔接等正手位，正手反拉逼对方退后形成中远台强势对抗。而后者则属暗的、由被动变主动的后发制人战术，同样可以诱惑对方上钩达到穿针引线的作用。接发球可用主动防守战术劈长或变线让对方先拉起，预判对方回球路线，然后进行反拉，形成正手对拉逼其进入自己的强项正手对拉的局面。"40+"新时代以前台内拧拉可以直接得分或为下一板获得主动进攻的机会，进入"40+"新时代后旋转已受限，拧拉的杀伤力已今非昔比，因此很容易被对方反拉造成被动，笔者认为可利用这种技术上的转变提前做好拧拉完下一板与对方对拉的准备逼对方形成中远台对拉，这一招实际上也是主动防守战术（施战术者先拧起来让对方反拉），然后施战术者再对拉，这样不就由被动变为主动了吗？类似的方法还有很多，这里只是抛砖引玉。有了此意识，打中远台对抗就会得心应手，更具杀伤力。

应该指出的是：一旦打到中远台，离台越远形成了对抗以后战术的作用就越低，几乎没有多少战术的事了。因为远台球速相对中近台慢了很多，也不存在近台那种反应极限值，双方反应得及时，线路变化战术也来得及跟进，即使改变轻重节奏在远台对双方来讲也起不了多大效果且容易使自己失误，所以打远台就是力气和技术活儿，对基本功的要求很高。

总括而言，一场比赛运动员比的不是技术就是战术和心理素质。每一分球有时以技术取胜，有时以战术取胜。这两种情况随时都可能发生，"40+"新时代以前者更常见，后者使用得较少。值得庆幸的是，不论近台还是中远台，中国队仍然保持超强的对抗优势，只要我们在"40+"新时代提高近台的战术能力，真正做到技战术均衡发展，而不是只靠技术（打基本功对抗），那么我们的整体实力将会更强。

第三节 "迂回战术"案例实证分析

何谓迂回战术？迂回战术在军事上的解释是：为了避免与敌人正面交锋对抗，采取敌进我退，敌退我进，通过寻找暴露出的间隙，分散敌人，各个歼灭；或者指避开敌人强劲的正面，攻击敌人后方较为薄弱一面的一种战术。相似的战术有围魏救赵、声东击西等。

结合现代乒乓球实际情况也常能遇到类似的案例，我们可以把这种古代军事战术的迂回思想应用到乒乓球的迂回战术。下面以冯天薇 vs 伊藤美诚和木子 vs 张蔷为例进行实证分析。

一、冯天薇 vs 伊藤美诚

冯天薇发球至对方中路，被伊藤美诚直接上手拉起加转至冯天薇的反手位，冯天薇反手第 3 板反拉直线调右，伊藤美诚第 4 板打斜线大角，冯天薇第 5 板没有打直线压左，而是打斜线重复落点，第 3、5 板构成了"单边斜线"（调右打右）战术。这个"压一边打另一边"战术不直接打直线（打了就是"双边直线"战术），而是打斜线，从过程来看就已经构成了迂回战术。战术原理是通过第 5 板打斜线的迂回逼迫伊藤美诚产生了"位置差"，为第 7 板再打另一边埋下了伏笔，此乃迂回战术中的声东击西战术。这第 5、7 板构成了"双边斜线"战术。伊藤美诚果然被打得疲于奔命，尽管伊藤美诚顽强地回反手位救起了第 8 板，但无奈因步法不到位只能回直线或顶多回小斜线到冯天薇中路，被站位中间等候的冯天薇侧身第 9 板打直线从正手位突破成功。这第 7、9 板打的就是"单边直线"（压左打右）战术。冯天薇连续四板打了三个叠加战术（先是调右打右打"单边斜线"战术，再调右压左打"双边斜线"战术，又再压左打右打"单边直线"战术），一气呵成，打得伊藤美诚团团转，此乃叠加战术的强劲杀伤力，也是"40+"新时代战术打法的发展方向。

从以上分析来看，冯天薇确实是打了个迂回战术，验证了迂回战术的可行性。但实际上这种瞬间的迂回战术应变能力超出了运动员的能力范围，道理是运动员在没有接受迂回战术训练以前是不会有这种战术意识的，且处在高水平竞赛情境中的冯天薇不得不在瞬间做出迂回战术，并付诸行动，她的认知、动机，甚至基本生理机制在这个复杂的过程中通常受到了限制，要期望她在如此短暂的心理活动中去衡量到底打直线战术好还是打斜线更好，可能超出了她的反应能力。所以实际上冯天薇一开始第5板可能就没有打直线的准备，而是认为伊藤美诚会习惯性回反手位，因此打斜线重复落点从其正手位突破。虽然冯天薇没料到伊藤美诚会回防正手位，但也让伊藤美诚产生了"位置差"，为自己第7板打"双边斜线"战术（5、7板）埋下了伏笔，使第7、9板置伊藤美诚于死地的"压一边打另一边"中的"单边直线"战术得以实现。可见冯天薇的确是没有打迂回战术意识的，而是笔者在研发战术过程中发现了这个一分球动画符合迂回战术思想，也符合"40+"新时代逐渐向技战术均衡方向发展的要求，丰富了我国乒乓球竞技运动的战术内涵。

二、木子 vs 张蔷

"调右压左"和"压左打右"战术想必读者都很熟悉，可是"调右打右"战术和迂回战术恐怕就没那么熟悉了吧！"调右打右"战术是"调右压左"的反向思维战术，这里与迂回战术有异曲同工之妙，都是避开对方强劲的正面，攻击对方后方较为薄弱一面的一种战术。我们来看看视频（超然象外，2019m）和双方对抗对话框示意表（表7-2）：

表7-2 张蔷打"调右打右"和"迂回战术"对话框示意表

人 员	内 容
木 子	1. 发下旋出台球至对方反手位
张 蔷	2. 反手接发球抢拉斜线
木 子	3. 反手斜线相持
张 蔷	4. 反手斜线相持
木 子	5. 反手斜线相持
张 蔷	6. 反手斜线相持
木 子	7. 反手斜线相持
张 蔷	8. 侧身正手打直线
木 子	9. 回斜线
张 蔷	10. 保正手时打斜线迂回一板（8、10板构成了调右打右的"单边斜线"战术）
木 子	11. 回直线（步法不到位）
张 蔷	12. 反手打斜线（10、12构成了"双边斜线"战术）
木 子	13. 望"球"兴叹

从视频和对话框示意表来看，双方从第2板和第3板开始连续多板反手相持，于第8板张蔷正手侧身打直线进入高潮，连续三板打出了两个叠加战术（8、10板的"单边斜线"战术和10、12板的"双边斜线"战术）。

笔者分析，张蔷第10板有三种打法。其一，再打直线就是"调右压左"的"双边直线"战术，是抓对方移动的弱点。由于受到身体解剖结构的影响，前面第8板调右就是对方运动员要向持拍手的同侧移动，这是容易做到的，而如果第10板压左就是木子的反手位，此时木子是向异侧移动即从正手位向反手位移动较难，此乃移动上的弱点。那为什么张蔷第10板不打直线呢？因为张蔷在木子已经回反手位且有防范的情况下仍然打直线的话，战术效果就会丧失，道理是战术规律发生作用的条件已不存在，这个条件就是衔接技术意识下的"压一边打另一边"的空当，也就是说张蔷第10板只有打斜线才能抓对方的空当，如果对方的球不死，下一板再打另一边斜线衔接则还是对方的空当，这也是衔接技术意识下的"双边斜线"

战术发生作用时的条件。所以，显然这里打"双边直线"战术不符合战术规律。

其二，使用"调右打右"战术，也叫"单边斜线"战术。因为一般人都有被对方打过"调右压左"的"双边直线"战术的经验，就会顾及反手位，因此习惯性回反手位就是必然的，所以，张蔷打斜线（对方正手位）的战术就是利用木子存在"调右压左"战术的思维定式攻其不备，从正手位突破。即使木子的球还不死也会因步法不到位而第11板只能打直线，为下一板（第12板）再打另一边埋下伏笔，事实上张蔷也是如此才令木子望"球"兴叹的。

其三，使用迂回战术。迂回战术出自《孙子兵法》。"在战场上走近直之路，表现为正面作战速战速决，在乒乓球台面为直线短，见效快。这是一种理想的竞争目标模式，所谓'迂'是指通往胜利的迂回曲折的路径，好比乒乓球台面的斜线，在空间上距离较远，在时间上较长；在战场上，迂表现为侧面迂回，表现为非速战速决，迂虽不是一种理想的竞争目标模式，但在一定条件下，如在战场上遇到强敌，遇到挫折与困难时要想把敌强我弱变成敌弱我强，要想把被动变为主动，就必须在'迂'字上做文章，在'迂'中渡过难关，在'迂'中削弱敌人和壮大自己，去争取最后胜利。"（葛荣晋，2000）同理，乒乓球有时也必须采取迂回策略，方可达到胜利的目标。虽然直线最短，但在比赛场上，看似最直接、最便捷的线路未必是最有效的线路，有时可能恰恰相反。在比赛过程中，常常会遇到对方站位中间和反手位挡路，很多时候我们需要想办法绕过去或动脑筋另辟蹊径（不打直线，而打斜线把对方逼出"位置差"），这就是不走直线走斜线，在迂回中前进的最好途径，反而张蔷在第10板有更长的斜线，更有杀伤力，这就是孙子所说的"以迂为直，以患为利"的迂回战术思想。

　　笔者进一步分析发现，张蔷第 10 板能直接得分当然是最理想的，如果木子的球还不死的话，也只能第 11 板扑打直线（步法通常不到位）。那么，张蔷第 12 板反手衔接再打另一边斜线还是对方的空当，这才是"双边斜线"战术规律发生作用时的条件（衔接技术意识），事实上张蔷也是凭此球一击制胜。所以，这里显然第 10 板打"双边直线"战术是不符合战术规律的，只有打迁回战术（"单边斜线"或"调右打右"）才符合条件。可见，迁回战术在这里与线路变化规律战术中"单边斜线"（"调右打右"）的效果和作用是一样的，两者重叠了，是双料战术，属线路变化规律范畴。

　　笔者再进一步分析得出，张蔷第 8、10、12 连续三板构成的"单边斜线"和"双边斜线"两个叠加战术，第 10 板打的斜线就是衔接技术（知道对方下一板步法不到位就只能回直线），此乃打斜线时的"逢斜变直"衔接规律（熊志超 等，2020），而第 12 板打的是迁回战术。值得一提的是：第 10 板在第 8 板和第 12 板之间，它是构成两个战术叠加的桥梁，即第 10 板是第 8 板的后一板同时是第 12 板的前一板。因为衔接技术是指前后两板之间有着内在的联系，所以第 8 板与第 10 板构成"单边斜线"战术及第 10 板与第 12 板又构成"双边斜线"战术，前后是连续的两个战术，所以称其为叠加战术，如果对方的球还不死，就应该有继续叠加下去的衔接意识。

　　从以上分析来看，迁回战术的成功与否取决于多种因素，主要是以下几点：及时准确地判断对手，如习惯站位及跑动能力，正确选定迁回的方向和路线，严密地预判下一板对方的回球路线，出其不意地在合适的位置击球，及时果断地处置各种情况。从迁回战术的过程来看，张蔷与冯天薇确实是打了个巧妙的迁回战术，但实际上只有接受过迁回战术训练的人，才能有这种意识去灵活应用，否则运动员不可能会使用。也就是说，目前的高水平运动员还不具备这种迂回战术能力，那张蔷和冯天薇不是已经用迂回战术各赢了一分球吗？这看似矛盾的问题实质上隐藏着迂回战术和"调右打右"战术双重的战术效果，读者可以理解为张蔷和冯天薇这一分球实质上只有打"调右打右"的战术意识，而没有迂回战术意识，这样也就不矛盾了。这是因为迂回战术是笔者的研究思路，通过这个一分球案例也已达到了实证分析可行性的目的，只有把它上升为迂回战术的层面然后训练运动员，当她们再遇到这种战术机会，才会有迂回战术的意识。（熊志超，2021b）

高水平乒乓球运动员是如何获得战术经验的？在笔者看来，传统乒乓球战术训练与技术训练是不同的，后者已经发展到高级阶段（苏丕仁，2001），而前者远未达到技术上的高度。虽然体育类乒乓球"战术的发源、形成以及发展，都是和军事、谋略的影响密切相关（国家体育总局，2005）"，但是乒乓球战术的发展一直滞后于技术，远远不如技术那样发展成熟，可以说乒乓球战术还没有形成自身的科学训练规律，缺乏战术理论体系。因此，教练员训练运动员，运动员使用战术都是建立在经验层面上的。他们积累战术经验一般都是靠技术上的基本功偶然会打出一些自己也不知道是什么的战术来，这叫被动使用战术，如果是不善于总结经验的运动员（大多数），很多时候就会让这些使用战术的机会偷偷溜掉，无法得到重复率，就难以积累战术经验，也就只能沦为基本功对抗了。

那怎样才能变被动为主动使用战术呢？善于总结经验的运动员（极少数）如上面分析过的早期日本世界冠军河野满，当他打出好球时会动脑筋回忆并体会过程，争取下次再打出好球来，这样他就有机会通过多次被动使用战术，慢慢悟出调正手打反手的套路，此乃重复后形成的经验层面上的套路球。后人（教练员）把这个套路球上升到理论的层面就有了后来的打双边直线的"调右压左"战术，所以很多时候运动员靠基本功偶尔打出一两个神球来也不是不可能的。但要靠这种偶然行为的多次重复率来积累战术经验的话，是相当困难的，这就是为什么专业运动员到目前为止所掌握的战术套路都很有限。2008年北京奥运会男单金牌获得者马琳在《乒乓世界》中曾分享过他常用的、有效的战术套路，也就4种，一个不灵，换一个，再不行，再换，总有一个战术能打通，然后将4个战术混合使用，对方也就无法摸清他的战术套路。奥运冠军尚且如此，其他人就更不用说了。所以，运动员所掌握的战术经验各不相同，笔者称此为运动员的个人战术，此乃"40+"新时代以前遗留下来的问题。只有另辟蹊径研究创建出衔接技术理论开启运动员的战术思维，并经过系统训练后带着战术意识去打比赛，运动员才能从个人战术中解放出来成为真正意义的灵活使用战术的高手。（熊志超，2021b）

第四节　组合战术

一、定义

有经验的运动员对组合发球技战术都不会陌生，如落点变化发球，同样发下旋，发出一短一长的落点变化组合；又如线路变化发球，同样发上旋长球，发出一直一斜的线路变化组合；再如旋转变化发球，同样一套动作发出转与不转两种旋转变化的组合。其优点无非就是容易迷惑对方，又不至于单调，增加对方反战术的难度，从而提高自己第3板的得分机会。

此乃传统前三板的发球抢攻技战术。

围绕这个思路我们可以研发出任意两个一分球战术与战术所形成的组合，就是施战术者要把两个战术配合使用，而这种配合必须符合两个战术间存在关联这个条件，笔者称此为"组合战术"。比如正手位台内拧拉斜直线的组合战术都是在正手位反手拧拉开始的，符合两个战术之间存在关联这个条件。且在前面的战术掩护下，后面的战术再打相反方向，成套以后对方就不知道你到底打哪儿，这属于赛局理论（game theory）中的动态博弈。动态博弈是指在博弈中，参与人的行动有先后顺序，且后行动者能够观察到先行动者所选择的行动（科普中国·科学百科）。从这个意义上讲，组合战术是对手反战术能力的克星，也是一种策略思考，通过策略推估，寻求最大胜算。

二、研究对象

然而组合战术是建立在衔接技术理论中的线路变化规律三大类战术和主动防守战术之上的（第一类为"压一边打另一边"，含 4 种，分别为"单边斜线""单边直线""双边斜线""双边直线"战术，由此可演变出 14 项不同线路变化之子战术；第二类为"打两大角杀中路"战术，可演变出 16 项子战术；第三类为"打中路杀两大角"战术，可演变出 2 项子战术。合计 32 种战术）。（熊志超 等，2020）没有衔接技术基础，掌握这些战术就不全面，也就无法使用组合战术。为此笔者在没有可用研究资料和组合战术视频的情况下，只好"土法上马"按衔接技术理论指导香港的甲组运动员（内地退役专业队和香港专业队水平），笔者让运动员先掌握好看似两个孤立的战术，并把组合战术的定义介绍给他们，再加以点拨，拍摄了组合战术的一分球视频。

三、研究方法

在研究组合战术之前，笔者首先配合 10 个一分球视频设计制作了双方运动员的 10 个对话框，方便读者阅读和研究者、教练员研究战术使用，再经由笔者解读运动员的对抗示范视频后，随即进行理论分析，最后得出验证结果。

四、组合战术的构建

1. 调右压左与调右打右组合战术案例实证分析

请看视频（乒锋天下 等，2021）和对话框示意表（表 7-3）：

表 7-3 "调右压左"对话框示意表

人　员	内　　容
A	1. 发下旋短球至对方正手位
B	2. 入台正手位反手台内拧拉直线
A	3. 反手回斜线
B	4. 迅速退台与对方形成反手斜线相持（2、4 板构成"单边斜线"战术，也叫"调左打左"战术）
A	5. 反手斜线相持（均势相持）
B	6. 反手斜线相持（均势相持）
A	7. 反手斜线相持（均势相持）
B	8. 反手斜线相持（均势相持）
A	9. 反手斜线相持（均势相持）
B	10. 反手变直线
A	11. 正手回斜线
B	12. 保正手时正手打直线（10、12 板构成"双边直线"战术，也叫"调右压左"战术）
A	13. 措手不及

第一个战术中双方反手斜线相持，施战术者反手率先变直线调右后利用对方"逢直变斜"的思维定式大概率预判其回斜线，因此，等正手位正

手打直线，从对方反手位突破，令对方措手不及。此乃打直线时的"逢直变斜"衔接规律（熊志超，2010），战术名称为"双边直线"战术，也叫"调右压左"战术。接下来我们看第二个战术，请看视频和对话框示意表（表7-4）：

表7-4　"调右打右"从对方正手位突破对话框示意表

人　员	内　容
A	1. 发下旋短球至对方正手位
B	2. 入台正手位反手台内拧拉直线
A	3. 反手回斜线
B	4. 迅速退台与对方形成反手斜线相持（2、4板构成"单边斜线"战术，也叫"调左打左"战术）
A	5. 反手斜线相持（均势相持）
B	6. 反手斜线相持（均势相持）
A	7. 反手斜线相持（均势相持）
B	8. 反手斜线相持（均势相持）
A	9. 反手斜线相持（均势相持）
B	10. 反手变直线
A	11. 正手回斜线
B	12. 保正手位时正手打斜线（10、12板构成"单边斜线"战术，也叫"调右打右"战术）
A	13. 习惯性回反手位落空

经过第一个战术的较量，在实施第二个战术时，施战术者只需要继续实施反手斜线相持再变直线调右，此乃前后两个战术存在关联的条件。对方必然被迷惑以为施战术者会再打直线压左，就会习惯性回反手位保反手，因为第一个战术已经给对方留下"调右压左"（"双边直线"战术）威力的记忆，所以施战术者就等正手位再打斜线一击制胜，从对方正手位突破。此乃"调右压左"的反向思维，叫"调右打右"战术（也是"单边斜线"战术），这两个战术组合使用能发挥不俗的战术效果。也就是说，施战术者的策略必须考虑对方会顾及反手位，而对方的策略也考虑了施战术者的"调右压左"战术策略对己的威胁；施战术者在考虑对方的策略时，也应

考虑对方已经考虑了施战术者很可能调右后再压左，因此对方必然快速回反手位。然而，对方对施战术者两个战术之间存在关联这个后手再打相反的方向并不了解，在这种策略互动（strategic interaction）行为中，施战术者设法找出最适合自己的行动就是赛局理论在乒乓球战术中的应用。

从两个一分球视频（乒锋天下 等，2021）中可见，两位运动员的对抗很好地验证了这个组合战术（也可以说是"双边直线"与"单边斜线"构成的组合战术）的可行性。

2. 反手位打直线保正手与反手位打直线保反手的组合战术案例实证分析

请看第一个战术视频和对话框示意表（表7-5）：

表7-5　调右后在正手位压左对话框示意表

人　员	内　容
A	1. 发下旋短球至对方正手位
B	2. 入台正手位反手台内拧拉直线
A	3. 反手回斜线
B	4. 迅速退台与对方形成反手斜线相持（2、4 板构成"单边斜线"战术，也叫"调左打左"战术）
A	5. 反手斜线相持（均势相持）
B	6. 反手斜线相持（均势相持）
A	7. 反手斜线相持（均势相持）
B	8. 反手变直线
A	9. 正手回斜线
B	10. 保正手位时正手打直线（8、10 板构成"双边直线"战术，也叫"调右压左"战术）
A	11. 措手不及

从第一个视频和对话框示意表可见，"调右压左"（"双边直线"）战术一般来说都是在正手位压左的。然而，从灵活多变的战术运用的角度上讲，反手位打直线保正手这个"调右压左"的"双边直线"战术，也可以通过打直线时的"逢直回直"（"同线回接"）衔接规律（熊志超 等，

2020）来实现在反手位打斜线压左，叫反手位打直线保反手，战术名称为"单边斜线"战术。请看第二个战术的视频和对话框示意表（表 7-6）：

表 7-6　调右后在反手位压左对话框示意表

人　员	内　　容
A	1. 发下旋短球至对方正手位
B	2. 入台正手位反手台内拧拉直线
A	3. 反手回斜线
B	4. 迅速退台与对方形成反手斜线相持（2、4 板构成"单边斜线"战术，也叫"调左打左"战术）
A	5. 反手变直线
B	6. 正手回直线（步法不到位，无法打斜线）
A	7. 反手打斜线（5、7 板构成"单边斜线"战术）
B	8. 措手不及

只要施战术者能抓住对方移动上的弱点，熟练采用"压一边打另一边"的战术突然袭击打直线（极限球），利用对方受到生理因素所限造成的步法不到位现象这个解剖结构影响逼迫其回直线就范（同时可破解对方可能打直线的反常规战术），然后反手再打斜线压左来实现"调右压左"的。换言之，这个组合战术实质上都是"调右压左"战术在不同的位置压左来实现组合的。也就是说，施战术者的策略必须考虑对方会顾及反手位，而对方的策略也考虑了施战术者只能调右压左对其构成威胁；施战术者在考虑对方的策略时，也应考虑对方已经考虑了施战术者很可能调右后，在正手位再压左，因此对方很可能会回直线打反常规战术来应对。然而，对方对施战术者后手在反手位打出直线"极限球"不明就里，在这种策略互动行为中，施战术者设法找出最适合自己的行动就是赛局理论在乒乓球战术中的应用。

从两个一分球视频（乒锋天下 等，2021）中可见，两位运动员的对抗很好地验证了这个组合战术（也可以说是"双边直线"与"单边斜线"构成的组合战术）的可行性。

细心的读者可能发现前面构建的组合战术（"双边直线"与"单边斜线"）与本案例构建的组合战术（"双边直线"与"单边斜线"）结果从文字上看是相同的两对战术组合，难道这是笔者笔误？其实不然，两个"双边直线"战术倒是一样的，但妙就妙在所组合的两个"单边斜线"战术的位置是不同的，功能也就各不一样了，一个是在反手位打斜线压左（本案例），另一个是在正手位打斜线压右（上一个案例），没有重叠和抵触。

3. 正手位台内拧拉斜直线组合战术案例实证分析

正手位台内拧拉斜直线的组合都是在正手位反手拧拉的，符合两个战术之间存在着关联这个条件。在训练和比赛中一般都是以拧拉直线为主，斜线为辅。因为拧拉直线最早在科贝尔的基础上王皓率先在比赛中运用自如，后来被张继科发扬光大直至被广大的运动员所普遍接受，再到后来已经没有神秘感了，于是拧拉斜线就应运而生，成为组合战术。以下是第一个战术视频或对话框示意表（表7-7）：

表7-7 台内拧拉直线对话框示意表

人　员	内　　容
A	1. 发下旋短球至对方正手位
B	2. 入台正手位反手拧拉直线
A	3. 反手回斜线
B	4. 迅速退台与对方形成反手斜线相持（2、4板构成"单边斜线"战术，也叫"调左打左"战术）
A	5. 反手斜线相持
B	6. 反手斜线相持（加了质量逼对方）
A	7. 反手回斜线（只能回斜线）
B	8. 侧身正手冲直线从对方正手位突破（6、8板构成"单边直线"战术）
A	9. 望"球"兴叹

台内拧拉直线既是打直线时的"逢直变斜"衔接规律，也是主动防守

战术（钟宇静 等，2008），由于判断对方大概率会回斜线，因此施战术者第一时间退回反手位打下一板，一般是打斜线（打直线较难，有时来不及），前后两板叫打"单边斜线"战术，也叫"调左压左"战术。再看下一个视频或对话框示意表（表7-8）：

表7-8 台内拧拉斜线对话框示意表

人 员	内 容
A	1. 发下旋短球至对方正手位
B	2. 入台正手位反手台内拧拉斜线
A	3. 交叉扑右到正手位回回直线（步法不到位，无法打斜线）
B	4. 等反手位"第一时间"反手打斜线至对方反手位（2、4板构成"双边斜线"战术，也叫"调右压左"战术）
A	5. 措手不及

拧拉斜线很突然，因为一般人以拧拉直线为主，所以施战术者在前面拧拉直线在先的掩护下，对方在没有准备的情况下会步法不到位，因而施战术者能精准地判断对方的球必回直线（打不到斜线大角），再等反手位"第一时间"反手打斜线（对方反手位），令对方措手不及。前后两板叫"双边斜线"战术，也叫"调右压左"战术。也就是说，施战术者的策略必须考虑对方的策略（注意力在反手位防范直线来球），而对方的策略也考虑了施战术者的策略（会继续拧拉直线）；施战术者在考虑对方的策略时，也应意识到对方已经考虑了施战术者的策略（很可能加强拧拉直线的质量，因此，对方必然在发力撕斜线破坏施战术者第4板的衔接上做文章）。然而，对方对施战术者两个战术之间存在后手打相反方向这个关联不明就里，在这种策略互动行为中，施战术者设法找出最适合自己的行动就是赛局理论在乒乓球战术中的应用。

经过第一个战术拧拉直线的较量，在实施第二个战术时，对方会对施战术者拧拉直线有防备，当施战术者突然拧出斜线时，多少都会扰乱对方欲抢先发力打斜线破坏我方第 4 板退台衔接的部署，从而令对方措手不及或被动交叉扑右打回直线，使"第一时间"衔接等反手位打斜线从对方反手位突破成为可能。

从两个一分球视频（乒锋天下 等，2021）中可见，两位运动员的对抗很好地验证了这个组合战术（也可以说这是"调左压左" 与 "调右压左"或"单边斜线"与"双边斜线"构成的组合战术）的可行性。

4.压左打右与调右压左组合战术案例实证分析

请看第一个战术视频和对话框示意表（表 7-9）：

表 7-9 反手位打斜线相持从对方正手位突破战术对话框示意表

人 员	内 容
A	1.发下旋短球至对方正手位
B	2.入台正手位反手台内拧拉直线
A	3.反手回斜线
B	4.迅速退台反手加质量逼对方只能回斜线（2、4 板构成"单边斜线"战术，也叫"调左打左"战术）
A	5.反手斜线相持
B	6.侧身正手冲直线从对方正手位突破（4、6 板构成"单边直线"战术）
A	7.望"球"兴叹

反手位斜线相持从对方正手位突破就是打斜线时的"逢斜回斜"（"同线回接"）衔接规律（熊志超 等，2020）利用"极限球"打"时间差"逼迫对方回斜线来实现压左打右从对方正手位突破（"单边直线"战术）（表 7-9 所示），而反手位斜线相持变直线保正手从对方反手位突破是主动防守战术，也是打直线时的"逢直变斜"衔接规律（利用对方"逢直变斜"的思维定式来等正手实现调右压左打双边直线战术）（表 7-10 所示）。以上"压左打右"和"调右压左"两个战术都是从反手位斜线相持开始的，符合两个战术之间存在关联这个条件，因此只要使用了一个战术，另一个

战术就能迷惑对方成为打对方另一边的组合。我们看第二个战术视频和对话框示意表（表7-10）：

表7-10　反手位打斜线相持变直线保正手从对方反手位突破战术对话框示意表

人　员	内　容
A	1. 发下旋短球至对方正手位
B	2. 入台正手位反手台内拧拉直线
A	3. 反手回斜线
B	4. 迅速退台与对方形成反手斜线相持（2、4板构成"单边斜线"战术，也叫"调左打左"战术）
A	5. 反手斜线相持（均势相持）
B	6. 反手斜线相持（均势相持）
A	7. 反手斜线相持（均势相持）
B	8. 反手变直线（诱对方回斜线）
A	9. 正手回斜线
B	10. 保正手时正手打直线（8、10板构成"主动防守"战术，也是"双边直线"战术或"调右压左"战术）
A	11. 措手不及

由于施战术者反手位反手斜线相持侧身正手打直线实现从对方正手位突破在先，那么，第二个战术的施战术者打反手位斜线相持时，对方会加倍注意保护正手位，加之施战术者反手突送直线符合两个战术之间存在关联这个条件，因此很容易就能诱对方保正手打斜线，因为自己正手位是空当，对方会暗自窃喜以为抓到破绽毫不犹豫就打斜线，殊不知施战术者早已提前等正手位再打直线，一击制胜。此乃主动防守战术也是打直线时的"逢直变斜"衔接规律（战术名称：双边直线），这里具有双重的战术效果，实现从对方反手位突破的可能。也就是说，施战术者的策略必须考虑对方的策略（在前一分球正手被施战术者直线攻破，这后一分球必然有防范正手位的心理），而对方的策略也考虑了施战术者的策略很可能还会继续打自己的正手位；施战术者在考虑对方的策略时，也应考虑到对方已经考虑

施战术者的策略很可能用更快的反手打直线。然而，对方对施战术者后手所施的主动防守战术不明就里。在这种策略互动行为中，施战术者设法找出最适合自己的行动就是赛局理论在乒乓球战术中的应用。

从两个一分球视频（乒锋天下 等，2021）中可见，两位运动员的对抗很好地验证了这个组合战术（也可以说这是"单边直线"与"双边直线"或从正手位突破与反手位突破的组合战术）的可行性。

5. 两个主动防守组合战术案例实证分析

请看第一个战术视频和对话框示意表（表7-11）：

表7-11　主动防守战术从对方反手位突破战术对话框示意表

人　员	内　　容
A	1. 发下旋短球至对方正手位
B	2. 入台回摆对方正手位（小斜线）
A	3. 入台劈长直线
B	4. 迅速退台反手拉斜线从对方反手位突破（2、4板构成"主动防守"战术）
A	5. 退台不及失误

接发球者第2板入台正手位回摆对方正手位（斜线），已事先留下反手位很大的空当，对发球方来讲是个很大的诱惑，因此发球方第3板劈长直线是大概率的选择，接发球者就是凭此主动防守战术（也是打斜线时的"逢斜变直"衔接规律）来衔接，早已迅速退回反手位第4板反手"第一时间"抢拉斜线，正好抓住了对方入台容易退台难的弱点，从对方反手位突破（直接得分或形成反手位的斜线相持），这也叫"双边斜线"战术。接下来请看第二个战术视频和对话框示意表（表7-12）：

表7-12　主动防守战术从对方正手位突破战术对话框示意表

人　员	内　容
A	1. 发下旋短球至对方正手位
B	2. 入台回摆对方正手位（小斜线）
A	3. 入台劈长直线
B	4.迅速退台侧身正手拉直线从对方正手位突破（2、4板构成"主动防守"战术）（"单边直线"战术）
A	5. 习惯性回反手位落空

一般发球方有过前面被回摆正手位短的经历、吃过因入台容易退台难的亏被接抢方从反手位突破后，都会顾及其反手位，因此，习惯性回反手位就是必然的，那么，接发球者在打主动防守的前一板（第2板）在正手位摆短对方正手位后，对方就会劈长直线习惯性快速回反手位保反手，接抢者第4板凭此衔接迅速退台正手位侧身冲直线（对方正手位）就抓到了发抢方空当了。此乃打主动防守战术（也叫"调右打右"或"重复落点"及"单边直线"战术）。也就是说，接抢者的策略必须考虑对方的策略（必然加快劈长直线和退台的速度），而对方的策略也考虑了接抢者的策略（必然与自己抢时间）；接抢者在考虑对方的策略时，也应考虑对方已经考虑了接抢者的策略，也就是很有可能比上一次摆短退台回反手位更快。因此，对方不会想到接抢者还能后手再打相反的方向。在这种策略互动行为中，接抢者设法找出最适合自己的行动也是赛局理论在乒乓球比赛中的运用。

从两个一分球视频（乒锋天下 等，2021）中可见，两位运动员的对抗很好地验证了这个组合战术（也可以是"双边斜线"与"单边直线"构成的组合战术）的可行性。

综上所述，"组合战术"是在以往系列专题研究战术基础上的一次升华，使用组合战术过程能够检验运动员的综合战术能力。从理论上讲，组合战术中后面的战术会比前一个战术杀伤力要强，来回也必然会更少，这是因为后面的战术相对前面的战术是暗藏杀机，有着关联就必然容易迷惑对方以为还是打前面一样的战术，实质上打的是另一个战术且方向是相反的，很多时候可以立马结束战斗，这就是能够成为组合战术的威力所在。

进一步总结，对已经掌握组合战术者来说意味着有灵活运用的意识，能迷惑对方，起到战术效果的作用。因此，在使用组合战术时，要与叠加或结合战术加以区分，叠加或结合战术是在一分球里实施的，虽然叠加战术和结合战术有连续的杀伤力，但下一个一分球要从头再来不一定能有重复率，毕竟对手实力也很强。从这个意义上讲，这些战术是以一个一分球单位来计算的，而组合战术是以前后两个一分球为单位计算的，只要施战术者在前面任何一个一分球中打过某个战术，不管这个战术得分与否都会给对方留下印象，那么，在后一个一分球，只要符合组合战术的条件即两个战术有着关联，对方就会被你的组合战术所迷惑，不知道你到底打哪一边。因此，这后一个战术成功率非常高，可弥补一分球打完下一个一分球不一定有重复率的不足，丰富了乒乓球的战术内涵。由此可见，组合战术的杀伤力是强大的，难度也是显而易见的，知识面更是广泛的。除了要有衔接技术理论（战术基础）支撑外，还要有"组合战术"意识，甚至交叉到赛局理论中，所以说组合战术是高水平乒乓球运动员综合战术能力的体现这一点不为过。

顺便说明一下，组合战术不一定是两个一分球的连续使用（前面的5条组合战术案例是为了方便讲解和分析），更多的是相隔一个一分球（这里容易与结合战术混淆）或多个一分球后再使用，甚至相隔一局、几局甚至几天、同一个赛季都是可行的，同样具有不俗的战术效果。

第五节 衔接技术对高水平运动员战术发挥的影响案例诊断分析

高水平运动员在没有接受衔接技术训练以前，在比赛中是无法运用组合战术的。因为有些运动员会使用某个组合战术中前面一个战术，却不会使用后面一个战术，反之亦然；有些运动员即使能使用某个组合战术中的前后两个战术，却没有组合战术的意识，而是将这两个战术孤立地使用。这是因为他们所掌握的战术有限，往往靠的是经验，所以不同的人所掌握的战术就各不相同，这是目前高水平运动员中普遍存在的现象。为此笔者将以衔接技术理论对运动员使用组合战术以前将会遇到的问题进行案例诊断分析，期望运动员能尽快实现技战术均衡。

本战术专题研究选取了马龙 vs 许昕（左撇子）、马龙 vs 张本智和两个视频（超然象外，2021j）作为案例进行诊断分析，研究目的在于帮助运动员提高衔接技术规律的认识，以便尽快掌握好组合战术。

1. 马龙 vs 许昕

下面请先看第一个视频（有三个一分球）的第三个一分球。许昕在反手位正手侧身挑打斜线后下一板是等对方回斜线，被马龙打直线一击致命。许多读者也许还没看明白，面对马龙因生理所限造成步法不到位现象时，马龙是打不到斜线大角的，大家还以为马龙偷袭一个直线"好球"呢，实质上是许昕的误判。

如果用衔接技术理论来重新演绎这个一分球的话，许昕侧身挑打台内球是打斜线时的"逢斜变直"衔接规律（熊志超 等，2020），意即许昕突然挑打的斜线球就是个"极限球"，可逼对方只能回直线而无法打斜线球，若下一板等正手位再打斜线，而不是等反手位，其结果就会相反。

2. 马龙 vs 张本智和

再看第二个视频（超然象外，2021j），张本智和（以下简称张本）与马龙双双反手相持，当张本变直线被马龙打回直线时，张本为什么会措手不及正手打球出界呢？这是因为张本以为马龙会打斜线，身体重心已有移向正手位的倾向了，他对自己突然打直线会令马龙也只能打直线（步法不到位），而无法打斜线大角这一规律也没有认识，也属误判。

如果用衔接技术理论来重新演绎的话，这是打直线时的"逢直回直"衔接规律（熊志超 等，2020），意即张本突然挑打的直线就是个"极限球"，可逼对方只能回直线而无法打斜线球，若下一板等反手位反手再打斜线，而不是等正手位，其结果就会相反。

上述两个案例并非个案，在顶尖高手中时有发生，这说明了衔接技术理论还远未被他们所认识与掌握，如果按这样的战术水平是很难打好组合战术的。不过，笔者并不太担心，高水平运动员的基本功扎实，只要教练员给运动员补习衔接技术理论并把组合战术的要点给他们点拨一下，问题很快就能得到解决，今后他们再遇到这种战术机会就不会误判了，本书构建的多种组合战术规律也将会得到广泛的应用。

第六节　小结

为什么"40+"新时代以前的战术很少，进入"40+"新时代能不断开发出许多新的战术来？这是因为"40+"新时代以前和以后的技战术要求和训练模式是完全不同的，只要把两个时期不同的技战术要求和训练模式做个比较分析就一目了然了。

一、"40+"新时代以前乒乓球的技战术要求和训练模式分析

"40+"新时代以前技术与战术是分开训练的。传统训练认为不能过早地让小运动员训练战术，当基本技术训练到一定程度时，才开始安排一些相应比例的战术练习，一般是在小运动员基础阶段中打好技术基础后的提高阶段的后期进行。然而这种技术先于战术训练模式会导致许多运动员产生赛练脱节的现象，久而久之，就会留下运动员技术超强而战术不强的隐患，但这些问题在当时对比赛并不会产生多大的影响。原因是球体小且轻，技术元素（动力元素）的作用很大，中国运动员弧圈球的杀伤力强大到无与伦比的地步，来回球很少，也就是说，技术已经发展到了高级阶段（苏丕仁，2001）。一直以来乒乓球的技术创新不断，而战术却没有。因此，那时人们训练的侧重点更倾向于技术，战术训练远未引起专业和学术界的足够重视与深入研究。所以，战术训练不像技术那样长期以来形成了科学的技术理论体系，可以说战术只是经验，没有上升到理论的层面，至今也没有形成科学规律。这样，运动员所掌握的"套路球"就很有限也各不相同，所以运动员实施战术仅以前四板的局部战术为主，更多的是以基本功对抗来打比赛，遇战术视而不见或被动使用战术（自己使用了战术也不知道是战术）者屡见不鲜，缺乏全方位的战术思维。

二、"40+"新时代乒乓球的技战术要求和训练模式分析

进入"40+"新时代以来笔者一直强调，在专业界的训练上不能再以技术上的勤奋来掩盖战术上的懒惰，高水平运动员必须尽快适应新时代技战术均衡的打法要求。这是因为进入"40+"新时代以来乒乓球的杀伤力明显受限，战术有了用武之地，战术起到了弥补技术受损的重要作用，那

种技术超强而战术不强的打法在"40+"新时代已经不合时宜了。进入"40+"新时代，技战术训练必须有所改变，而掌握衔接技术正是提高战术能力的有力武器，因为衔接技术是战术的理论基础，衔接技术的优势在于它可以把技术与战术融为一体来训练，可突破传统技术与战术分开训练的瓶颈，同时促进高水平乒乓球运动员战术战略的提高和灵活运用，并落实技术与战术延伸衔接的双赢策略。所以应该做好如下两个对策。

其一，要做好高水平运动员普及衔接技术的工作。只有把他们有限的"套路球"挖掘、整理、总结、完善后形成理论体系，才能从"套路球"解放出来，逐渐走向线路变化规律这一科学的发展方向并通过系统的训练最终达到衔接的目的。

其二，衔接技术是可以一步到位让小运动员从接触乒乓球不久就接受训练的。如果运动员从小就能得到技、战术均衡的发展机会，他们长大后就不存在上述影响战术思维的4种倾向（依赖倾向、经验倾向、理论缺失倾向、思维习惯倾向），而是按照线路变化规律来打球，使用战术就能得心应手。因此，必须打破传统训练认为不可过早训练战术的条条框框，提前在基础阶段甚至启蒙后期就接受衔接技术中技、战术一步到位的训练，在训练当中教练员应融入衔接技术内容，让他们潜移默化地练习。通过如此系统的衔接技术训练后，运动员必将在训练中逐渐提高衔接意识的同时提高战术意识，到了提高阶段其战术是随时随地应用的，进入攀登阶段更是随手可得，技术与战术两者之间不再是特长与短板的关系，而是第一与第二的关系，从而基本达到技、战术均衡的要求（熊志超 等，2020）。

第八章　五议乒乓球战术专题研究与诊断分析

在 IT 界有这样一句名言："芯片与软件两者密不可分，没有芯片的软件是孤魂野鬼，没有软件的芯片是行尸走肉。"笔者觉得这句话形容我们乒乓球技术与战术的关系非常贴切。在教学中也好，比赛中也好，都要把两者有机地结合起来。目前存在的问题是高水平运动员一直没有处理好技、战术两者之间的关系，改为 ABS 塑料球都五年了，技战术还是尚未达到较均衡的要求，这说明了我们的战术训练严重落后于技术训练。以下两节关于高水平男女运动员战术应用能力的现状探讨可发现许多亟待解决的问题，其中就有三个战术使用的误区，下面将会对此进行专题研究与诊断分析。

第一节　高水平女运动员传统技战术打法的演变与现状探讨

一、李晓霞站位中间以中路结合两条小斜线进攻与防守的技战术打法风格案例分析

之所以还以退役的李晓霞为例，是因为以前专业女线的这一主流打法创造过辉煌的成绩。这种技战术打法得益于前面所说的科研人员对三条直线研究透彻的思维而采取站位中间的方式，主要使用简单的打中路相持伺机正、反手杀两角或直线的战术，此打法把原来的 7 条基本线路（正反手斜线两大角、中路正反手两条小斜线及全台三条直线）化繁为简为 5 条线路，即在中路相持（直线）正反手再杀两条小斜线或正反手位各打直线，非常适合女线中像李晓霞这种杀伤力大的运动员使用。这种照顾范围小、进攻与防守速度快、容易实施的打法，秘诀有二。

其一，李晓霞从发球或接发球后就打小斜线至中路，其速度比打大斜线要快，然后站位中间，通过打"速度差"逼对方也回中路与她相持（站位中间再打中路等于打直线），其速度比打斜线时要快，因此也属打"速度差"范畴，加之站位中间的她又再打左右两条小斜线时还是打"速度差"，此乃线路变化规律，也是得分手段。这种打法体现最明显的是在力量型的李晓霞身上，尤其在快速连续起来时，对方很难有反守为攻的机会，以上所打的"速度差"是牵制对方跟着自己打中路节奏的要诀，主动权始终在李晓霞手中。只要对方进入此圈套，就很容易被牵着鼻子跟着她的节奏打

中路相持，即使李晓霞杀小斜线被对方防回，球回到中路也是小斜线居多，回直线次之，因为球速快步法很难跟上（只能用跨步），因此不论是反手位还是正手位都难以回斜线大角。甚至遇到顶尖高手如丁宁、刘诗雯等偶尔遭其斜线大角进攻逼至李晓霞正手位或反手位时，李晓霞还是打小斜线回防中路，打"速度差"逼对方一而再，再而三地陷入如此圈套，这样中路主动权仍然牢牢掌握在李晓霞的手上，随时可再杀斜角。李晓霞正是打这种战术的佼佼者。2011年第51届世乒赛冠亚军争夺战李晓霞与丁宁有一个一分球一共打了23板之多，同一个战术（打中路杀斜角）先后使用了三次才拿下此分，实属罕见（超然象外，2016c）。

其二，这种战术打法的另一个秘诀是站位中间移动范围小，容易防守。从理论上讲，即使对方能从左右两大角斜线来球，如果李晓霞退后去接，上述两条斜线会无限放大，无论如何她也接不住，而站位中间近台她左右迎前去截击就容易打到球。因此不论对"先发制人"打法还是对"后发制人"打法的运动员来说，在防守时都是有利的，丁宁的防守也得益于这种打法。她把本应反手斜线相持变直线保正手或反手斜线相持侧身扑右打照顾全台范围较复杂的技术，变为简单地打中路直线结合打正手位半台小斜线的小范围移动或打反手位半台小斜线的小范围移动，这样正反手的防守衔接速度和步法就快，能更轻松自如地发挥出自己的各项技术特点。这也解释了李晓霞打丁宁时这么难的原因。还有一个更突出的战术特点就是打中路杀两角可瓦解对方所施的"调右压左"或"压左打右"战术。

可见这一战术打法化繁为简，将最简单的战术精炼化，能攻能守，对力量型选手最有利，以狠制快（李晓霞 vs 刘诗雯）、以狠制稳（李晓霞 vs 丁宁）。难怪在"40+"新时代以前李晓霞持这种战术打法所向无敌。当然这也适合其他类型打法的运动员使用，可以以快制狠（刘诗雯 vs 李晓霞）、以快制稳（刘诗雯 vs 丁宁），同样可以以稳制快（丁宁 vs 刘诗雯）、以稳制狠（丁宁 vs 李晓霞），力争主动的战术思想和对抗思维打造自己的对抗实力，有独到之处，非常实用，在比赛中能收到四两拨千斤的功效！国乒女线曾很长一段时间使用此打法。

然而这种打法也有它不足的一面，由于打此战术的人站中路，打线路不像站侧身位的人要照顾全台那么灵活，她只会局限于中路照顾右半台或左半台小斜线，即使有时被对方逼到正手位或反手位大角，她也会习惯于从右半台或左半台打小斜线回中路，因此打习惯了这种局部战术就会受思维定式影响而习惯性地回中路球（这将会成为被对手抓住不放的弱点），对打到全台时出现的打"单边直线""双边直线""单边斜线"和"双边斜线"这些"压一边打另一边"的战术机会视而不见（没有这种意识，当然从小培养起衔接意识的运动员是不会这样的）。所以那时的国乒女线或多或少都会存在这些缺点，这就是为什么 2016 年 6 月 25 日在仁川进行的国际乒联职业巡回赛韩国公开赛 1/4 决赛中丁宁面对日本 "00" 后小将早田希娜，两次反手位打直线形成"双边直线"战术的情况下，莫名其妙地打回中路，丧失了主动相持或得分机会。显然那时丁宁已习惯了国乒一直沿用的局部战术，也就是与打"中路相持正、反手杀两角"的战术有关，是凭自己的打球经验来回球的，而不是按线路变化规律来打球。李晓霞和刘诗雯也不例外会受到影响，但李晓霞的强大杀伤力弥补了这一缺陷。刘诗雯的速度及灵活多变的战术意识使其受影响不大，她既擅长"站中路杀两大角"战术，也能站在反手位打全台，出现战术机会时不会像丁宁那样习惯性回中路，所以常常能看到她打出漂亮的叠加战术来，刘诗雯的打法及战术意识是最接近"40+"新时代的。

但像李晓霞那样的力量型选手在改打新塑料球后将面临严峻的考验，以往那种靠绝对质量就能打穿对方的时代已经一去不复返了，进入"40+"新时代以后杀伤力受到了限制，速度、力量体现不出来，等于没有了杀板，这种打法也就没有昔日的效果了。代之而起的是多回合的对抗，多个叠加战术甚至组合战术使用的"40+"新时代已经到来。这种简单的战术打法也随李晓霞而去，不再适合"40+"新时代了。

二、高水平运动员缺乏衔接技战术意识案例诊断分析

1. 王曼昱 vs 丁宁

以下以王曼昱对战丁宁的一分球视频为例来进行实证分析（超然象外，2018k），旨在揭示高水平运动员在不了解或没有具备良好的衔接战术的认知下，在激烈的对战中所产生的不良效果。从图 8-1、图 8-2 可以看出，王曼昱自始至终都压制着丁宁，共出现了四次机会球，可惜都没有把握住。第一次王曼昱在第 3 板反手打了一记大斜线的"极限球"，造成丁宁在第 4 板步法不到位就只能打直线偏中路。此时王曼昱如有好的衔接认知，则可利用丁宁步法不到位现象判断其逢斜变直，自己就可先在正手位等候，然后第 5 板再击出具威胁性的大斜线球，此乃"双边斜线"战术。这就形成了"压一边打另一边"迫使对方步法不到位的有效战术，可令丁宁顾此失彼，提前结束战斗。或许就没有后面的第二、三波攻势，即王曼昱第 5、7 板连续侧身正手压制丁宁正手位置，同样造成丁宁在第 6、8 板都步法不到位而处于被动情况。遗憾的是，王曼昱在得势不得分的情况下，在第四波（即第 15 板）竟然以侧身扑空结束原本应有的得分机会。若从衔接技术的角度来看，其实丁宁在第 14 板只能打直线，她是打不到斜线大角的。原因是丁宁前一板被王曼昱反手压了一记（第 11 板）反手位，再被下一板（第 13 板）调动到正手位斜线大角，此时的丁宁连续前后两个方向相反的移动难度很高，只能在失去重心的情况下打出直线或偏中路不具质量的球，这已造成步法不到位现象。实质上王曼昱第 13 板反手打斜线与前面的第 5 板打的是一模一样的"极限球"，王曼昱第 15 板就可凭"逢斜变直"衔接等正手位抓丁宁的第 14 板直线来球，再打另一边，这样结果就相反了。

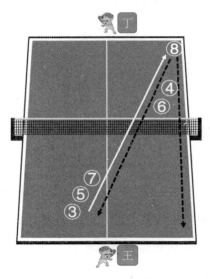

图 8-1　王曼昱在第 3、5、7 板连续压制丁宁正手位，丁宁
在步法不到位情况下第 8 板打出"逢斜变直"的球

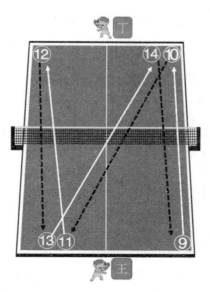

**图 8-2　王曼昱在第 11、13 板再度创造机会球，可
惜在第 15 板的衔接却造成侧身的扑空**

注：图 8-2 为图 8-1 之衔接球续图；朝上之实线箭头（↑）代表施战术者击球线路；往下之虚线箭头（↓）为对手击球线路；球台上的数字代表第几板击球（熊志超 等，2020）。

　　总而言之，从影片和图解模拟中的多回合对抗来看，她们的技术超强，但并未彰显战术能力，打的是基本功对抗。丁宁连续四板正手打回头都非常被动，受制于步法不到位，可是王曼昱并没有在前面抓住这个规律去衔接等正手位，不但得势不得分，还输掉此球，显然王曼昱仍缺乏衔接技术意识。上述案例也让我们再次体会到，其实一分球之来回并不全然是越多越好的，但好的战术确实能减少来回次数，这也说明了你驾驭战术能力强，既省时又省力，更重要的是可以收到事半功倍的战术效果。

　　2. 丁宁 vs 刘诗雯

　　以下着重分析 2015 年苏州第 53 届世乒赛女单决赛刘诗雯 vs 丁宁两位主力选手一分球视频（超然象外，2018l），在 20 多板你来我往的对抗中为什么丁宁率先使用了叠加战术获得了主动却还是得势不得分，反而输掉了比分。下面看视频或双方对抗对话框示意表（表8-1）：

表8-1 双方的打法思路和战术走向对抗解剖对话框示意表

人 员	内 容
刘诗雯	1.正手发短下旋球至对方反手位（直线）
丁 宁	2.反手拧直线
刘诗雯	3.反手回直线
丁 宁	4.反手拉斜线大角（2、4板构成"单边斜线"战术）
刘诗雯	5.跨步正手反拉直线（步法不到位）
丁 宁	6.正手拉回斜线大角（4、6板构成"双边斜线"战术）
刘诗雯	7.跨步反手拉直线（步法不到位）
丁 宁	8.反手位正手打回中路（判断错误，被动挨打）
刘诗雯	9.省略第9板到第21板后面的内容

丁宁前面接发球抢攻反手第2、4板打了个"单边斜线"战术（第2板打直线，第4板打斜线），令刘诗雯第5板扑正手时步法不到位只能打直线，本来丁宁第6板正手再打斜线与前面的第4板已经构成了"双边斜线"战术，再令刘诗雯艰难地回反手位还是步法不到位，就只能回直线，可是丁宁却错判来球方向被刘诗雯的直线来球顶住，第8板用正手勉强打到中路，使得2、4、6三板两个叠加战术（"单边斜线"+"双边斜线"）在大好形势下被迫中道而止，得势不得分，最后还输掉了此分。原因是她对刘诗雯第5、7两板这个生理所限造成的步法不到位现象判断不清。

如果按照衔接技术理论重新演绎的话，丁宁是可以根据前面的第6板打斜线时的"逢斜变直"衔接规律（熊志超 等，2020）为自己下一板（第8板）打好衔接，即第8板提前等反手位就能"第一时间"反手从容打斜线大角了，就又能形成一个"双边斜线"战术了，而且是连续第三个战术的叠加，可打少一半的来回解决战斗。可事实却是第9板是刘诗雯的转折点，由被动化为主动最终第21板置丁宁于死地。

总括而言，从对话框和视频的多回合对抗来看，丁宁的技术超强，战术能力并不高，打的是基本功对抗，往往得势不得分，这是最糟糕的情况。本案例也让我们再次体会到，一分球来回不是越多越好的，好的战术能使来回球少，能够说明你驾驭战术能力强，既省时又省力，更重要的是可以收到事半功倍的战术效果。反之，来回球越多越反映出运动员驾驭战术能力差。从这些顶尖高手使用战术能力来看，这不是个别现象，随便找个比赛视频都能发现这些遇战术视而不见或被动使用战术（自己使用了战术都不知道是战术）的案例。这反映出了"40+"新时代以前遗留下来的高水平运动员普遍存在技术超强战术却不强的隐患。笔者强调进入"40+"新时代，战术能力必须迎头赶上，否则难以适应新时代技战术均衡发展的要求。

三、后发制人技战术打法受"40+"新时代影响很大

笔者专门挑选了新旧两代国乒顶尖高手进行案例诊断分析，一个是我国女线新生代运动员中的佼佼者、善于用"先发制人"打法的孙颖莎，另一个是大满贯获得者、善于用"后发制人"打法的丁宁，旨在深入探讨"40+"新时代高水平运动员的战术能力。如果从技术层面对两者进行分析，则前者打法先进，后者经验占优，各有千秋。双方的战术能力又如何？以2019年新加坡T2联赛孙颖莎 vs 丁宁一个一分球视频（超然象外，2019n）为例进行案例诊断分析。

孙颖莎第2板摆短控制严密，令丁宁无法上手，丁宁主动进攻不成就换了一招"主动防守"战术，第3板劈长诱孙颖莎第4板反手先拉起，然后预判对方的回球路线是自己的正手位斜线，于是第5板正手反拉斜线回头。孙颖莎侧身正手第6板拉回一个难度挺大的直线，被丁宁及时赶到反

手第7板调斜线大角。本来丁宁这第5、7板打出杀伤力很强的"双边斜线"战术来，很多时候可直接得分了，即使不得分也能为自己下一板获得另一个战术叠加赢得主动机会。然而丁宁却没有把握好此战术机会，此时孙颖莎第8板非常被动地交叉扑右所打出的斜线质量并不高，丁宁在第9板退台往反手位方向移位来迁就正手进攻，还是依赖正手过多和缺乏良好战术意识。由于正手位移位中要打出直线是相当困难的，主要是因为存在"时间差"，髋部要带动脚下和拍面转向直线方向，时间来不及且步法也不到位，所以无法打直线就只能打出小斜线至中路，令孙颖莎起死回生，这让孙颖莎不用移动就从容地在第10、12板连续正手高质量地发挥出其正手过人的超强能力，变被动为主动冲斜线压制丁宁，第14板再变直线一击制胜。此乃12、14板构成的"压一边打另一边"中的"单边直线"战术。

丁宁输得可惜，假如把本案例重新演绎，丁宁第9板能第一时间在近台用反手等打直线的话，就能与前面的第7板形成"压一边打另一边"中的"单边直线"战术。这样就与前面（5、7板）的"双边斜线"战术构成叠加战术，孙颖莎只能望"球"兴叹了。毕竟丁宁不是"先发制人"打法，而是"后发制人"打法，她的主动进攻本来就是弱项，缺乏连续使用战术的能力，这也就在所难免。笔者强调，在"40+"新时代，高水平运动员的战术能力不能只是停留在局部的意识之中，没有全方位战术意识则达不到更高水平。

总体来看，丁宁的经验是弥补不了战术意识问题的，因为战术是有其科学规律的，在运动员尚未掌握衔接技术以前，他们所掌握的战术套路是很有限的。丁宁除了后发制人打法上的落后之外，杀伤力不够也是硬伤，改塑料球后就更加雪上加霜，这些技术上的原因也是显而易见地会影响她的战术能力的。以上两个原因导致丁宁从 2019 年开始不断走下坡路，笔者认为主要原因在于丁宁的"后发制人"打法受"40+ABS 塑料球"的影响很大。

四、刘诗雯是女线最接近"40+"新时代战术打法要求之人

笔者之所以选第 55 届世乒赛女单决赛刘诗雯 vs 陈梦的三个一分球视频（超然象外，2019o），是因为以往刘诗雯给人印象深刻的地方是速度奇快，我们看到她正反手快速多变的战术都是最接近线路变化规律战术打法的，即"压一边打另一边"中的"调右压左"和"压左打右"战术已经是很不错的了。可是令笔者惊喜的是，刘诗雯为我们展现出另一面的战术特点：她把衔接技术里的另一个战术系统"主动防守"战术运用得出神入化，展现出超强的技战术能力，实在难能可贵。

我们只看第二个视频，刘诗雯的战术意图与第一个视频是一样的，接发球摆短，第 4 板挂起一板加转，第 6 板直间打直线至陈梦的正手位，让陈梦打斜线大角，自己第 8 板等正手反拉回头，由于这板借力质量高、角度大，陈梦移动中仓促出手（手比脚快），显然步法不到位也就只能打直线了，刘诗雯与第一个视频如出一辙，等反手位反手打斜线大角至陈梦反手位。这样，刘诗雯复制了第一个视频的战术打法，令陈梦再次望球兴叹。

我们继续看第三个视频，刘诗雯同一个主动防守战术屡试不爽，发球后第 3 板侧身抢拉斜线过渡一板，第 5 板直接反手变直线让陈梦正手打斜线（这一板跨了一小步才够到球），刘诗雯"第一时间"等正手反拉回头一个斜线大角，令陈梦再次跨步打回头失误。可见刘诗雯这第三个主动防守战术打得干净利落，一次比一次好，这第三次直接一个战术就获得决赛

的胜利。

纵观以上两个一分球视频的主动防守战术，刘诗雯都是从反手相持时打直线开始的，大家是否发现，刘诗雯打直线并非从对方的空当打起，而是主动送球给已经站在正手位的陈梦，难就难在这里，有一定的风险。陈梦打过来的球质量都是上乘的，因为这是有备而打，不过，刘诗雯也得益于"主动防守"战术是暗的战术，如果陈梦是"螳螂在前"的话，刘诗雯便是"黄雀在后"，更狠，这就是有与没有"主动防守"战术的区别，也是为什么一场比赛各使用了两次相同的战术都能成功的原因。从乒乓球衔接技术的角度来看，线路变化规律战术是明的战术，运用得较多；而"主动防守"则是暗的战术，它虽具有前后两板的衔接效果，但要冒一定风险，不能常用。

笔者进一步分析得出：刘诗雯以上两个主动防守战术有个共同点，就是施"主动防守"战术时前后两板都是重复打对方同一个位置（正手位），其作用是利用对方在正手位打完球普遍都存在的习惯性回反手位或中路的心理，这样的话，重复打这板球就是打对方的空当，可以说是与对方打心理战。此外，打"主动防守"战术很多时候都会与线路变化规律战术重叠，本案例也不例外，这也叫双料战术，战术效果更佳。在本案例中，笔者发现刘诗雯以上两次战术的使用体现出三重战术（主动防守战术、线路变化规律战术、心理战术）思想，三个战术重叠在一起实属罕见，笔者称其为三料战术，其效果不言而喻，运动员一旦用上了，谁与争锋，刘诗雯想不赢都难。

总的来说，女线以前的战术打法有两种趋势：其一，力量型的运动员对线路变化（落点）意识较薄弱，也就是说，使用战术不是她们的强项，她们更依赖正反手均衡的杀伤力，因此她们最喜欢、最擅长的打法就是采用站位中间"打中路相持伺机正、反手杀两角"这种照顾范围小容易实施的较单一的技战术打法；其二，非力量型的运动员其实以前就没杀板，现在在塑料球时代就更加雪上加霜，靠多板的落点变化仍然是自己的强项。

经以上分析可见，不论你是力量型打法还是非力量型打法，都被国际乒联公平地限制在同一起跑线上。也就是说，提高战术能力才是正道，从这一点上看，非力量型打法比力量型打法更有优势。在打法上两者都不应固定于站位中路，那是没有衔接技术意识的表现，站位应该是灵活多变的。刘诗雯就是很好的例子，她的力量素质一般，从小练就了过人的速度并能根据自身条件和特长使用战术，能力比力量型的运动员好，因此非力量型的运动员向她学习和看齐就对了。而力量型的运动员已没有多少优势可言了，必然也是朝向主动使用战术这个方向努力发展。

第二节　高水平男运动员战术应用现状探讨

男线与女线不同，不论是过去还是现在，其普遍侧身位站位，使用战术是全台而非如女线般的局部站位，因此，衔接技术的使用比女线要全面些，但个体差异较大。一般力量型的运动员更强调靠杀伤力取胜，线路变化（落点）意识较薄弱，也就是说，使用战术不是他们的强项，这一点男线与女线也不会例外，而且男线太过依赖正手。

一、太依赖正手是战术打法的误区诊断分析

1. 王励勤 vs 陈玘

我们来看看大球时代 2009 年世乒赛八强赛王励勤对陈玘一分球使用

战术的情况，王励勤使用全正手打难度很大的"双边斜线"战术。他发了个半出台下旋至陈玘的反手位，陈玘（左撇子）第2板接发球反手抢拉斜线，王励勤移步往正手位第3板反拉回斜线大角，陈玘反手第4板回直线，迅速完成"单边直线"（调右压左）战术，王励勤则迅速使用结合步法（并步＋小碎步＋侧身步）回到反手位第5板用正手再打斜线，令陈玘望"球"兴叹。这个非常难的全正手"双边斜线"战术居然在王励勤的演绎下显得那么轻松自如，从观赏角度来看，确实是令人叹为观止啊！不过，从现代专业角度来看，笔者不敢恭维，这球有必要用全正手吗？（熊志超，2016g）

假如我们按"40+"新时代的要求，把王励勤对陈玘这一分球重新演绎一下，结果将会不一样：如果陈玘第4板在反手位变直线后有保正手的衔接意识的话，那么，第6板等正手位再打直线就构成"双边直线"战术（第二个二板球战术），望"球"兴叹的恐怕就是王励勤了。当然，王励勤如果不是用全正手打，而是正反手结合的话，即第5板是用反手打斜线，就来得及转正手位第7板正手再打斜线（可见，使用战术是要讲究合理性的，能用正反手结合打就绝不用全正手打），那么，陈玘就可利用王励勤"逢直变斜"的思维定式等反手位第8板再打直线置王励勤于死地。这第6与第8板又构成了第三个战术（"双边直线"）。也就是说，如果陈玘在这一分球内有"40+"新时代的衔接意识的话，则能够前后连续使用三次不同的叠加战术（一次"单边斜线"，两次"双边直线"），如果双方的球不死还可叠加下去，这就是现代的衔接技术。同理，王励勤若能有衔接技术意识及能合理使用战术（不用全正手打）的话，他也能够叠加两次"双边斜线"战术。如此，这个一分球无疑会打得更精彩了。

由此可见，按"40+"新时代的要求去看待像王励勤与陈玘这样典型的正手强反手弱的力量型打法的运动员的话，他们杀伤力已经被限制，反手又不强，肯定是要落伍了，如果不加强反手位的实力，将适应不了新时代的要求。

2. 马龙 vs 张继科

笔者认为进入大球时代（40 mm）和"40+"新时代的高水平运动员不论男、女，反手一定要强，甚至需要比正手强，应改变过去小球时代认为反手强正手弱"没出息"这种传统观念，才能立足于大球时代和"40+"新时代后的世界乒坛。张继科和奥恰洛夫就是反手强正手弱的典型代表，前者是大满贯，后者也是世界杯男单冠军，是我国超一流的主要竞争对手。

顺便说明，对高手而言，所谓"反手强正手弱"或"正手强反手弱"，只是自己与自己比较而言此项技术稍逊一些，但相对别人而言，可能还是强项。最明显的例子莫过于早期张继科招牌式令人生畏的接发球反手拧拉正手台内短下旋球技战术，不知让多少乒坛高手吃尽苦头。

我们来回顾一下 2014 年德国世界杯男单决赛中的科龙之战，"张继科在世界杯冠亚军决赛中，反手入台交替使用斜、直线的成功率相当高。笔者统计了一下，张继科入台反手拧拉正手位台内短下旋斜、直线的比例是四六开，拧直线是六，拧斜线是四。拧斜线的成功率是七次有四次直接得分（第一局使用一次；第三局使用两次，其中一次是在 11 ∶ 11 接发球直接得分；第七局 10 ∶ 10 接发球直接得分），两次失误，一次间接得分。这个成功率是相当高的，要知道反手在正手位侧身拧斜线难度较大，比拧直线要难，它起到了扰乱对方保护自己的特长技术（反手拧拉正手位台内短下旋直线技术）的作用。

反观马龙对付张继科的反手拧拉正手位台内短下旋直线技术，则有得有失。

得，体现在他第3板以侧身正手退一步反拉直线，此招很绝，与奥恰洛夫对付张继科第3板反手抢先发力冲斜线有异曲同工之妙。但威胁性比奥恰洛夫有过之而无不及，因为奥恰洛夫运用的是常规战术，即"逢直变斜"战术，而马龙运用的是反常规战术"同线回接"，道理是张继科入台（正手位）拧直线就是认为对方在"逢直变斜"的思维定式下大概率会回斜线，因此他快速回反手位衔接下一板，那么马龙反拉直线就是反张继科的思维定式（让其回反手位扑空）且是正手，杀伤力极强。马龙此招不失为破解反手拧拉正手位台内短下旋直线技术的一个重要方法，也因此从张继科手中拿下不少分。

失，体现在张继科抓住马龙侧身后正手反拉的动作大还原慢的弱点，"斜、直线并用来牵制住马龙，常常令马龙措手不及。张继科的这一变化是马龙没有预料到的，也是张继科此次赢球的法宝之一"。（Zhang et al，2020）

由此可见，马龙对付张继科反手拧拉正手位台内短下旋直线的技战术太过依赖正手，没有发挥出他正反手均衡的特点，如果马龙能正、反手并用，即使张继科可以灵活地运用斜、直线来拧拉，马龙也来得及扑救正手位，不至于直接丢分，也就不会被张继科牵制，而是反制对方了，比赛结果可能就会相反。本场比赛的胜利体现出张继科非常强悍的反手技术和局部的战术能力。

3. 马龙 vs 奥恰洛夫

马龙自始至终正手为主结合反手，奥恰洛夫则全反手应对。如果从技术层面分析，马龙属正反手比较均衡但正手更加突出的打法，而奥则属反手强正手弱打法。奥恰洛夫使用了全反手，动作小，比正反手结合或全正手的衔接速度都要快。奥恰洛夫第 2 板入台中间位反手拧出有质量的小斜线至马龙反手位，逼马龙回斜线，因为奥恰洛夫占据了有利位置，两边都能防住马龙的进攻。有经验的运动员都知道对方站位中间而自己处在反手位时是不能去打直线球的，否则对方正手打回斜线大角，己方就会很被动，甚至无法挽救。所以奥恰洛夫预判马龙会回斜线且是正手，道理是奥恰洛夫对马龙正手更加突出的特点非常熟悉，因此预测马龙会依赖正手打斜线居多。果不其然，马龙就是侧身正手反拉斜线，奥恰洛夫第 4 板反手打直线，与前面的第 2 板构成了"单边直线"战术，令马龙交叉扑右第 5 板无法打斜线就只能打直线，此乃打直线时的"逢直回直"衔接规律（熊志超 等，2020）。奥恰洛夫则以逸待劳等在中路反手第 6 板快拨小斜线至马龙反手位，这 4、6 板打的是"单边斜线"战术，又令马龙狼狈地回反手位且步法不到位，第 7 板勉强反手打了个小斜线至中路，无法打斜线大角，被站在中间的奥恰洛夫候个正着反手再打小斜线至马龙正手位，这 6、8 板打的是"双边斜线"战术。这样，奥恰洛夫连续四板三个战术先"压左打右"（"单边直线"）再"调右压左"（"单边斜线"）又再"压左打右"（"双边斜线"），打得马龙两边晕头转向，可见奥恰洛夫使用战术合理，打出了杀伤力极强的叠加战术，实在是打得好不如打得巧啊！（熊志超 等，2019）

二、对方站位中间，自己在反手位侧身冲直线是战术打法上的误区诊断分析

有经验的运动员都知道，对方站位中间而自己处在反手位时是不能打直线球的，否则对方右手持拍的正手或左手持拍的反手打回斜线大角，会使得己方很被动，甚至无法挽救。但是在现实当中仍然有不少高水平运动员在比赛中常常犯此低级错误，下面的马龙就是一个典型的案例。

马龙 vs 弗雷塔斯

这是 2015 年国际乒联职业巡回赛一场男单比赛中，马龙 vs 左撇子弗雷塔斯的一分球视频（超然象外，2020j）。马龙本来已经获得主动相持，但得势不得分，反而中了左撇子对付右手的撒手锏（左手反手打右手方正手位斜线大角空当）。具体如下：弗雷塔斯正手发短下旋球至马龙反手位，马龙第 2 板反手回摆对方反手位，弗雷塔斯第 3 板侧身正手回摆中路，马龙第 4 板正手撇小斜线至对方正手位，弗雷塔斯第 5 板有些被动地交叉扑左挂起高吊，马龙第 6 板提前退后一步正手反拉斜线大角，弗雷塔斯早有防备第 7 板正手对拉回头，马龙第 8 板变拉直线，可惜转体不够偏了一点中路，被弗雷塔斯候个正着反手反拉斜线大角至马龙的正手位一击制胜。

显然马龙这个变直线球太过轻率了，犯了过度自信的低级错误，错在对方站位中间时，自己在反手位侧身冲直线要冒很大的风险，因为对方打回头的斜线角度很大，尤其是左撇子反手的动作小，速度比右手选手的正手都要快，此乃左撇子的天然优势，马龙是无力改变的。在"40+"新时代以前也许凭马龙的杀伤力还可以打穿对方，但是现在是"40+"新时代了，杀伤力已经受限，但是还蛮干是难以获胜的。可见马龙受旧时代的习惯打法影响太深，太依赖正手，很难改变。像这样的例子还有很多，比如：2020 年国际乒联职业巡回赛卡塔尔分站马龙 vs 许昕一分球视频，马龙在第 6 板反手突变斜线至许昕正手位已经取得主动的情况下，第 8 板打直线还是转体不够，偏了一点中路被许昕反手打斜线大角，这令马龙束手无策，犯了同样的错误。这是老队员技术老化影响了后面的战术发挥的普遍现象。

　　笔者进一步分析得出，马龙存在两个问题：一个是技术上的正手侧身打直线的不到位，另一个是战术上的变直线技巧的策略欠缺。前者之所以正手侧身打直线不到位，是因为正手连续拉斜线转拉直线的确是有难度的，有时为了抢占前后两板的"第一时间"这个战术节奏就会手比脚快（脚未到位）出现转体不够的现象，其实"第一时间"这个战术节奏是灵活的，不是一成不变的。打单线或很短距离的两线的节奏变化就应该抢占"第一时间"，像斜直线的较大距离的落点变化就没有必要手比脚快抢占"第一时间"，而是做好转体再拉，就能面向直线方向，球必然到位直线。具体就是如前一板的侧身后拉斜线，此时的站位已面向斜线方向（双脚也是同方向），再拉直线就要右脚蹬转的同时左脚原地或稍微跨前一小步也转向直线方向，是脚先转带胯部、腰部、手这样一个过程，球必然到直线，否则是拉不到直线的，顶多就是到直线与中路之间的位置，此乃脚未到位的缘故。而后者打斜线变直线要想实现战术意图就必须有技巧，打一板斜线变一板直线就想置对方于死地是不现实的，尤其是改塑料球后的今天，加之高手个个从小练两面摆速几乎都达到炉火纯青的地步，所以施战术就要有策略。马龙完全可以连续地拉斜线两板以上至多板再突变直线，这样的效果就好很多，这是因为压住对方同一位置多板会令对方习惯性产生麻痹大意的效果，这是"温水煮青蛙"效应。

　　如果对方是习惯性站中间者，当你打直线效果不佳时，对方可能正手打回头，这就会令自己非常被动。所以笔者引入一个打对方"位置差"的概念，具体就是反手先打小斜线压中路，下一板打斜角，这样对方就被逼到反手位，再打直线不就抓到了原来站中间者的位置差了吗？从正手位突破的战术就是通过先打中间一板迂回再压反手位实现的，此乃迂回战术的又一例证。

三、每打完一球都要回中路等打下一板是战术打法上的误区诊断分析

20 世纪 80 年代的世界冠军陈新华在其乒乓球讲座光盘里讲道，他每接完一板球，都要回到球台中间，再等接下一板球。现代网络上关于马龙、张继科、牛剑锋等运动员的乒乓球视频讲座也是如此说明：无论是发完球或打完一板球后，回中间站位，再接下一板。凭借这样的传统理论指导，陈新华、马龙、张继科、牛剑锋等都获得了世界冠军（乒乓黄子，2016）。可见这种每接完一板球都要回到球台中间再等接下一板球的站位成为固定形式，在老一辈运动员甚至现代的运动员身上是根深蒂固的。笔者认为站位中间本身并没有错，女线如上面介绍过的李晓霞等，以简单的打三条直线和两条小斜线站位中间杀两角战术打法也创造出大满贯的成绩，应该说不同时代有不同的战术打法，这种站位中间的打法普遍存在于缺乏衔接技术的"40+"新时代以前，而"40+"新时代以后还是一本书读到老就不合时宜了。为此，笔者以衔接技术为理论基础，以传统乒乓球训练中习惯站位中间与衔接技术打法的灵活站位做一比较分析。

1. 传统打法

目前，高水平专业运动员接完一板球，都习惯还原到球台中间，再接下一板球。这种站位是没有衔接技术意识的一种表现，因为不知道对方来球方向，所以，此方法容易照顾全台，也是不得已而为之的被动接法。以下是张继科与周雨、马龙与波尔一分球比赛视频中展现的：张继科和马龙都在反手位反手拉直线后，没有保正手位的衔接意识，而是等中间位再追

打周雨和波尔的斜线来球。这样被动的打法根本没有质量可言，甚至错失良机导致失误。

2. 衔接技术中的线路变化规律打法

衔接技术理论的突破在于在高速运动的乒乓球博杀赛场中，用主动在乒乓球运动线路上堵球，代替传统的占中间被动地等球，是前后两板之间具有内在联系的最佳打法，这理论思想的创新是显而易见的（乒乓黄子，2016）。上面例子中的张继科和马龙如果能按照衔接技术来打，在反手位与周雨和波尔反手位形成斜线相持变直线后，周雨和波尔就会习惯性地正手打斜线（这种概率很高），这时张继科和马龙就等在正手位打直线。这是反手变直线保正手，实现了前后两板一气呵成的连贯衔接。为什么他们反手与正手能配合得如此默契呢？道理很简单，张继科和马龙利用周雨和波尔打球的习惯性思维定式"逢直变斜"实现前后两板的衔接。也就是说，张继科和马龙反手打直线是预判到对方会回斜线，此乃大概率预判，这一反手技术就是练其衔接技术，而下一板张继科和马龙等在正手位正手打直线，就是打对方的战术，这叫"双边直线"战术，也是"调右压左"战术。可见，张继科和马龙反手与正手前后两板衔接技术与战术融为一体，能主动在最佳击球点击球。同理，假如他们在正手位正手打直线，下一板就应有等反手位的衔接意识，而不是传统的站中间位，不知道球会从哪儿来。

综上所述，运动员在没有衔接技术以前，比赛时，由于原来对方来球落点是经常变化的，因而己方跑位就没有一定的规律，也就只能站中路较为保险。而掌握了衔接技术以后，对方来球是可以根据己方衔接技术的运用来大概率预判甚至精准地判断，有利于己方还击下次来球，因而使得跑位是灵活的、有规律可循的，有利于己方还击下次来球，使战术的应用更加得心应手。所以衔接技术对站位的要求是不会固定的，是根据前一板来决定下一板的步法和打法，因此是灵活的。

也许读者会有疑问，为什么作者所举的例子不少都是顶尖运动员失败的负面案例？其实不然，不是笔者不想举正面的案例，而是目前还真难以找到符合笔者要求的正面案例，在运动员还没有接受衔接技术训练以前，他们的战术不到位是正常现象，只不过是衔接技术理论没有得到普及而已，普及后的案例就必然是笔者用衔接技术理论重新演绎的那些例子，届时运动员战术的灵活使用自然就水到渠成了。

总括而言，以上三种战术打法应用误区都是"40+"以前旧时代的产物，已经过时，不符合塑料球新时代打法要求，因此应予以摒弃。

四、高水平运动员缺乏衔接技战术能力案例分析

樊振东 vs 张宇镇

在 2020 年男子乒乓球世界杯半决赛樊振东 vs 韩国张宇镇这个视频中（超然象外，2021k），双方都展现出超强的相持实力，打了 10 个来回才结束比赛，很精彩。双方先是互相摆短，樊振东抢先拉起，再进入正手位大角度的斜线对拉，相互间又变线转入反手调动，就在张宇镇第 18 板反手防回一板大角度斜线至樊振东反手位时，精彩的一幕出现了。樊振东第 19 板从中路偏正手位折返反手位本来是在比较被动的情况下侧身正手打直线，可惜韩国张宇镇缺乏对樊振东这板回反手位那种连续小碎步的移动来迁就正手只能打直线的认识，因为受到步法不到位这个生理所限之影响，樊振东是无法打斜线大角的。显然张宇镇判断樊振东会打斜线，最后发现樊振东的直线来球已经晚了，造成被动击球出界。所以，张宇镇如果有衔接意

识的话，应在第 20 板第一时间衔接等正手位再打另一边（斜线），结果就会相反。此乃打斜线时的"逢斜变直"衔接规律（熊志超 等，2020）。

五、林高远是男线最接近"40+"新时代战术打法要求之人

从目前来看，男线最接近笔者设计的"40+"新时代要求打法的运动员终于浮出水面，他就是林高远，有人说他是男版的刘诗雯，笔者觉得有一定的道理。这是因为林高远的打法有些像刘诗雯那样擅长近台打"压一边打另一边"战术（"双边斜线""双边直线""单边直线""单边斜线"），且是叠加战术，其速度优势体现在前后两板或战术与战术之间的"第一时间"这个战术节奏掌握得非常好（此乃有别于他人的优势所在），使用战术既合理又灵活多变，既可简练地全反手，也能正、反手结合打战术，是目前最为先进、最符合"40+"新时代打法的中生代运动员。笔者以第 30 届亚洲杯乒乓球男单决赛一分球视频（超然象外，2017f）为例进行分析，对话框示意表如表 8-2 所示。

表 8-2　林高远巧妙施"双边斜线"+"单边斜线"叠加战术一分球案例分析对话框示意表

人　员	内　容
林高远	1. 发短下旋至对方中间位
樊振东	2. 接发球摆短中路
林高远	3 入台反手反向拧拉斜线（对方反手位）
樊振东	4. 反手位回防直线（步法不到位）
林高远	5. 反手反拉斜线（对方正手位）（3、5 板构成"双边斜线"战术）主动相持
樊振东	6. 交叉扑右救回小斜线至对方中路（还是步法不到位）
林高远	7. 侧身正手打直线（5、7 板构成"单边直线"战术）置对方于死地
樊振东	8. 束手无策

我们从双方的战术对话框示意表可见，左撇子选手林高远战术意识

和主动性都很强，第3、5板使用了一个最有威胁的"双边斜线"战术，由于其反手在中间打斜线有个优势，就是对方不知道你要打左还是打右，林高远选择了第3板反向拧拉先压对方反手，令樊振东第4板向左跨步（步法不到位），反手很难打出大角度的斜线球，就只能打直线，被林高远抓住不放，第5板反手从容打斜线。再次步法不到位令樊振东被动交叉扑右正手第6板同样难以打出大角度的斜线球，就只能打小斜回防中路，被林高远候个正着侧身正手打直线轻松拿下。这3、5、7板是两个战术的叠加（"双边斜线"+"单边直线"），先压左再打右，紧接着必然就是调右压左了，威力强大。樊振东被林高远连续两个战术的叠加打得措手不及，因为林高远战术使用非常合理，他该用反手时就出手，该用正、反手结合时绝不用全正手，打得速度奇快，令樊振东回防不及。这就再次印证了现代施战术者在近台能用正、反手结合打的战术就绝不使用全正手打，甚至用全反手打更好的科学性。这叫打得好不如打得巧，是合理使用战术的原则，也是技战术打法先进的标志。所以谁越早适应新的时代打法，谁就能引领潮流。林高远就是最接近"40+"新时代战术打法的佼佼者。

第三节　小结

总体来说，国乒男女线林高远和刘诗雯及新生代运动员的战术意识较接近"40+"新时代技战术均衡的要求，但大多数男女运动员包括一些世界级的乒坛顶尖名将都缺乏衔接技术意识，如同样是"双边直线"战术（反手位打直线保正手）这个最常用的衔接技术，出现机会时他们视而不见，在比赛中自己的反手位打直线后，下一板不是因习惯性打中路球而错过了打"双边直线"战术的机会，就是反手变直线以后完全没有下一板衔接等正手到位打战术的意识，只是回中间位等对方下一板的来球，好像仅仅是为了"逢斜变直"调动一下对方，那么打直线的目的是什么？除了调动对方到空当位，还有更重要的就是利用对方"逢直变斜"的思维定式衔接抓对方下一板从正手位回反手位的"移动弱点"，为自己下一板在正手位打直线（就是打"双边直线"战术）或打斜线（就是"单边斜线"战术，也叫"调右打右"战术），抓对方习惯性回反手位的弱点，从正手位突破提供可能。而曾经风靡全球的反手拧拉正手台内短下旋直线球保反手技术却蔚然成风，其实"反手位打直线保正手"与"正手位打直线保反手"是同类的衔接技术，只是方向不同而已。这样不全面的衔接技术反映出他们的战术意识不强，只是一些零碎的、局部的、经验层面上的套路球，还没有形成战术理论体系，这与他们从小没经过衔接技术系统训练有关。这样，运动员战术的掌握必然存在局限性。笔者认为，小球时代（38 mm）和大球时代（40 mm）的技战术习惯仍然在不断地干扰着他们现在的技战术打法，以致"40+"新时代应有的叠加战术和结合战术及组合战术无法实施，需要有一段时间的适应过程。现在从乒乓球发展的眼光来看，靠这些零碎的、局部的、经验层面上的战术到了"40+"新时代是难以继续维持下去了，必须以衔接技术理论为重点训练才能迎头赶上"40+"新时代的步伐。

第九章　启示

　　本书研究衔接技术的目的是开启运动员的战术思维，这离不开乒乓球竞技五要素，乒乓球竞技五要素是一切技战术的基础，是基本功。为了将衔接技术引向更深入，笔者将参照在前面研究竞技五要素时导出的"核心技术"和"非核心技术"的概念、"技术"与"战术"之间关系的概念，如果将这两个概念看成广义的话，那么就可以引申出许许多多狭义的训练方面的技战术及各种打法之间的关系，如"正手与反手"、"力量型运动员与非力量型运动员"、"爆发力与两面摆速"、对付"右撇子与左撇子"打法、对付"先发制人与后发制人"（含非削球）打法、对付"常规与特异"（长胶、生胶、防弧）打法，还有在比赛中打法"凶与稳"的关系等。所以，今后教练员在培训高水平的运动员时就应以类似上面两个概念作为依据来指导和训练运动员，本章节内容或多或少与战术有联系，并与运动心理学、运动生理学交叉形成更深入的探讨。

第一节　乒乓球各个时代各种技战术之间关系的思考

一、正手与反手之间关系的思考

在进入"40+"新时代后，乒乓球技术与战术正反手使用的观念正在转变，在使用技战术时，正、反手更多地应结合着使用，两者要趋于均衡，正手强反手弱或反手强正手弱是小球时代留下的产物，经历大球时代的洗礼后，两者逐渐趋向均衡，这是由于改革促进了技术的发展。道理很简单，由于站位前后脚不像小球时代那么明显了，这样能更多地迁就反手进攻，使得正反手攻防转换能力大大提高，也就逐渐趋于两面均衡的发展，此乃技术上的演变。

战术上得益于技术的全面发展和改革，进入"40+"新时代也变得大行其道，同时战术的使用在悄悄地演变，变成更多地使用全反手或正、反手结合，尽量少使用或不用全正手。道理很简单，就是只有前后两板或前后两个战术与战术之间的"第一时间"这个战术节奏才能体现出一个"快"字。此乃"40+"新时代赋予我们的使命，对此广大的教练员和运动员们应尽早扭转观念并引起足够的重视。

笔者进一步分析发现，不论是小球时代、大球时代还是"40+"新时代，"正手强反手弱"、"反手强正手弱"或"两面趋于均衡"的打法都是客观存在的（"两面趋于均衡"在小球时代只是雏形），自从2000年奥运会改大球（40 mm）后促进了正、反手均衡打法的流行，当时男线的王皓、马龙，女线的张怡宁、李晓霞、丁宁、刘诗雯和现在的樊振东、林高远、梁靖崑、王楚钦、陈梦、孙颖莎、王曼昱等为最典型最先进的正、反手均衡打法的代表人物，正反手均衡打法是主流打法。然而，所谓正、反手均衡打法真的均衡吗？非也！王皓是第一个被专业界公认为正、反手均衡打法的代表，其实他的反手还是强于正手；马龙是继王皓之后被誉为国乒最全面的超一流选手，其实他的正手更加突出；樊振东则被誉为国乒最有前途的接班人，其实他的反手也是更加突出。因此，在笔者看来，所谓正、反手均衡打法是理想型的打法，只是他们的教练很好地解决了他们正手与反手技术两者之间的关系，即差距肯定会有，只要两者不形成特长与短板的关系（差距不是相差太远），而是第一与第二的关系。因此，称之为运动员趋于均衡的打法更确切些。那么，处理好这两者之间的关系不就同样适用于"反手强正手弱"和"正手强反手弱"打法的运动员了吗，最终不都朝向趋于均衡的打法方面发展了吗？张继科不如王皓和马龙的正、反手均衡打法先进却率先拿到了大满贯，说明了什么？还是笔者上面指出的观点，只要你能解决得好正反手两者之间的关系，不管你是"反手强正手弱"还是"正手强反手弱"或"两面趋于均衡"者，都能立足于任何时代的国际乒坛，都有同等的夺标机会。

二、爆发力与两面摆速之间关系的思考

两面摆速好的人爆发力就差，反之，爆发力好的人两面摆速就较差。在笔者看来，"两面摆速"实际上既是基础训练的内容，也属于战术层面的训练内容（"两斜对两直"就是"逢斜变直"或"逢直变斜"战术，可演变出"压一边打另一边"中的"双边斜线"和"双边直线"两个战术来，再做微小的变化就能训练另两个"单边直线"和"单边斜线"战术）。之所以传统训练没有把它当作战术训练，是与我国传统的训练模式一直以来

都是把技术与战术分开来训练有关（另有分析），即受先技术后战术这一观念的影响，认为"两面摆速"本身是基础训练，既然是基础训练就是要打好基础，不可能在基础阶段去学习和训练战术。所以他们就把"两面摆速"局限于简单的正反手两点结合技术来练，由于没有把此练习上升到战术的层面去训练，教练员的要求必然就不会高，加之教练员单对单供多球对面没有反馈，运动员只是被动应付，只会流于形式要板数而不要质量。两人单球对练也多以中等力量练习板数为主，久而久之运动员就会形成正反手左右两边防守很强，进攻乏力，这就是通常两面摆速好的人爆发力差的原因。

而爆发力好之人为什么两面摆速通常较差？因为他们在平时的训练和比赛中发现自己的杀伤力有过人之处，容易得分，而多板的战术不是自己的强项，也相对难些。在既可打单板拿下对方也可打多板之时，当然就更倾向于单板。与同伴对练时质量过高是很难按预定内容完成板数的，降低质量来打又不爽，不是自己的长处，教练员又没有把战术融入技术训练的意识。这种训练对他们来说不但没有吸引力，又是力气活，所以内心就不大愿意这样去练，说白了就是他们对摆速训练没有别人那么投入，久而久之，其随着年龄的增长爆发力越来越好时，"两面摆速"就会比别人越来越差。

这是由爆发力与"两面摆速"两者之间特长与短板的关系没有处理好所致。

第二节　乒乓球各个时代各种不同打法之间关系的思考

运动员对付右撇子与左撇子打法、对付先发制人与后发制人（含削球）

打法和对付常规与特异（长胶、生胶、防弧）打法两者之间的关系，是教学与训练方面比较容易被忽视的问题，这些关系之所以如此重要，是因为所有的运动员，乃至国家队主力都逃不过以上各种关系。如马龙在2012年伦敦奥运会预选赛上也有输给日本左撇子丹羽孝希的个案，丁宁有段时间也常输球给韩国削球手金景娥的个案及以前的张怡宁这样优秀的运动员也有被香港姜华珺（反手生胶）所克的时候，现役国乒女一线除陈梦之外都有败给日本反手生胶的伊藤美诚的经历等。实际上这是乒乓球教学与训练中的三道难题，球路相克最容易由此产生。君不见国乒是一支目前世界上训练条件最好、训练最系统、运动成绩最突出的团队吗？但主力时常还在较重大的比赛中逃不过以上三种关系。这说明削球打法、特异打法、左撇子打法在一个团队中是多么重要，是不可或缺的三股力量，也正因为这三种关系的重要性才使它们免遭淘汰的厄运，才有它们的存在价值。乒乓球打法百花齐放的局面才能更加绚丽多彩，引人入胜，这就是乒乓球运动的魅力所在。

一、 对付右撇子与左撇子打法

2012年伦敦奥运会乒乓球亚洲区预选赛香港赛区，马龙以2∶4负于日本小将丹羽孝希，未能在第一时间拿到奥运会入场券。马龙这一输球，不仅长了他人的士气，还在自己心中留下了一个阴影。论技术、状态都是最好的马龙为什么会输给17岁名不见经传的小将丹羽孝希呢？在笔者看来，马龙的技术虽属超一流，但并非完美。特质性自信心与个体过去的经验和运动成绩有关，只有当个体对自己过去的运动经验和行为结果具有正确的认知和理解时，才具备树立状态性自信心的可靠基础。显然，马龙当时还取得有说服力的成绩，只是排名世界第一，缺乏对自己的正确认知也就不足为奇了，这也说明了他的心理素质与专项技能有较大的差距。

　　从马龙输给丹羽孝希这场比赛来看，有两方面的原因。既有对左撇子选手的不适应，又有渴望获得奥运会入场券的心理压力。

　　一方面，虽然马龙有些求胜欲望，但毕竟怕输给比自己弱的对手，因此不能输的状态性自信心会给自己产生压力（见图 9-1 厌倦迷惘和心理疲劳的Ⅲ区）。运动员在比赛中出现压力的时候，往往是消极思维充满了大脑，此刻马龙会想："今天是怎么搞的，偏偏遇上了我最怕的左撇子，可不好打啊！"这种畏难情绪会导致马龙的心理能量处于较低的水平，兴奋不起来，影响状态性自信，使其技战术水平无法正常发挥。此时应把较低的心理能量调高，舒缓压力。然而，马龙摆脱困境的能力不够强，对方拼得凶时，他又不会调整，表现为比赛处于胶着，紧张得喘不过气来。

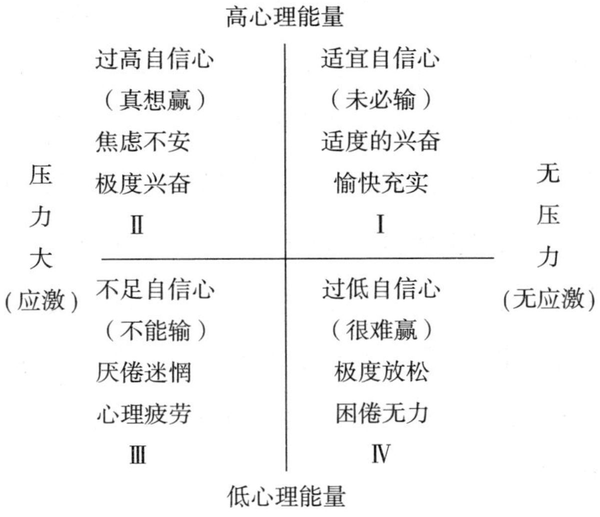


```
                    高心理能量

        过高自信心          适宜自信心
        （真想赢）          （未必输）
        焦虑不安            适度的兴奋
  压    极度兴奋            愉快充实      无
  力      Ⅱ                 Ⅰ          压
  大  ────────────────────────────────  力
  （应激）                              （无应激）
        不足自信心          过低自信心
        （不能输）          （很难赢）
        厌倦迷惘            极度放松
        心理疲劳            困倦无力
          Ⅲ                 Ⅳ

                    低心理能量
```

图 9-1　运动员心理能量与心理应激关系图（高畑好秀，2008）

　　另一方面，比赛的竞争激烈和紧张程度在不断上升，当马龙处于比分落后时，想赢怕输的思想又会进一步抬头，一想到打奥运会预选赛是争夺第三个参加奥运会的名额，也就是唯一的团体资格（他前面的王皓和张继科已获得了单打和团体资格了），如果预选赛没打好，难说不会被别人取代，马龙太想赢了。这样很容易会令他产生不合理的信念表现，进而促使其深层心理中存在着"糟糕至极"的想法："输掉这场比赛，就毁掉了我的奥运前途。"因此他比谁都渴望得到这个奥运预选赛的胜利，从而加剧了他的心理压力。越是不能输的关键比赛，他就越是想赢怕输，结果背上了沉重的思想包袱，此时的心理能量又会太高，在关系到能否拿下重要比赛的压力下，当马龙认知到此次比赛的重要性时，头脑往往试图比别人付出更大的努力来确保技术执行过程的正确性。然而，对于马龙已经形成自动化的运动技能即"无意识能力"（熊志超，2017）而言，如果马龙额外努力试图有意识地再控制执行过程，其自动化过程就会因有意识控制发生混乱，引起技术自动化（"无意识能力"）执行受阻。罪魁祸首是这种不合理的信念表现促使他努力把"内在注意力"引向已经自动化的技战术上面去了，把本来无意识的技术强加了意识，导致影响无意识能力的流畅发挥。

马龙打这场奥运会预选赛的心理是复杂多变的，经历了像过山车一样的心理搏斗，心理能量由低到后来的过高，最后还是输了场不应该输的比赛。显然，这不是马龙的真实实力，是一个典型的自信心不足、遇到困难不会调整并让内在注意力影响了无意识能力造成发挥失常的失败案例。可见运动员特质性自信心出现问题，也会影响状态性自信心，两者关系密切。（熊志超，2019）

二、对付先发制人与后发制人（含削球）打法

不论水平高低，头一次或很久未与削球手过招而输球的概率都很高，

主要是技术上不适应引起心理方面的压力从而产生自信心缺失，最终导致失败。因为有些人对困难准备不足，缺乏耐性，怀疑自己的能力，又无法调整好心态，导致自信心下降，从而影响了技战术水准的发挥，这是心理素质较差的一种表现（该问题将会在后面讨论）。

在笔者看来，一位运动员不论水平有多高，即使你对付"先发制人"打法的选手能得心应手，如果过不了削球关还算不上真正的高手。对付"先发制人"与"后发制人"打法存在特长与短板的关系，一般削球手最怕技术全面型和杀伤力强大的选手，欺负非力量型和反手强正手弱的选手。如果你属前者，只要与对手多打比赛就能适应；如果你是后者，无疑要加强正手的杀伤力，再与削球手多打比赛，尽快缩短对付"先发制人"与"后发制人"打法两者之间的差距，此乃解决不擅长对付削球手的有效方法。

三、对付常规与特异（长胶、生胶、防弧）打法

同样，一位运动员不论水平有多高，如果过不了特异打法这一关还算不上真正的高手，因为一旦在特定的场合、特定的环境（如1/8甚至更早的1/16比赛）你就遇上了这样的对手，就只有遗憾出局了，这是因为对付常规与特异打法存在特长与短板的关系。张怡宁当年最怕的对手就是反手打生胶的香港的姜华珺以及同样是"后发制人"打法（非削球打法）的丁宁和朱雨玲最怕日本的伊藤美诚。我们先来看看生胶的优缺点。

优点：

首先，生胶多数以落点刁钻见长，借力打力，四两拨千斤；

其次，反手生胶打直线和中路小斜线的使用频率很高，以速度为取胜法宝。

缺点：

生胶胶皮摩擦力小，被对方强烈的弧圈球进攻时不好控制，球在胶粒上打滑，很难进行攻防转换即打相持球，伊藤美诚与国乒对阵时一旦相持，多半以失误告终，这是生胶最致命的弱点，也是胶皮的性能所决定的。

因此，对付生胶必须有杀伤力强悍的、强烈的"高吊和前冲弧圈球"，只有连续挂得住能力强的冲杀，生胶才借不上力。然而张怡宁、丁宁和朱雨玲没有抓住对方这些致命的弱点，笔者认为主要还是因为杀伤力欠缺，也不适应对方的生胶近台弹打和速度，是打法方面被克所致。虽然张怡宁、丁宁和朱雨玲能攻擅守，但毕竟她们是"后发制人"打法，她们的防守能力还是强于进攻，连续拉强烈的"高吊和冲杀弧圈球"不是她们的强项，所以张怡宁连续输给姜华珺4次之多，丁宁、朱雨玲输给伊藤美诚两次之多就不足为奇了。此乃技术同时也是战术层面的问题，因为技术是战术的基础，技术被克，战术就难以发挥了。还有心理层面（即球路相克现象）的问题将会继续进行讨论。

四、球路相克现象讨论

乒乓球运动员之间球路相克现象早已存在，只要运动员参加比赛，无论水平高低，这种现象就会不可避免地在两名水平相当的运动员之间产生。比如王马时代形成了三人互相克制对方之势（王励勤克马琳，马琳克王皓，王皓又克王励勤），大满贯也就难以实现。

1.乒乓球的球路相克形成机制分析

本书所指出的球路相克是由运动员对某种打法不适应而引起心理反应造成的，主要是在第一次相遇输了球，留下负面的不利于比赛的心理阴影，第二次再战如果无法调整好心态，就会产生自信心缺失导致失败。一般输三次以上，被克的现象就形成了。究其原因，第一次输球后，运动员就会有先入为主的心理作用在作祟（觉得对方很强，很难打），下次再遇时自己有心理阴影而对方却有心理优势。这样的话，在技术相近、心理又不占优势的情况下就会打得很拘谨，生怕会再输，结果便会试图付出更大的努力来确保运动执行过程的正确性。这种试图有意识地再控制执行过程就是内在注意力，它会破坏运动员的无意识能力，引起技术自动化执行受阻。因为自动化是无意识的，所以罪魁祸首是运动员的"努力"。也就是说，第一次输球的阴影把运动员的内在注意力引向已经自动化的技术上面去了，把本来无意识的技术强加了意识，导致技战术发挥失常，所以很容易再次输球。这种相克的现象还会影响比赛关键时刻的正常发挥，克星往往有心理优势，而被克一方主要是丧失了自信心。可见，运动员之所以会出现球路相克现象，一方面是因为运动员缺乏自信心，也就是说，专项技术与心理素质两者之间的关系没处理好；另一方面是头脑中的内在注意力会破坏运动员的无意识能力，引起自动化执行受阻。

2. 自信心稳定的表现形式与自信心缺失的表现形式分析

自信心必须建立在先进的、熟练的专项技能和心理素质二者之上，二者缺一不可，它们之间的关系应看成一个相辅相成的整体，而这个整体就是我们常说的自信心，二者之间的差距不宜过大。差距肯定会有，只要不形成特长与短板的关系（自信心缺失的表现形式），而应是突出与稍逊的关系或是达到第一与第二的关系即可（自信心稳定的表现形式）。举例来说，先进的、熟练的专项技能好比硬件，心理素质好比软件。一部好的计算机除硬件要好之外，还要有好的软件配套，如此工作效率才会高，这是突出与稍逊的关系。假如硬件很新软件很旧，或软件很新硬件却很旧，那就是特长与特短的关系。所以教练员就是要把握好运动员的自信心与专项技能二者之间的关系到底是突出与稍逊还是特长与短板的关系，并作为依据来指导教学与训练。

3. 乒乓球的球路相克现象可逆性分析

所幸"球路相克"现象是可逆的，对此教练员和运动员应该引起足够重视。

面对昔日的克星，如果一名运动员能解决好专项技能与心理素质二者之间关系的话，那么他一定是个自信心很强的人，他就一定有战胜自己克星的机会。也就是说，克星如果被对方赢过一次，那么对方就会找回信心，下次再相遇时，克星（原来的心理优势就会打折扣）就有可能再输。这样，"球路相克"的现象就会反转过来，由原来克对方者变为被克者，可见"球路相克"现象并非不可逆的。举个王涛的例子，他曾是罗斯科夫的克星，有一场不是很重要的比赛，他没有很认真对待，结果输了，从此他就再也没有赢过罗斯科夫；再举个刘国梁的例子，他在 2000 年以前先克老瓦（瓦尔德内尔），而他 2000 年世锦赛团体决赛和悉尼奥运会男单半决赛中两次败于老瓦；还有孔令辉的例子，老瓦先克孔令辉一段时间，即使在孔令辉全盛时期也往往被老瓦所克（1999 年世锦赛孔令辉就是被老瓦淘汰的），后来孔令辉直到 2000 年在世锦赛团体决赛和悉尼奥运会男单决赛中两次战胜老瓦，彻底为自己正名；更有如今的例子，丁宁贵为大满贯选手也有被刘诗雯所克的烦恼，到目前为止她与刘诗雯的战绩仍然负多胜少，主要是前期负得多，后期胜率逐渐增多，尤其是她荣获大满贯以后有连续取胜的纪录，这说明丁宁通过大满贯有了自信。

以上例子证明，"球路相克"现象的可逆性之说是成立的，也证明了丁宁、罗斯科夫、老瓦、孔令辉等人的心理素质是过硬的，才能信心百倍地战胜自己的克星。也就是说，自信心是反克对方的内在动力，成功的关键是运动员能否调整好心态把自信心树立起来，这是解决球路相克心理方面的有效方法。

五、关于"凶与稳"的关系

凶稳关系的处理是乒乓球的一大学问，这和技战术能力、阅读比赛能力、比赛经验等是密切相关的。在现实中凶狠者杀伤力肯定大，同时失误也大，这是必然的。这种人防守不会好，因为杀伤力大可直接得分或直接就失误了，哪有防守可言？所以他们一般都有"进攻是最好的防守"之底气。但防守也不能太差，否则就是漏洞。同样，稳必然失误少，这种人进攻不会好。因为防守是他们的强项，能通过很多方法防死进攻者。但进攻也不能太差，没有均衡的攻守兼备达不到高水平。显然这里必须处理好"凶与稳"的关系。

以上分析中的"凶与稳"、"攻与守"这两对关系，虽然进攻与凶狠联系最缜密，防守与稳健更亲近，但是进攻与防守两者都没有处理好凶与稳二者之间的关系，双双存在特长与短板的关系。那么，我们如何解决这类问题？笔者想以张怡宁攻守兼备的"后发制人"（非削球）打法的技改例子对此进行论述。

张怡宁技术改造后从"进退维谷"到"退一步海阔天空"重夺一姐头衔案例分析

自郭跃 2003 年出道，张怡宁打郭跃就比较费劲，但还不至于输给她。

从 2006 年初的直通"不来梅"开始，郭跃的技术威力大涨，冲击力显得来势汹汹、咄咄逼人，张怡宁几乎逢郭必败。面对技术打法男性化的郭跃等新秀的强势冲击，横板两面反胶、以"后发制人"稳守反攻相持见长的张怡宁也感觉自己的技术处于下风，有了技术打法落后之虞。其实这是一种错觉，"先发制人"与"后发制人"各有长处，本来就没有优劣之分。但是，张怡宁却认为自己的弱点是速度、力量不如"先发制人"打法者，因此要改进自己的打法，力图增强前三板的速度、力量，更多地在前三板运用主动上手搏杀的"先发制人"战术，希望打得更加积极主动，改变过去主要依靠相持球克敌制胜的局面。但现实并不如人所愿，已经打了近 20 年球的老队员，早已经形成了"后发制人"的动力定型，要改变习惯成自然的技术风格谈何容易。2007 年上半年张怡宁几乎是在屡战屡败中走过来的。她自己也曾经说："在训练中运用新技术之后，前三板增加了速度和提高了上手能力，但是实战中运用得并不习惯，而且前三板和相持球的衔接上，总是掌握不好。"（搜狐体育，2008）"先发制人"新打法的采用，必须建立新的动力定型。由于来球采用防或攻是两个不相同的神经联系，动作结构关系不同，属于不同类的两种动力定型，因此，容易产生运动技能负迁移，无疑会打破原有的动力定型，这就是为什么张怡宁感到很难掌握新技术。

　　幸亏张怡宁经过一年多的低迷悟出了新技术带给她的只是困境，鱼（新技术风格）与熊掌（原来的打法风格）不可兼得，于是放弃了技术改造。如果说 2007 年改造技术的张怡宁体验到的是"进退维谷"的话，那么 2008 年的体会就是"退一步海阔天空"（搜狐体育，2008）。2008 年世乒赛上，张怡宁果然让人眼前一亮，令人信服地战胜金美英、林菱、李佳薇、冯天薇等顶尖高手，并在奥运会上蝉联女团、女单双料冠军。

张怡宁的经历充分证明，以后发克制先发、以防守克制搏杀，以过人的相持能力照样可以拖垮任何对手。"后发制人"与"先发制人"只是两种不同风格的打法，各有千秋。意图将自己称霸乒坛多年的"后发制人"改造为"先发制人"似乎不是明智之举。笔者分析，原因不出其二。

众所周知，乒乓球是我国的国球，中国乒乓球队被誉为"梦之队"，为保持这种荣誉和长盛不衰，在备战 2008 年北京奥运会期间，张怡宁进行技术改造，意图在奥运会上再创佳绩。中国乒乓球队整体实力比其他各国球队的实力优势明显，尤其是女队，主力队员有必要这样大做文章吗？国乒此举是因为我国首次举办奥运会，而乒乓球队又是"梦之队"，国人期望值极高，没有退路，这是来自外部的压力；当时来自国内的竞争也非常激烈，如郭跃、李晓霞、刘诗雯等对张怡宁的冲击，这是来自内部的压力。就是在这样的背景下，张怡宁进行了技术改造，此乃原因之一。

细究起来，这种技术改造存在三个问题。

其一，原技术会干扰新技术的学习。即过去一直习惯的以防守、相持见长的技能对于新技能提高前三板的上手能力和速度、力量具有消极的影响，妨碍新技能的形成。这种现象称为技能负迁移，也称为运动技能的干扰（季浏，2008）。这种运动技能负迁移使学习新技能加大了难度，导致新技能不易掌握，这就是习惯所起的干扰作用。当然，可以多加练习来克服这种负迁移。

其二，反过来，新技能的强化结果又会淡化原技能，即新技能相应的新的神经联系通过锻炼得到加强后，原技能相应的神经联系则会逐渐减弱从而淡化原技能，这是逆向负迁移现象。用运动生理学学说来解释，"某一中枢受到刺激时，其兴奋水平提高，叫'优势兴奋灶'，它能综合由其他中枢扩散而来的兴奋，而邻近中枢抑制，此谓优势现象。'优势兴奋灶'出现后，其他中枢虽受刺激，但不出现原有之反应，而是'优势兴奋灶'加强"（吴焕群 等，2009）。这就是张怡宁的新技能（前三板增加了力量和提高了上手能力）反过来弱化了原技能（一直以防守、相持见长的技能）的原因。

其三，新技能与原技能之间的竞争。在技术改造过程的某一阶段中，新技能、原技能同时并存，即前三板和相持球两种不同神经联系同时存在，相互竞争，不存在孰强孰弱的阶段。这时来球如何招架，是防守还是进攻？刹那间要极速判断做出反应，往往就会乱套。一般说来，在此阶段中，当比赛中压力不是很大时，来球会采用新技能；但在压力很大时（例如关键球），旧的习惯往往会冒头而占优势，从而采用原技能（防守）。这样一来，时而进攻，时而防守，全乱了套。不仅如此，由于上述其二所述，前三板淡化了防守相持球技术，影响了能攻能守的默契，妨碍了攻防转换体系，导致防守相持力度削弱，即核心技术不能正常发挥，从而破坏了能攻善守的整体核心技术。

其实张怡宁在技术改造前其核心技术除保持原"旋转""弧线""落点"能力突出外，速度也不错，有较强的进攻能力，虽属"后发制人"打法，但也具备了较强的攻守结合的能力，不存在特长与短板的关系，而是第一与第二的关系，有别于"稳守反击"型的"后发制人"打法。这样五要素中动力元素和保障元素趋于均衡并各占其二（"旋转""弧线""落点"能力突出，速度也不错，只是力量稍显不足，大致可以把前四项看作核心技术，后一项看作非核心技术）。核心技术更加趋于合理，这时候非核心技术对其影响也就微乎其微了，形成了能攻能守的新局面。这样完美的核心技术实际上已经解决了"凶与稳"二者之间的关系，不知道她为什么还要技术改造。难道要把力量稍显不足也改造成力量突出吗？那就是五要素都揽于一身了，这可能吗？唯一能解释的是当时五要素原理及核心技术与非核心技术理论还没问世，教练员没有这些理论指导运动员，此乃原因之二。

以上原因通过理论分析可见，五要素和核心技术与非核心技术理论是解决"凶与稳"二者之间关系的理论基础，可让后来者吸取经验教训少走弯路。

第三节　传统技术与战术分开训练模式值得商榷

实际上，根据笔者多年观察发现，高水平运动员会出现技术与战术水平不均衡现象，是因为他们从小没有接受过衔接技术训练，这与传统训练模式向来都是把技术与战术分开训练有关，即技术先于战术。传统观念认为战术不能过早让小运动员练习，当基本技术训练到一定程度时才开始安排一些相应比例的战术练习，一般是在小运动员基础阶段中打好技术基础后的提高阶段后期进行。然而这种技术先于战术训练模式会导致许多运动员产生赛练脱节现象，即人为地把技术和战术分开，技术是练自己的，战术是打对手的。其缺陷常显现在运动员技术已训练得很多、很精了，但比赛结果却不能令人满意。究其原因，主要是运动员的技术与战术水平二者之间存在特长与短板的关系。

显然，后学战术会错过小运动员学习战术应用的敏感期，因为从小没有应用战术取胜的体会，小运动员们基本上就是比基本功，于是小运动员们就这样在没有战术训练情况下技术就定型了。后续（提高阶段后期）即使再学习战术时，就会遭遇困难，不易掌握好战术，甚至影响其整个运动生涯。这种小运动员习惯了在没有战术的基础阶段训练后，到了提高阶段仍受到旧有习惯干扰了新技能学习的现象，心理学中称技能负迁移（刘若山 等，2009）。从运动技能形成的理论可发现，"每一个运动技能的形成都是一个建立神经联系的过程，而且新的技能的神经联系要超过旧的技能需时漫长且困难。必须通过不断地刺激，使神经联系越来越巩固，最后达到自动化的程度"（吴敬平，2008）。所以技术与战术分开训练是不切实际的，旧有的训练模式必然会使运动员技术强但战术意识和能力薄弱。由此可知，传统技术与战术分练模式有待商榷（熊志超 等，2020）。

第四节　关于"个人特点"的探讨
——以日本女将伊藤美诚为例

众所周知，2014 年 3 月，年仅 14 岁的伊藤美诚开始参加国际乒联职业巡回赛，她逐渐对我国女线构成了威胁，尤其在 2018 年后更甚。刚开始人们期待国乒教练组能像对付平野美宇那样把伊藤美诚"消灭在萌芽状态"，然而，经过 3 年多研究，她那异于常人的"雕虫小技"别人很难模仿，就连几十年长盛不衰的国乒神秘陪练队伍目前也对伊藤美诚没辙，为什么？其中一个原因就是她的个人特点，何谓个人特点？笔者认为，个人特点（也叫个人风格）就是在原来技术的基础上经过运动员自己努力钻研改造产生出的有别于他人且比原来技术更好、更适合自己的一项技术，可以称其为"二次创作"。而百度百科对风格的形成是这样解释的："风格的形成是时代、民族或运动家、音乐家、艺术家等在对其专业领域的理解和实践上超越了幼稚阶段，摆脱了各种模式化的束缚，从而趋向或达到了成熟的标志。"所以个人特点是别人无法学到的，陪练也只能模仿到她的"形"，而难以模仿到她的"神"，这就是她自信地表示不怕中国队研究的原因所在（熊志超，2019）。

2016 年伊藤美诚在香港的里约奥运会亚洲区预选赛中第一次赢了丁宁，尽管那会儿丁宁还不是大满贯，但是这场胜利还是轰动了日本乒坛和媒体，伊藤美诚和她的母亲也被请到了电视台录制节目。节目中伊藤美诚表示自己从两三岁开始跟着前职业球员的母亲打球，在三四岁的时候，每天睡觉前会被母亲灌输一个思想：自己的球技将来会战胜中国队队员。由于母亲当打之年并没有取得出色的战绩，而同时代的邓亚萍几乎打遍天下无敌手，其内心对邓亚萍佩服得五体投地，很自然就把希望寄托在女儿身上，希望女儿学习和模仿邓亚萍的打法，在母亲潜移默化的引导下成功地培养了"近台生胶快攻"打法的伊藤美诚（熊志超，2020b）。

一、"皮格马利翁效应"是伴随伊藤美诚心理成长的灵丹妙药

那么，伊藤美诚的成长之路是怎样的呢？伊藤美诚的成功崛起并非偶然，而是在她背后有位伟大的母亲。母亲从她很小（2—3 岁）就开始培养她打乒乓球，并对其如同念咒语一样地灌输能战胜中国队的只有伊藤美诚的思想，希望通过加强信念战胜中国队，培养她的好胜心理成为潜意识的行为。实质上此乃心理学中的"皮格马利翁效应"（Pygmalion effect），也就是"期望效应"。"'皮格马利翁效应'是说人心中怎么想、怎么相信就会获得如此成就。"由美国著名心理学家罗森塔尔和雅格布森在小学教学中验证了其可行性（360 百科）。这种称为积极期望的态度是赢家的

态度。也就是说，当我们对某件事抱有强烈期望时，常常会伴随着"皮格马利翁效应"。伊藤美诚正是被她母亲的这种"皮格马利翁效应"培养出生性倔强、不服输的个性，走出了一条通往成功之路，因为内心的期待使得她更加完善一些细节。同时由于她的教练团队针对中国队的准备充分，因而在比赛过程当中她会更加自信，整体来说她将会取得一个比较不错的成绩（熊志超，2020b）。

二、"跨栏定律"是伴随伊藤美诚克服不利条件的灵丹妙药

伊藤美诚除了很小（2—3岁）就接触乒乓球外，其实她的条件并不好，身材矮小，手腿粗短，可是她很努力地克服了个子矮的不利条件，苦练正手进攻和反手生胶弹打，将"正手快，反手怪"的特点融合在一起，把女子横拍两面不同性能胶皮的全攻型打法发展到了极致。这种把自身不利因素通过艰苦卓绝的不懈努力转化为成功因素的现象其实正应了一条鲜为人知的定律，即"一个人的成就大小往往取决于他所遇到的困难的程度"，此乃生理学的跨栏定律。此定律是由著名的外科医生阿费烈德发现的，他在解剖尸体时，发现一个奇怪的现象：那些患病器官并不像人们想象的那样糟，相反在与疾病的抗争中，为了抵御病变，它们往往要代偿性地比正常的器官机能更强。其实，"按照阿费烈德的'跨栏定律'，可以解释生活中许多现象，比如盲人的听觉、触觉、嗅觉都要比一般人灵敏；失去双臂的人的平衡感更强，双脚更灵巧；身材矮小的运动员速度更快，动作更灵活"（360百科）。竖在你面前的栏越高，你跳得也越高，成长得更好。伊藤美诚克服个子矮的不利条件不正是得益于这种跨栏定律的奥妙吗？

总体来看，伊藤美诚之所以被称为国乒"打不死的小强"，是因为她

与众不同的经历，培养了她超强的心理素质和过硬的技术本领，这就是伊藤美诚成为超一流高手不可多得的条件。

第五节　正确看待和理解国际乒联一系列改革对乒乓球竞技运动的影响

虽然国际乒联的一系列改革，尤其是 2017 年不惜以削弱动力元素为突破口进行的"40+ABS 塑料球"改革，导致球的速度、力量、旋转诸动力元素的威力空前削弱，"旋转"的杀伤力几乎"返璞归真"倒退到 20 世纪 60 年代发明弧圈球之前没有"强烈旋转"的年代，核心技术大打折扣，感觉好像处处都是针对中国，令中国队赖以称雄世界乒坛的超级的杀伤力受到了重挫，逼迫中国队与其他国家处于"40+"新时代的同一起跑线上，拉近了中国队与德、日、韩等一流球队距离。从表面上看，这次改革对中国队冲击最大，但从更深层次冷静地思考能发现，"40+"新时代以前弧圈球几乎垄断了乒乓球打法，使得颗粒打法举步维艰，运动员技战术水平严重不均，技术与战术水平两者之间存在特长与短板的关系已经 60 年，不能不说乒乓球竞技运动的发展的确已经偏离了正轨。从这个意义来讲，国际乒联的"40+ABS 塑料球"改革是一次"伟大的纠错"，此举乃化解长期以来技战术不均衡的一种有效措施，并拯救了颗粒打法的生存空间，使得乒乓球竞技运动朝向健康的方向发展。改革对乒乓球技战术水平的提高和打法上的全面发展无疑具有积极的推动作用和深远的影响，也许这才是国际乒联改革最终想要得到的结果（熊志超，2020b）。

第四部分　训练篇

第十章　从小抓起的衔接技术训练

从启蒙阶段进入基础阶段，小运动员的正、反手弧圈球／搓球及发球和步法等基础技术将会得到进一步的巩固和提高。在此基础上，教练员要设计一些内容让两个小运动员相互对练，使其真正进入对抗状态。此时应该逐步脱离与教练对练的依赖，这样才能提高得更快，因为小运动员与小运动员对练才是真实的对抗，教练员可以进行"交互式多点多球""多球单练"，先从上旋球让小运动员对抗起来，再从下旋打起，融入线路变化规律内容，提前培养战术意识，经过这样的训练，小运动员初步的技战术对抗能力就会被逼出来，为进入提高阶段的技、战术能力培养打下基础。

第一节　线路变化规律训练

一、交互式多点多球训练方案的设计

众所周知，乒乓球技术水平的提高离不开多球训练，然而我们在实践中发现传统多球训练是由教练主导，运动员在教练单一模式定点供球的主

导下，被动地形成刺激－反应（S–R）联结，通过这样的练习与强化形成反应习惯。运动员是完全被动的，其机制是经典条件反射，属行为主义学习理论。所以传统多球训练理论认为："多球练习容易淡化对来球性质的判断，没有本方进攻后的回馈，不能更好地应变，意识单一，解决不了攻防转换的问题，与比赛有些脱节。"（国家体育总局，2005）显然，传统多球训练更适合教刚接触乒乓球的初级者，而交互式多球训练方法基于建构主义学习理论，其机制是操作条件反射，设计理念打破了传统多球训练的条条框框，使得交互式多点多球训练效果与实战比赛所需要的衔接产生等效，解决了传统多球训练不能解决的回馈问题。交互式多点多球是教练按照乒乓球比赛线路变化规律设计的，教练与运动员处于合作状态，形成良好的互动，运动员从过去被动学习变为主动学习，在不断的探究中获得新的信息，从而大大提高运动员掌握衔接技术的主动性。其最大的特点是让运动员做主，当运动员变化线路时，教练按照线路变化规律跟着变化（供球）。双方击球都受对方上一板来球性质的制约，从而决定了还击下一板球的性质、节奏、战术走向等。有较高仿真性的是先进的现代化多球训练方法，解决了攻防转换的问题，能使运动员有自己击球后回馈来球的机会，教练员所提供的球与球之间有内在的联系，球的变化不小，比供定点的传统多球训练来得真实且效果好，是非常适合用于培养运动员线路变化意识的训练（熊志超，2010）。

以下是提高线路变化意识的交互式多球训练方法和处方（表10–1）。

表10–1　运动员接发球抢攻开始的交互式训练处方1

人　员	内　容
教　练	1.连续不断供反手位上旋长球
运动员	2.反手斜线相持多板后变直线

表 10-1（续）

人　员	内　容
教　练	3. 供正手位
运动员	4. 正手位打斜线
教　练	5. 供正手位
运动员	6. 正手打直线
教　练	7. 供反手位
运动员	8. 反手打斜线
教　练	9. 供反手位
运动员	10. 反手位打中路
教　练	11. 供中路
运动员	12. 中路正手侧身杀小斜线
教　练	13. 供反手位
运动员	14. 反手打直线
教　练	15. 供正手位
运动员	16. 正手打斜线
教　练	17. 供正手位
运动员	18. 正手打直线
教　练	19. 供反手位
运动员	20. 正手侧身打斜线
教　练	21. 供正手位
运动员	22. 跳步 / 交叉扑右打斜线

这个内容不仅训练了小运动员左右并步（滑步）和交叉步法（视情况而定，也可改为跳步），还融入了线路变化规律，培养了小运动员凡在反手位打完直线就要有保正手的衔接和战术意识。同理，正手位打完直线就要有保反手位的衔接和战术意识，其理论依据是打直线那板是利用对方"逢直变斜"的思维定式来衔接，下一板就是打对方的战术。可见，前后两板技术与战术是一体化的。

在突然打中路的情况下都要有等中路伺机杀两大角的衔接和战术意识。从经验上讲，施战术者突然打中路，对方在毫无准备的情况下，总是会瞬间做出自我保护的反应（天生的生理反应）回到中路，此时球拍自然就会碰到施战术者中路过来的球，而反弹回中路。这种天生的生理反应就是早期理论上的本能反应，被施战术者利用来实现乒乓球前后两板的衔接。

最新理论依据是打中路那板是半台即小斜线，比对方的全台大斜线短，客观上就是速度比对方快。此乃"速度差"必然产生突然性逼迫对方回中路形成"位置差"，而下一板杀两大角就是利用"位置差"打对方的战术。

以上内容教练员不必给小运动员进行详解，只是把这些衔接技术内涵有意识地融入训练中即可。

二、"多球单练"综合训练方案的设计

所谓"多球单练"就是采取一对一的方式，有一方队员进攻，另一方进行防守，由第三者供球，双方按照技术或战术的要求，从实战出发进行反复练习，队员自己不需要捡球，一个球打完后接着进行下一个球的练习（熊志超，2010）。"多球单练"以前多用于训练高水平运动员，但实践证明，这种方法并不是高水平运动员的专属，同样也适合小运动员的对抗训练，关键是由教练员因材施教所决定的。以下笔者设计的 1 对 2 三人模式"多球单练"同样有不俗的对抗训练效果。

1. 从上旋球打起

训练人员：教练，主练方 A，陪练方 B 负责反手位，陪练方 C 负责正手位。

训练内容："压一边打另一边"战术（前后两板都打直线的"双边直线"战术；前后两板都打斜线的"双边斜线"战术；前一板打直线，后一板打斜线的"单边斜线"战术；前一板打斜线，后一板打直线的"单边直线"战术）。

例子：本练习有固定回球和不固定回球之分，教练供一斜线球至陪练 B 反手位，B 固定反手打斜线，主练 A 反手固定与 B 相持一两板后变直线，

C 固定回斜线，主练 A 等正手位衔接后不固定即可打斜或直线，打斜线就是打"单边斜线"战术，打直线就是"双边直线"战术。这是一个来回，越多越好直至球死。其他战术以此类推。之所以要固定是保证主练方能够练到打直线时的"逢直变斜"衔接规律，而后面打的是灵活的战术，所以不固定。

以上是训练法，以下是游戏玩法。

游戏玩法：按上面"压一边打另一边"战术的 4 个内容逐一来打一分球对抗，比如打"双边直线"或"单边斜线"战术内容，要严格按照固定线路去打，过线了直接就输了，当主练方完成"双边直线"或"单边斜线"战术内容后球还没死，后面可随意打，直至球死。即主练方 A 的球既可打到 B，也可打到 C，B 和 C 根据来球到自己的半台回击 A 全台。在一分球中不管谁输，按逆时针方向换位继续打，如果四人参与，就更刺激了。哪个位置的人输哪个人下，第四人上。

游戏规则：如果是主练 A 下，陪练 C 上位到主练位，陪练 B 上位到 C 的位置，B 原来的位置就是第四人上，以此类推。这样既刺激又好玩，有对抗又有竞争，很接近实战。

训练分析：在这个练习中教练员能发现他们存在的许多问题，需要及时指出并帮助他们解决。比如：上旋都会打下网，是因为你被动击球了，遇慢的、没质量的球，要动作大点，自己主动发点力；有时斜线对攻变直线会出界，是因为对方有质量的球过来先撞到你的球拍；还有就是正手位打直线球常打偏，这是拍面击球时没对正直线（转腰带手就能使拍面正对直线）或正手击球时拍头没控制好（拍头没指向直线，而是像打斜线那样的指向）；更有一种情况是漏球，对方的来球太快，你还像打慢速度的来球去引拍当然不行，此时不引拍，近台直接就带过去了（打借力球）。这样小运动员就学会了来球较慢时自己发力、来球较快时打借力球的技巧。

训练要点：小运动员此时不一定要知道什么叫衔接和战术，教练要着重教小运动员应该怎么做，而不着重讲为什么这么做，让他们不知不觉中得到了锻炼就好。

训练目的：通过 1 对 2 三人多球单练潜移默化地强化了小运动员的各种技战术能力。

训练管理：1 对 2 三人多球单练中的运动员，不管是 3 人对抗，还是 4 人打对抗，训练中要把自己胜出即打主练位置的次数记下来，完成 15 分钟训练即向教练员汇报。教练员当着队员的面记录在案。这些管理工作不仅能调动、刺激运动员的积极性和竞争意识，而且是每一位队员成长过程中的宝贵资料。

2. 从下旋球打起

教练员供短下旋球（相当于 A 发球）至 B 正手位（此时 C 让出此位给 B 入台），B 第 2 板固定入台劈长斜线到对面台的 A 正手位是调右，A 第 3 板垫跨步正手位固定拉起斜线加转弧圈球，此时 C 上位第 4 板固定回直线到 A 的反手位是压左，A 第 5 板回反手位打斜线就能形成一个"双边斜线"战术。这里除了训练了 A 打"双边斜线"战术外，还锻炼了 A 克服"移动弱点"。从运动生理学的角度来讲，运动员被调右再压左都会受到身体解剖结构的影响，从反手位向正手位的方向（持拍手同侧方向）移动容易；相反，从正手位回到反手位的方向（持拍手异侧方向）移动困难，此乃移动上的弱点（吴焕群 等，2009），也是打"调右压左"战术的理据。也就是说，任何人都逃不过这个生理限制的影响。因此对 B 或 C 而言，能否抓住对方的"移动弱点"这个生理现象是提高战术能力的有效途径，对 A 而言就是克服"移动弱点"的锻炼机会。

还可以这样打，B 第 2 板入台固定劈长直线到对面台 A 的反手位，A 第 3 板固定反手拉出高质量的加转弧圈球（斜线），B 第 4 板只能迅速退台回斜线，A 第 5 板侧身冲直线完成任务。此乃 A 打斜线时用"逢斜回斜"衔接规律（熊志超 等，2020）打的"单边直线"战术。此时 C 可顺便在正手位正手快带斜线，A 则不必去接此球了，因为此球已超出了比赛要求，所以是很难接住的。

三、将衔接技术融入摆速训练当中

上面已分析过，传统训练往往把摆速训练孤立为纯粹的打基本功技术训练，没有把战术内涵融入当中来训练。在笔者看来，"两面摆速"实际上既是基础训练的内容，也属于战术层面的训练内容（"两斜对两直"就是"逢斜变直"或"逢直变斜"战术，可演变出"压一边打另一边"中的"双边斜线"和"双边直线"两个战术来，再做微小的变化就能训练另两个"单边直线"和"单边斜线"战术）。因此，我们要把两者有机地结合起来，否则运动员难逃赛练脱节的弊端。以下是两面摆速训练处方。

1. "两斜"对"两直"（各两板各一个战术）

"两斜"就是一人负责专打正反手两条斜线，是"双边斜线"战术，根据"逢斜变直"来预判的；"两直"就是另一人负责专打正反手两条直线，是"双边直线"战术，根据"逢直变斜"来预判的。运动员在摆速时要带着战术意图去练，两人须交换角色，从易到难就是先多球训练，然后双人对练。

2.一斜、一直对一直、一斜（各两板各一个战术）

A 专打斜、直线，B 打直、斜线各两条线，A 打的是"单边直线"战术，B 打的是"单边斜线"战术，双方根据"逢斜变直"和"逢直变斜"来预判。让运动员在摆速时学会带着战术意图去练，两人须交换角色，从易到难就是先多球训练，然后双人对练。

3.一直、一斜、一斜对一斜、一直、一斜（各三板两个战术）

从视频（超然象外，20211）中看，双方运动员男右手，女左手，前者打了三板（一直、一斜、一斜）两个战术，分别为"单边斜线"和"双边斜线"战术，后者打了三板（一斜、一直、一斜）两个战术，分别为"单边直线"和"单边斜线"战术，形成无限循环往复的技战术训练，双方须交换角色。

我们从视频上看到的成年人并非在训练，而是做示范，这些内容在笔者看来是应从小练起的，即能够开始练"两面摆速"时就应同步训练了，到了成年后他们的战术使用自然就水到渠成了。当然，"40+"新时代以前的运动员虽然从小没有接受过衔接技术训练，现在补课也未尝不可。

以上三个练习除打了"两面摆速"技术外，也训练了"压一边打另一边"的 4 种战术，实质上就是将"两面摆速"技术层面的训练上升到战术层面的训练。

第二节　主动防守战术训练

笔者发现不少小运动员刚开始不会比赛，其中一个比较普遍的问题就是接发球技术不过关，老是被动接发球，其实一个好的接发球无非就是做好主动接发球，所谓主动接发球就是用进攻技术手段进行的接发球。这样能由被动变为主动，只要能转变为这种观念，打乱对方的战术部署，就能避免对方发球抢攻所设下的局。战术训练有很多种类，以下笔者抛砖引玉，把衔接技术的内容融入变被动接发球为主动接发球的训练当中。请看学习主动防守时的双方对抗对话框示意表（表10–2）：

表 10–2　学习"主动防守"战术对话框示意表

人　员	内　容
教练员	1. 供运动员 A 正手位短下旋球
运动员 A	2. 入台正手摆短对方正手位（己方反手位是个大空当）
运动员 B	3. 正手劈长直线
运动员 A	4. 退台正手冲直线（2、4 板构成了"主动防守"战术）
运动员 B	5. 正手快带斜线
运动员 A	6. 正手衔接打直线（4、6 板构成了"双边直线"战术）（省略后面的内容）

运动员 A 按照事先设计好的套路，单步入台第 2 板接正手位短球摆回对方正手位短，一下子就打乱了对方的部署。此时，由于自己反手位存在一个非常大的空当，很容易能引诱对方回直线至己方的反手位，运动员 A 第 4 板就是凭此衔接效果迅速回反手位正手冲直线的。由于主动防守是暗的战术，对方不易觉察，运动员 A 才能够放心入正手位摆短对方正手位，此乃主动防守战术。运动员 A 第 2 板是诱饵，第 4 板打的才是主动防守战术，而第 4 板与第 6 板的衔接理论就是利用对方"逢直变斜"的思维定式来打"双边直线"战术。此乃线路变化规律，第 4 板在反手位打直线是衔接技术，大概率预判对方第 5 板会回斜线，第 6 板在正手位中台打直线就是打对方的战术。这样，第 2、4、6 三板连续打了两个叠加战术（"主动防守"＋"双边直线"）。由此可见主动防守战术与线路变化规律有着异曲同工之妙，两者的前后两板都有衔接的效果。运用主动防守战术的好

处在于不但摆脱了对方发球者的局，而且设下了圈套给对方钻，这难道不是最好的破解发球之道吗。

这个内容对小运动员 A 也许有些难，因为第 6 板被逼到了中台很可能就会形成中远台对拉的局面，显然超出了小运动员的能力范围。但通过多球单练完全可以化繁为简，加之教练员的讲解可以作为超前训练来训练那些尖子球员。此外，这个内容的第 4 板改用退台反手拉斜线难度就降低了，反过来增加了对方运动员 B 的难度，这是因为运动员 B 第 3 板入台容易，第 5 板退台难了。

第三节　小结

为避免传统技术与战术分练导致的运动员赛练脱节，其解决对策就是掌握好衔接技术。衔接技术的优势在于它可以把技术与战术融为一体来训练，即教练员要为小运动员打技术基础的同时应融入衔接技术内容，这就是技战术一步到位的训练方法，对小运动员将来提高战术能力打下坚实的基础具有重要意义，从而达到技术、战术均衡的理想境界。

第十一章　进入"40+"新时代的
高水平运动员衔接技术的训练

进入"40+"新时代，杀伤力受到了限制，来回球增加是使用战术的必然规律，所以"40+"新时代训练的发展方向实际上就是要提高战术能力，而衔接技术正是提高战术能力的有力武器。高水平运动员学习和训练衔接技术时，不必像小运动员那样从最简单的多球练起，因为高水平运动员基本功都非常扎实且对台面的 7 条基本线路的走向很熟悉，加之有比赛经验，虽说战术能力有限，但经过有针对性地学习衔接技术中 6 条重要的线路变化规律，他们必然会豁然开朗，再通过教练员多球单练点拨一下，高水平运动员很快就能掌握衔接技术，战术的使用也自然水到渠成了。

第一节　"压一边打另一边"战术训练

高水平运动员使用得最多、最有效的是多球单练法，它近乎等效于单球对练，这种练习对抗性很强，能和实战相结合，训练的难度、复杂度、强度和效果是其他多球训练所不及的。正因为单球对练高水平难、技术内容复杂不易上手且捡球耗时效果不明显，人们才化繁为简摸索出了多球单练训练法，此乃物理学的"等效原理"（Zhang et al，2019）在乒乓球多球单练中的体现。

以下是用多球单练训练法为运动员设计的训练处方。

范例："压一边打另一边"的"双边直线""单边斜线""双边斜线""单边直线"4种战术。

器材：一张球台，100个球，一个纸盒。

训练内容：一对一和二对一接发球开始的多球单练。

训练方法：先练多球训练，再练单球对练。

训练要求：教练员在平时的对抗训练中应将衔接技术内容融入训练。

训练目的：把单球难度、复杂度、强度的训练简化为容易、简单、轻松的等效环境来训练。

一、一对一多球单练训练处方

以下为运动员接发球抢攻开始的训练解剖示意表（表11-1）：

表11-1 运动员接发球抢攻开始的训练解剖示意表

人 员	内 容
教 练	1.供运动员A正手位短下旋球
运动员A	2.正手挑打/反手拧拉直线
运动员B	3.反手位反手拉回斜线
运动员A	4.保反手对拉斜线（2、4板构成"单边斜线"战术）
运动员B	5.反手位反手回防斜线/反手变直线
运动员A	6.反手位反手打直线（4、6板构成"单边直线"战术）/正手打斜线（4、6板构成"双边斜线"战术）
运动员B	7.正手位正手打斜线/正手打直线
运动员A	8.保正手位正手打直线（6、8板构成"双边直线"战术）/反手打斜线（6、8板构成"双边斜线"战术）

这个训练的内容让运动员 A 感受了入台容易退台难的场面，在此情况下还要衔接好下面的 4、6、8 板。从解剖示意表中可见运动员 A 打了 2、4、6、8 四板三个叠加战术，还有"/"后面的可变形式内容，前后加起来实质训练了"压一边打另一边"的 4 个战术内容（"单边直线""单边斜线""双边直线""双边斜线"）。训练的关键在于第 2 板正手挑打完直线要有第 4 板保反手位的衔接意识，同理，第 6 板反手位反手打直线也要有第 8 板保正手位的衔接意识，双方须交换角色来练。

二、超过比赛要求的二对一多球单练训练处方

二对一"多球单练"练的是从正手位短球打起的"双边直线"和"单边斜线"两个战术内容，前者为主练内容，后者为可变形式中的辅助内容。所谓二对一"多球单练"就是 A 当主练，对面台 B 和 C 两人陪练，由教练供多球进行的超过比赛要求的对抗训练。下面为利用对方思维定式来衔接打"双边直线"战示解剖示意表（表 11-2）：

表 11-2　利用对方的思维定式来衔接打"双边直线"战术解剖示意表

人　员	内　容
教练员	1. 供下旋球至运动员 A 正手位近网
运动员 A	2. 入台正手挑 / 反手拧直线
运动员 B	3. 反手反拉斜线
运动员 A	4. 反手变直线（第 2、4 板构成了"双边直线"战术）
陪练员 C	5. 正手位正手拉冲斜线
运动员 A	6. 等正手位打直线（第 4、6 板构成了"双边直线"战术）
运动员 B	7. 反拉斜线（形成第二个循环……）

训练分析：第 2、4、6 三板构成了两个相同的战术连续使用。第 2 板的第一个难点：入台容易，退台难。这里有两个要点，若处理好则能达到战术效果。其一，步法是两只脚要同步退出；其二，要利用对方"逢直变斜"

的思维定式这种衔接意识等反手位打第 4 板。第二个难点就是第 4 板再打直线有一定难度，这是因为对方反拉过来的斜线球质量很高时容易失误，但现在"40+"新时代限制了旋转后，这个难度大大降低，因此必须抓住此契机大胆变线。最后第 4、6 板的衔接更难，虽然这与第 2、4 板是一样的原理。由于对方第 5 板是另一位陪练 C 打的，能第一时间拉回斜线，如果还是 B 的话，他需随时移动到正手位才能拉斜线，所以这是超出比赛要求的训练，对主练 A 的锻炼价值较大。

可变形式：把第 6 板变成打斜线就是另外一个战术了，叫"单边斜线"战术，也叫"调右打右"战术，其作用是与"双边直线"战术配合使用能起到变化战术效果。道理是若你前面打过的"双边直线"是"调右压左"战术的话，第 6 板压得对方的反手位很难受甚至失误，那么你再使用类似的战术，就会令对方有所警惕了，也可以说，对方会习惯性回反手位。此时这个"单边斜线"战术不就抓到了对方的正手位空当了吗？此战术也叫"重复落点"或从对方正手位突破战术。

总括而言，以上实际上是两个练习内容，前一个是学习"双边直线"战术，后一个（可变形式）是学习"单边斜线"战术。此可变形式是笔者想带给读者一种战术方法的灵活运用的思路，也是上面研发的组合战术的新思维（"双边直线"与"单边斜线"两个战术组合起来即可达到不俗的战术效果）。

三、接发球入台中间反手反向拧拉逼对方步法不到位逢斜回斜打"双边斜线"战术

下面是反手反向拧拉逼对方步法不到位打"双边斜线"战示解剖示意表（表11-3）：

表11-3　反手反向拧拉逼对方步法不到位打"双边斜线"战术解剖示意表

人　员	内　　容
教练员	1. 供短下旋球至 A 方中间偏正手位
运动员 A	2. 入台中间偏正手位反手反向拧小斜线至 B 方正手位
运动员 B	3. 跨步正手反拉小斜线回中路（步法不到位）
运动员 A	4. 等中路反手快拨小斜线至 B 方反手位（2、4 板构成"双边斜线"战术）
运动员 B	5. 回反手位反手打小斜线至 A 方中路（步法还是不到位）
运动员 A	6. 再等中路正手打小斜线至对方正手位（4、6 板构成第二个"双边斜线"战术）
运动员 B	7. 望"球"兴叹

这是一个利用对方因生理所限造成的步法不到位来衔接打"双边斜线"战术的接发球实用案例，其最大特点是当你接发球站位中间时，对方不知道你到底想打哪儿。此时既可以反手拧对方反手位的斜线，也可以反向拧对方正手位斜线，下面以双方右手为例。这里施战术者当然是第2板反向拧对方正手位斜线来得突然，可令对方第3板移向正手位时步法不到位，而无法打斜线大角，就只能打小斜线居多，打直线次之。依据衔接技术理论，施战术者正是利用对方步法不到位这种规律逼其"逢斜回斜"，自己则等在中间位衔接反手打第4板斜线来实现"双边斜线"战术。当第一个"双边斜线"完成后，对方回反手位时如果球不死，也会受到步法不到位影响，只能第5板打小斜线至中路居多，打直线次之。若你有这种衔接意识再等中路，正手打第6板小斜线至对方正手位就又是一个"双边斜线"战术（第4、6板），此时基本死球了。第2、4、6连续三板打了两个"双边斜线"

战术，威力巨大。

四、接发球从正手位短球拧斜线逼对方因生理因素所限造成的步法不到位打"双边斜线"战术

下面是从正手位拧拉斜线逼对方步法不到位衔接来打"双边斜线"战术对话框示意表（表11-4）：

表11-4　从正手位拧拉斜线逼对方步法不到位

衔接来打"双边斜线"战术对话框示意表

人　员	内　　容
教练员	1.供下旋球至运动员A正手位近网
运动员A	2.入台拧拉斜线大角（主动相持）
运动员B	3.交叉扑右拉直线（被动相持，步法不到位）
运动员A	4.等反手位反手拉斜线大角（2、4板构成"双边斜线"战术）
运动员B	5.反交叉回反手位反手拉小斜线至中路（被动相持，还是步法不到位）
运动员A	6.等中路正手打小斜线（4、6板构成"双边斜线"战术）
运动员B	7.望"球"兴叹

训练分析：一般入台正手位反手台内拧是以直线为主的，拧斜线是战术上的一种变化，所以有其突然性。对方在没有准备的情况下必然步法不到位，因此他只能打直线或小斜线至中路，不能打到斜线大角。所以施战术者运动员A是利用这点来衔接等反手位，这样就能把握好"第一时间"这个战术节奏结束战斗了。这个反手在正手位台内拧拉斜或直线也应结合起来使用成为组合战术套路，这样对方就不知道你要拧哪儿了。

可变形式：由于在这次练习中，作为陪练方的运动员B反复交叉扑右会吃不消，因此可将此训练化繁为简等效复制如下。运动员A为主练者，运动员B为对面左半台（反手位）陪练方，运动员C为对面右半台（正手位）陪练方。运动员B固定发短下旋球至运动员A正手位短，运动员A入

台拧拉斜线后迅速退台回反手位等运动员 C 在正手位的直线回球，争取第一时间反手打斜线完成前后两板"双边斜线"战术，重复这样的练习从而强化打斜线时的"逢斜变直"衔接规律。接着在此基础上进行单球练习，方法为：一对一练习，运动员 A 主练，对面 5 个人轮番上阵，这样，主练方即使练 10 个一分球，5 名陪练每人也不过是交叉扑右两次而已，想想看，5 个不同的对手非常接近实战，效果显著自不待言。

五、发球抢攻者破解接抢者从正手位短球拧直线战术

下面是运用"单边直线"破解对方使用的"单边斜线"战术解剖示意表（表 11-5）：

表 11-5　运用"单边直线"破解对方使用的"单边斜线"战术解剖示意表

人　员	内　容
教练员	1. 供短下旋至运动员 B 正手位
运动员 B	2. 接发球入台拧拉直线
运动员 A	3. 反手快撕斜线（高质量破坏对方第 4 板的衔接）
运动员 B	4. 回防反手位小斜线至对方中路偏一点反手位（2、4 板构成"单边斜线"战术）
运动员 A	5. 侧身正手拉直线（3、5 板构成"单边直线"战术破解对方的"单边斜线"战术）
运动员 B	6. 跨步回正手位拉直线（步法不到位）
运动员 A	7. 等反手位反手拉斜线至对方反手位（5、7 板构成"单边斜线"战术）
运动员 B	8. 措手不及

训练分析：运动员 B 入正手位台内反手拧拉直线，这个技术已经被王皓和张继科拧出了名气，早期效果明显，但现在的战术作用已大不如前了，于是运动员 A 第 3 板反手快速反撕斜线是必然的对策，致使运动员 B 第 4 板很难回有质量的斜线球，从而导致 2、4 板构成的"单边斜线"战术被运动员 A 第 5 板侧身正手拉冲直线构成的 3、5 板的"单边直线"战术所破。运动员 B 由于步法不到位第 6 板只好跨步回正手位，无法拉斜线就只能拉

直线，被运动员 A 第 7 板等在反手位反手快拨斜线一击制胜。

从运动生理学的角度来讲，运动员 A 第 3、5 板对运动员 B "压反调正"，再第 5、7 板 "调右压左" 连续三次方向相反地走动，会令其晕头转向，且受到身体解剖结构的影响而移动困难。此乃运动员 A 抓对方 B 的移动弱点制胜的关键所在。

扩展训练：假设运动员 B 第 8 板回反手位还没死球也只能打直线，道理还是因为步法不到位，所以运动员 A 第 9 板乘胜追击等正手位正手再打斜线，就与前面的第 7 板构成了 "双边斜线" 战术，运动员 B 只能望 "球" 兴叹了。

可变形式：接抢者反破对方之法如下：现在塑料球已降低了球的质量，运动员 B 争取第 4 板退台回反手位打直线已不是难事，如能打到这板直线就是与对方的斜线来球打 "速度差"，极可能直接得分，即使被对方救回也是大概率回直线（很可能是步法不到位），等反手位再打斜线也不过多打一板而已，对方必死无疑。

第二节 "压一边打另一边" 和 "打两大角杀中路" 及 "打中路杀两大角" 三大战术的叠加训练

下面为三大战术叠加解剖示意表（表 11-6）：

表 11-6 三大战术叠加解剖示意表

人 员	内 容
教练员	1.供运动员 B 中间偏反手位短
运动员 B	2.接发球反手拧拉斜线
运动员 A	3.反手反拉回头
运动员 B	4.正手侧身拉直线（2、4 板构成 "单边直线" 战术）
运动员 A	5.交叉扑右正手回直线（步法不到位）

表 11-6（续）

人　员	内　容
运动员 B	6. 等反手位打中路（4、6 板构成"打单角杀中路"战术）
运动员 A	7. 回中路（本能反应）
运动员 B	8. 正手杀对方正手位斜角（6、8 板构成"打中路杀两大角"战术）
运动员 A	9. 跨步拉直线回头（步法不到位）
运动员 B	10. 等反手位反手衔接拨斜线（8、10 板构成"双边斜线"战术）
运动员 A	11. 措手不及

战术分析：这四个战术的连续抢攻使用得好的话，就是连续四个战术上的叠加打了 5 板球（2、4、6、8、10），必然撕破对方防线置对方于死地。这里的要点在于运动员 B 第 4 板拉完直线后要有第 6 板等自己反手位打的衔接意识，而不是等正手位（"逢直变斜"）。因为对方在没准备的情况下第 5 板交叉扑右会步法不到位，是打不到斜线大角的，所以运动员 B 第 6 板就在反手位等打对方的直线来球再打小斜线至中路，此乃"打单角杀中路"战术，为下一板（第 8 板）"打中路杀两大角"战术埋下了伏笔，此时运动员 B 第 9 板必然回直线（多半步法不到位），运动员 A 第 10 板等反手位反手打斜线就与前面的第 8 板构成了"双边斜线"战术。这样，第一类战术（"压一边打另一边"中的"单边直线"）、第二类战术（"打两角杀中路"的子战术"打单角杀中路"）、第三类战术（"打中路杀两角"）和第一类战术（"压一边打另一边"中的"双边斜线"）实现了叠加。结果这三大类战术就是"打两边"结合"打两角杀中路"再"打中路杀两角"又再"打两边"，环环相扣。

最后，在叠加战术的运用上要高度重视使用率最高的第一类"压一边打另一边"的 4 种战术，并以其为主，第二类、第三类为辅，三者关系密切，形成优势互补。

第三节　综合战术训练

一、二对一反拉对方从下旋拉起的加转弧圈球训练

下面是二对一多球单练对抗对话框示意表（表 11-7）：

表 11-7　二对一多球单练对抗对话框示意表

人　员	内　　容
教　练	1. 供 Y 正手位短台下旋球
运动员 Y	2. 劈长斜线诱对方先拉起斜线
运动员 X	3. 垫跨步拉斜线
运动员 Y	4. 近台反拉对方从下旋拉起的加转（主动防守战术）
运动员 X	5. 正手快带斜线
运动员 Y	6. 正手变直线
陪　练	7. 反手第一时间变斜线
运动员 Y	8. 回反手位变直线（6、8 板构成"双边直线"战术）
运动员 X	9. 正手第一时间变斜线
运动员 Y	10. 回正手位正手打中路至球死（8、10 板构成"单边斜线"战术）

训练要点：多球训练与单球训练的时间安排应是 1 ： 2，通常在多球训练之后，安排一定时间进行常规的单球训练，以弥补多球训练的不足，否则会产生不良的后果。

训练分析：表 11-7 的内容超出了比赛要求，对强化主练方（运动员 Y）的攻防转换衔接很有利。运动员 Y 要练好第 6、8、10 三板是关键（"双边直线"战术＋"单边斜线"战术），因为对方的陪练是站在反手位第 7 板第一时间打的斜线，超出了比赛的要求，不过 Y 第 6 板在正手位打完直线如果有第一时间等反手位的衔接意识的话，还是能第 8 板及时赶打直线，那么，对方 X 在正手位第 9 板也是第一时间正手打斜线，而 Y 同样是第一时间回正手位赶打第 10 板中路（小斜线）。有了这些意识就能应付超出

比赛要求的训练，开始可能会顾此失彼，经过训练就能得到强化。由此可见，像表11-7这样的训练如果用单球练是达不到这种强化训练效果的，所以运用多球单练除了化繁为简等效复制外，还能强化训练。虽然最终多球单练与单球对练的结果近乎一样，但前者的效率比后者大大提高是显而易见的，此乃物理"等效原理"在乒乓球多球训练中运用的意义所在。

二、利用"速度差"把站位反手位者逼到中路产生"位置差"，再打两边的迂回战术技巧

笔者建议引入一个打对方"速度差"的战术逼其从反手位到中路产生"位置差"再打空当的迂回战术，A反手相持侧身正手冲斜线（前一板），对方B回斜线，A反手防一板小斜线至中路（产生"速度差"的条件），目的是把对方B从反手位逼至中路，此时B回球有两种可能：一是在中路回中路球，这最常见，那么A就当是"打中路杀两大角"战术好了。二是在中路回小斜线到A反手位次之，正手回到对方A正手位不常见（对方打中路时的"速度差"不允许B正反手大动作转换）。如回小斜线的话，A再侧身打斜线大角就能产生"位置差"，道理是这前后两板的侧身打斜线的中间过渡了一板中路球，这个中路球是A把对方B逼向中路的，B必然反手位就是一空当了。那么A的第二次侧身（后一板）打出斜线大角球不就正好打在B的空当上了吗？前后两次侧身中间一次迂回共三板解决战斗，此乃迂回战术的又一体现。这叫打得好不如打得巧啊！

三、利用"位置差"把站位中间者打到向右移位，再打左边的迂回战术技巧

下面为运动员 B 运用迂回战术对话框示意表（表 11-8）：

表 11-8　运动员 B 运用迂回战术对话框示意表

人　员	内　　容
教　练	1. 供运动员 A 正手位近网下旋球
运动员 A	2. 入台正手劈长直线
运动员 B	3. 反手拉加转（斜线）
运动员 A	4. 反手斜线相持（2、4 板构成"单边斜线"战术）
运动员 B	5. 反手变直线（3、5 板构成"单边直线"战术）
运动员 A	6. 正手拉回斜线后习惯性站位中间（4、6 板构成"双边斜线"战术）
运动员 B	7. 正手拉回斜线（过渡一板，逼对方向右移位至正手位）（5、7 板构成"单边斜线"战术）
运动员 A	8. 正手拉小斜线回中路（有点步法不到位）
运动员 B	9. 反手打小斜线至对方反手位（抓到了对方的"位置差"）（7、9 板构成"双边斜线"战术）
运动员 A	10. 措手不及

战术分析：运动员 B 对付运动员 A 打"调正压反"的战术意图很明确且衔接意识非常强，表现在 B 第 3 板反手拉起加转后与 A 反手相持于第 5 板变直线后等正手的意识很强，虽然 A 第 6 板正手打回斜线是 B 预料中的衔接方法，但是发现 A 站位靠中间，B 第 7 板不急于打直线压其反手，而是正手再拉回同线逼 A 第 8 板往正手位移位（此乃迂回战术），这样其步法有点不到位，因此只能回小斜线至中路，被 B 候个正着第 9 板反手打小斜线至对方反手位。这是"双边斜线"战术经过迂回找到了机会才打的"位置差"，虽然多打一个来回，但还是值得的。这样就是两个战术的叠加（5、7、9 连续三板拿下），此乃对付习惯站中间位者的有效战术。

可变形式：如 B 第 7 板打斜线逼 A 往正手位移位后，没受步法影响就会打大斜线，这样 B 就在正手位打直线好了，此乃打"单边直线"战术

（7、9板），是一种变通的灵活战术。

第四节　小结

"40+"新时代以前的"先发制人"打法以技术元素主导比赛胜负，技术超强，但战术元素的威力尚未充分发挥。然而，进入"40+"新时代以后，制胜规律不再是技术元素主导比赛胜负了，因为旋转的杀伤力受到空前的限制，结果必然就是来回球增多，今后战术的使用会越来越多。所以"40+"新时代就要强化战术训练，应把战术元素中的"落点"作为切入点加强训练，将之整合到核心技术（要素）中去，即把原非核心技术（要素）中的"落点"元素与原核心技术（要素）中的"旋转"元素置换，这样，新的核心技术（要素）与非核心技术（要素）得以重新洗牌，促使技术元素和战术元素两者产生更好的结合，成为技、战术均衡的先进打法，形成了速度、力量、"落点"和"弧线"能力突出的新核心技术（要素），而"40+"改革导致的动力元素"旋转"的削弱就必然沦为非核心技术（要素）。以上为理论上的新时代组合模式，也是"40+"新时代乒乓球打法的发展趋势，如何实现就看运动员对衔接技术的六条重要的线路变化规律是否理解了，谁能洞烛机先率先发挥"落点"变化带来的杀伤效果，谁就将称霸今后世界乒坛（熊志超 等，2019）。

第十二章　衔接技术在双打中
应用的理论研究与实证分析

　　乒乓球双打的制胜法宝是强强组合和默契配合。强强组合能保证每一位运动员都具备很强的杀伤力，容易置对方于死地；默契配合能实现优势互补，发挥超强的杀伤力。强的单打实力是基础，但单打实力再强，如果没有与同伴的默契配合，还不能成为最强的组合。只有做到单打实力既强，两人配合又能默契（达到了无痕双打的能力），才是完美的组合。如何实现优势互补，与同伴默契配合呢？双打运动员每击一板球的战术目标，或是置对方于死地，或是为同伴创造下一板球的衔接进攻机会，如此循环往复直至战胜对手，这才是默契配合。而要想实现与同伴的默契配合，则必须运用合适的技战术来实现无痕双打，这个技战术就是双打的衔接技术。

第一节　衔接技术在双打中应用的理论研究

单打的衔接技术在双打中能否应用取决于其是否符合双打的运动规律，因此，凡是能应用于双打中的衔接技术都是无痕双打，否则就是有痕双打。所谓有痕双打就是运动员在双打中使用对己不利，反而给对方可乘之机的技战术，这些技战术往往在单打中是个好战术，但在双打中则未必适合。简而言之，在双打中，凡是有利于对方而不利己方的技战术就是有痕双打，而凡是有利于己方而不利于对方的技战术就是无痕双打。无痕双打是双打的最高境界，而双打中衔接技术是实现无痕双打的有效途径，是实现与同伴默契配合、为同伴创造下一板球进攻机会的技战术支撑。

一、双打"同线回接"战术

"同线回接"即"直来直去""斜来斜去"，这个最原始最简单的技术，从单打技战术角度来看，使用"同线回接"比"异线回接"要少，主要用于打反常规战术对付对方打直线时的"逢直变斜"衔接规律，但在双打中往往具有强大的杀伤力。实施者抓住了双打规则中必须两人轮换着击球的要害，也就是说，再好的配对两个人轮换着打是不如单打时一个人连续打的反应快，这就是双打最大的软肋。"同线回接"正是抓到了这个要害，能把对方欲施的战术扼杀在萌芽状态，甚至把两个人的衔接配合打乱、打死，这就是"同线回接"战术在双打中的威力。请看 2019 年德国公开赛混双半决赛许昕 / 孙颖莎 vs 林昀儒 / 郑怡静的一分球比赛（超然象外，2021n），双方对抗不多，仅用 6 板就结束战斗，原因是孙颖莎使用了一个在双打中极具威力的"同线回接"战术。郑怡静发短球于中间偏一点正手位，孙颖莎第 2 板入台劈长斜线，林昀儒第 3 板反手爆冲斜线打许昕追身球，许昕第 4 板出其不意临时应变打出一记不规则的半高球，被郑怡静第 5 板抓住不放杀斜线，好在孙颖莎反手早有准备，利用"同线回接"打回头，令林昀儒措手不及。

在下面的论述中我们将会看到，在双打中，过多地使用"异线回接"，往往会使自己被动成为有痕双打；反而使用"同线回接"会使对方被动而成为无痕双打。这是由单、双打不同的运动规律决定的。在以下的论述中"同线回接"将会频繁地出现。

二、双打"单边斜线"和"单边直线"战术的叠加

首先我们看看单打的"单边斜线"战术。在实战中运动员 A（以下简称 A）与运动员 B（以下简称 B）从反手位打起，当 A 发球，B 第 2 板反手接发球抢拉斜线与 A 第 3 板反手形成斜线相持；当 B 第 4 板变直线，A 第 5 板就会习惯性正手打斜线（这种情况出现的概率很高）。这时 B 第 6 板已经等在正手位打斜或直线了，这叫反手变直线保正手。B 第 4 与第 6 板为什么能配合得如此默契呢？道理很简单，B 这个线路变化意识是利用了 A 打球的习惯性思维定式"逢直变斜"来实现的（熊志超，2010）。B 能调动对方为自己创造有利局面，如果第 6 板打斜线就是打的"单边斜线"战术（"调右打右"战术），打直线则打的是"双边直线"战术（"调右压左"战术）。

如果我们把单打的"单边斜线"战术运用到双打中会产生什么效果呢？ A/B 与 X/Y 在双打比赛中对垒，A 接发球反手拧拉直线，预判 Y 会习惯性"逢直变斜"，让 B 在左半台等着打斜线衔接，这叫双打的"单边斜线"战术（对 A/B 有利）（如图 12-1 所示）。Y 习惯性"逢直变斜"是

受单打的影响太深，这种变线在双打中对己方毫无作用（对方的同伴 B 就在你变线的位置上），反而对对方有利。A 拧直线正是利用了 Y 打单打时很可能会变斜线的思维定式，实际上 X/Y 就是不由自主地在运用不符合双打规律的单打技战术，这就是单打痕迹用在双打中成为有痕双打。Y 打斜线还不如"同线回接"杀伤力大。假如 Y"同线回接"就破了 A/B 的"单边斜线"战术，此乃反常规战术，令 B 被动，B 与 A 就挤在一起了。可见 Y 打哪一条线是衡量其双打水平高低的分水岭。同样，B 衔接打哪一条线也是衡量其双打水平的试金石，不再赘述。

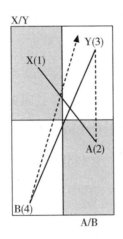

图 12-1　双打"单边斜线"战术

众所周知，"紧盯一角，突袭另一角"是双打的传统战术之一。即"紧盯对方一角，把对方两人挤在一起，迫使他们在一角匆忙交换击球位置，在此过程中，突然袭击对方的另一角，打出机会球，再扣杀"（唐建军，2005）。为了实现这一战术意图，假设己方为 A，B，对方为 X，Y。假设 X 发球，A 接发球第 2 板反手拧直线，Y 第 3 板回斜线（习惯性思维定式"逢直变斜"），B 早已等在左半台第 4 板衔接打斜线（"同线回接"）

把 X 与 Y 两人挤在一起了；球不死的话，A 等在中间偏左半台第 6 板打直线突袭对方的另一角。实际上，实现这一战术意图用的是 A 的第 6 板与前面 B 的第 4 板所构成的"单边直线"战术。这样，2、4、6 三板两个战术（"单边斜线"＋"单边直线"）就形成了叠加，杀伤力强大。因此，"紧盯一角，突袭另一角"这一双打传统战术也就是衔接技术，相当于单打的"压一边打另一边"战术。

三、双打"双边直线"战术

假如上面双打的"单边斜线"战术运用时运动员 B 的站位不好，发力不顺手，可不打斜线而打直线，此时对方运动员 X 同样会习惯性打斜线（B 利用了 X 打单打时形成的习惯性思维定式"逢直变斜"来让己方运动员 A 预测的），运动员 A"同线回接"打回头，让运动员 Y 望"球"兴叹（这里 X 就是单打痕迹用在双打中成为有痕双打）。这种同一个一分球在前后不同位置打直线和同伴下一板相衔接的战术叫"双边直线"战术（如图 12-2 所示）。"双边直线"战术有一个非常重要的应用，就是"把对方左手握拍向右移动的人调到左边去，把右手握拍向左移动的人调到右边来（这个也是双打传统战术之一），这样，就打乱了对方的基本站位和基本跑位，破坏了对方的协调配合，同时，能为己方扣杀创造机会"（唐建军，2005）。为了实现这一战术意图，假设 Y 是左手握拍者，由右手握拍者 X 发球，A 左手握拍者接发球侧身正手抢冲直线或右手握拍者反手拧拉直线，Y 被调左回斜线（习惯性思维定式"逢直变斜"），B 早已等在左半台衔接打直线而把 X 调到右边来，这样就打乱了对方的基本站位和基本跑位方法，破坏了对方的协调配合。实际上 A 和 B 实现这一战术意图用的是"双边直线"战术，也就是衔接技术。

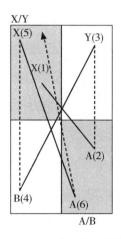

图 12-2　双打"双边直线"战术

四、"打中路再杀中间"战术

当 X/Y 与 A/B 运动员连续相持时，运动员 A 突然打中路，另一方运动员 Y 在毫无准备的情况下，会习惯性打中路（这也是思维定式）（熊志超，2010）。此时运动员 B 已经提前在中路等候，至于运动员 B 再杀哪一条线，将体现出其双打的水平。打两大角是单打的战术，显然不适合双打的情况，因为对方两人的站位很可能就在你打的大角上，这又是有痕双打。运动员 B 如果再杀中路（"同线回接"），就令运动员 X 措手不及与运动员 Y 挤在一起了。这种战术叫双打中的"打中路再杀中间（直线）"战术（如图 12-3 所示）。如果对方还不死的话，运动员 A 再杀两大角，这才是最佳的无痕双打战术。其实这一战术可应用于传统双打中对付"一直一横者"的相持战术，即通过攻击直拍的反手大角，及横拍的中路追身，继而交叉攻两大角（唐建军，2005）。

以上三种直线战术都是双打运动员在熟练掌握线路变化规律后衔接的。

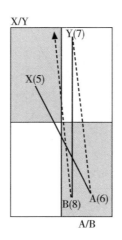

图 12-3　双打"打中路再杀中间"战术

我们要重视三条直线的运用，因为打直线本身就比斜线快，能使对方因没有充分的还原时间而变得被动或击球失误；能给对方的判断增加困难，使对方反应不及（吴焕群 等，2009）。当然，从实际使用上来讲，斜线还是要比直线运用得多些，使用直线主要是运用战术来配合斜线的。中国队当年与瑞典队比赛所打的翻身仗就是非常重视直线的使用，起到了很好的战术效果。

五、"双边斜线"战术

X/Y 与 A/B 对垒，X 发球，当 A 接发球"同线回接"（右半台斜线），Y 变直线的话，B 在左半台打斜线，从而达到紧盯一角再打另一角的目的（这另一角就是对方的空当）。此乃"双边斜线"战术（如图 12-4 所示）。Y 变直线是单打"逢斜变直"的思维定式，会导致对己不利的局面，成为有痕双打。"紧盯一角，突袭另一角"战术也可以通过"双边斜线"来实现。假设对方为 X，Y，己方为 A，B。如果 A 接发球侧身反手拧回接斜线（同线的话，实际上已经紧盯对方一角了，预判对方 Y 会习惯性"逢斜变直"，这就是有痕双打），己方 B"逢直变斜"（这就是无痕双打）突袭对方另一角。从衔接技术的角度来看，实际上 A 和 B 实现这一战术意图用的是"双边斜线"战术（也就是衔接技术）。

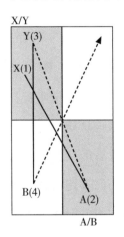

图 12-4　双打"双边斜线"战术

六、双打中"主动防守"战术

当运动员 A 接发球劈长斜线，诱对方运动员 Y 抢先拉起并预判回球路线为斜线，然后运动员 B 提前移动到正手位近台反拉对方从下旋拉起的加转弧圈球（如图 12-5 所示）；或运动员 A 发球时故意发出台球，诱对方运动员 X 抢先拉冲斜线，然后运动员 B 提前移动到正手位近台快带斜线（"同线回接"），令运动员 Y 措手不及（如图 12-6 所示）。这些都是双打运动员熟练掌握主动防守战术来衔接的。

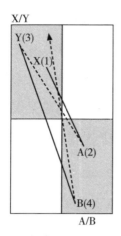 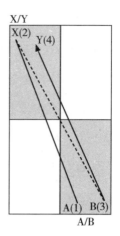

图12-5 接发球采用"主动防守"战术　　图12-6 发球采用"主动防守"战术

总括而言，单打中的衔接技术不是所有都能在双打中通用，但能用在双打中的衔接技术都是无痕双打。所以双打衔接技术是可行的，双打也应该有自己的衔接技战术。在没有衔接技术以前，在比赛时，由于原来对方来球落点是经常变化的，因而己方跑位就没有一定的规律。掌握了衔接技术以后，对方来球是可以根据本方衔接技术的运用来预判的，有利于己方还击下次来球，因而使得跑位是灵活的、有规律可循的（在使用衔接技术时，两人是分开的永远不会碰撞的），有利于己方还击下次来球，战术的应用更加得心应手。所以衔接技术是打好双打战术和步法的基础，也是双打战术有益的补充，更是体现双打运动员无痕双打能力高低的分水岭。因此，可以说衔接技术也是双打战术的理论基础。然而，双打运动员即使掌握了现代双打的衔接技术，在训练和比赛中也不能迷失方向，要抓住乒乓球双打取胜的法宝，即单打实力是第一位的，满足了这个条件，才称得上是强强组合。也就是说，两位技术一流者即使短期配对，也能赢长期配对的非一流者，因此默契配合是第二位的。只要单打实力和默契配合两者之间不是特长与短板的关系，而是第一与第二的关系即可。为了证明笔者的这一观点的专业性，而不是主观判断，下面我们用数据对此进行论证。

第二节　长期配对的二流选手敌不过短时配对的一流选手案例实证分析

第 53 届单项世乒赛男双 1/4 决赛案例分析

第 53 届单项世乒赛男双许昕／张继科与森园政崇／大岛佑哉 1/4 决赛是一场生死之战。日本年轻组合从单打实力来看，远不如中国队，他们想战胜中国队没有捷径，只能老老实实从配合默契、提高无痕双打能力方面与中国队抗衡，因此他们一定是经过长期训练、有备而来的；而中国队的许昕／张继科虽然默契程度不如对手，甚至在双打中或多或少还残留点单打的痕迹，但单打实力却是超一流的。

本研究运用录像观察法、分段统计法进行技战术统计和分析。为了分析方便，将各局双方得分情况列表如表 12-1 所示。

表 12-1　中日各局双方得失统计表

局数	中方得分			日方得分			中日比分	胜方
	自己得分	日方送分	合计	自己得分	中方送分	合计		
1	5	4	9	6	5	11	9：11	日
2	8	3	11	5	3	8	11：8	中
3	5	6	11	4	3	7	11：7	中
4	6	3	9	7	4	11	9：11	日
5	4	6	10	4	8	12	10：12	日
6	5	6	11	4	5	9	11：9	中
7	5	7	12	4	6	10	12：10	中
合计	38	35	73	34	34	68	73：68	中

上面提到，乒乓球双打的取胜法宝是强强组合和默契配合。我们结合表 12-1 进行分析。

表12-2　双方全局前四板及四板以后的相持段综合技战术得分对比

全局	发球得分	接抢得分	发抢得分	第四板得分	相持得分	总得分
中国	9	20	21	13	10	73
日本	7	19	18	12	12	68

　　从每局比赛的统计数据资料分析（表12-1和表12-2）中我们不难发现，双方比分非常接近（全局总得分：中方73分，日方68分），胜负取决于许昕/张继科单打实力的正常发挥与日方的默契配合的较量。中国组合前四板稍占上风（63∶56），近台杀伤力强，处理台内球的能力比日本队强，质量很高，体现出我们的单打实力强劲。为什么属二流水平的日本年轻组合在相持段会略占优势呢（12∶10）？笔者分析，这是因为中、远台杀伤力要远远低于近台相持，客观就造成中国组合中、远台相持时的速度、力量、旋转动力元素的质量远不如近台，这给日本年轻组合的压力相对小了，使其有了可乘之机，同时体现了他们的默契配合。虽然最终靠单打实力说话，但也不可否认日本队默契配合的出色表现。决胜局中国组合曾以8∶10被日本年轻组合率先拿到赛点，差点把中国队淘汰出局，这让无数观众捏了一把冷汗。可以说，这场生死战中国队是险胜日本队的。

　　日本队组合中两个名不见经传的二流新人的单打实力与中国队世界超一流选手相比显然不在一个档次上，凭什么在这场比赛中打得这么出色，比分如此接近，甚至在决胜局中率先以10∶8拿到了赛点，险令中国队止步于男双四强之外？唯一可以解释的理由就是：日本队年轻组合比中国队组合的配合要默契得多，他们的潜力来源于他们的默契配合，他们演绎了一场以己之长（默契配合）补己之短（单打实力）的漂亮战役（扬长避短之役）。

此外，从表12–3可以看出，中日双方运用"同线回接"战术分别得到40分与38分，均占总得分的50%以上，说明"同线回接"战术在双打中具有强大的杀伤力，是双打中具有重要意义的战术和得分手段，应该重视发挥"同线回接"战术的威力。

表 12–3　双方全局前四板及四板以后的相持段综合技战术得分对比

全局	接抢得分	发抢得分	第四板得分	相持得分	总得分
中国	15	11	6	8	40
日本	13	8	7	10	38

总而言之，中方（一流选手）单打实力很强是我们双打的优势，但默契配合不如日本年轻组合是我们的不足（短时配对）；日方（二流选手）双打默契配合是他们的优势（长期配对），但单打实力欠佳则是他们双打的致命弱点。从本案例可以看出，双打中强强组合（单打实力）和默契配合两者在不是很完美的情况下，一流选手组合碰到默契配合的二流选手还是可以赢的；但从表中也可看出，双方的比分很接近，表明双方的争夺是很激烈的，前者输给后者也并非不可能。因此，中国队双打组合的上升空间还很大。反观日本的年轻组合，虽然配合默契，但单打实力有限，上升空间不大，必须提高单打实力，否则难有所作为。

第三节　小结

总括而言，双打是以单打为基础的，当两名最好的单打选手配对时，只要双打的衔接技术训练有素，就能掌握好双打的运动规律，使运动员的单打实力能在双打中发挥得淋漓尽致。也就是说，个人的单打实力与双打的衔接技术缺一不可。双打的衔接技术是实现无痕双打必不可少的条件，也是实现双打的取胜法宝——强强组合和默契配合的保证，更是打好双打的关键因素。否则当你遇到同等水平配合又默契的对手时还是会输（本次世乒赛跨国组合波尔／马龙输给许昕／张继科就输在默契程度不够）；遇到长期配对的二流选手赢得也不会轻松（虽然靠单打实力可以弥补默契程度，但是有风险）。由此可见，在同等水平的两队比赛时，默契配合就显得非常重要了。所以，打好双打的法宝实际上就是要处理好单打个人的实力（包含双打衔接技术）与默契配合两者之间的关系。

教练员在安排主力选手兼任双打时要有个度，不能长期配双打（反过来会影响单打实力），也不能临时配对（达不到无痕双打的要求）。一般在顶级大赛前配合一段时间（2～3个月）达到无痕双打的要求即可。至于二流选手更没必要长期配对，因为长期配对也难赢一流选手的组合，还不如努力提高自身的单打实力更为实际，这就是现代双打都是短期配对的多，鲜有长期配对组合的原因。

第五部分　后　记

第十三章　笔者探索衔接技术理论之路

从 2008 年起，笔者向学者型教练方向努力，衔接技术的研究就是从那时开始的，开启了历时 13 年学术探索的艰辛之路。

第一节　萌生衔接技术的念头

笔者对衔接技术理论的研究始于 2008 年，当时笔者正在撰写一篇题为"乒乓球多球训练的教学方案设计"的论文（此文于 2009 年发表在我国的体育类核心期刊《体育学刊》上），把自己多年积累下来的多球训练心得总结出来。笔者当时所研发的交互式多球训练法颠覆了传统的多球训练方法；同时，笔者就是从这里初步发现了线路变化规律。不久，笔者又受到当时《乒乓世界》杂志有关主动防守战术的最新的一篇文章的启发，在研究交叉扑右打技术时发现了它有主动交叉与被动交叉之分，即"四十二侧身扑右打"和"二十四侧身扑右打"，前者是由被动变主动而后者是从主动变为被动，进一步发现了主动防守战术也有前后两板的衔接效果。以上的线路变化规律和主动防守战术为笔者日后建立衔接技术理论奠定了基础。

2010年，笔者趁热打铁把线路变化规律和主动防守战术两者结合，首次在学术和专业界定义了"衔接技术"这个专业术语，并写入论文《业余乒乓球运动员衔接技术的训练》中，同年发表在我国体育类核心期刊《体育学刊》上。当然"衔接技术"这个术语所包含的内容在当时还不完善，于是笔者开始了探索和研究衔接技术理论的长跑。

2012年，笔者应香港乒乓总会教练及运动员发展总监余锦佳女士的邀请作为当年香港中级教练班的客席导师，专门给学员分享和讲解衔接技术，开阔了教练们的视野。2013年笔者受朋友邀请，从就任内地最早的乒乓球网站"小鱼儿乒乓网"（1998年创建）的技术版顾问到新的"快乐乒乓网"的技术交流版版主，借此机会笔者开始推广、普及衔接技术，并在2014年推出《衔接技术》专帖供广大网民参考。这期间是笔者不断探索、改进和提高对衔接技术认识的过程。如在对线路变化规律中打直线时的"逢直变斜"和打斜线时的"逢斜变直"及打中路时利用对方本能反应也回中路来衔接等早期衔接规律进行深入的研究过程中，笔者发现运动员对衔接技术的使用率没有预期的高，问题出在哪儿？笔者发现前者一个有趣的现象，就是高水平运动员对打直线时的"逢直变斜"衔接规律即传统意义的"反手位打直线保正手"规律没有衔接意识或对此规律仍有顾虑，但对"正手位打直线保反手"（反手在正手位短台拧拉下旋球直线后保反手）规律却表现得出神入化，如王皓、张继科、樊振东等。这是同样性质的打直线衔接规律，只是位置不同而已，为什么会这样？经笔者研究后发现，除施战术者自身容易犯低级错误外，还存在顶尖高手"同线回接"反常规战术的"搅局"。而笔者在准备 2015 年苏州世乒赛第 14 届国际乒联科学大会暨第 5 届世界持拍类科学大会的论文《乒乓球衔接技战术在双打中运用的效果分析》时得到了启示。笔者发现"逢斜变直"的衔接规律远不如"逢直变斜"来得强烈和可靠，这是因为如想变直线则需短暂的时间转换拍面，所以存在"时间差"，加之直线短，对方高质量的斜线来球变直线容易失误，自然使用率较低。造成后者的原因如下：早期的研究结果显示，施战术者突然打对方中路，之所以能预判对方会回防中路球，是因为对方在毫无准备的情况下，本能反应所起的作用。然而，本能反应经不起多次的刺激，当施战术者多次使用此战术时就会引起对方警惕，本能反应也就变为正常反应了，这种战术也就存在局限性，所以要想突破这个战术瓶颈就必须有所创新。第 14 届国际乒联科学大会后，笔者带着这三个早期研究的衔接规律问题陷入了思考之中，一时难以找到答案。就在研究处于瓶颈期时，2016 年笔者再度受邀到全国最大的博乒网站（网络用户：270 多万人）任技术综合区首席版主，同年笔者推出《衔接技术》专帖（比"快乐乒乓网"的《衔接技术》专帖有过之而无不及）。在此基础上，笔者于 2017 年又推出三个高水平乒乓球运动员一分球视频战术案例分析系列帖子，一是战术实证分析 51 集的汇总帖，二是研究战术 41 集的汇总帖，三是研究衔接技术 8 集的汇总帖，三个系列战术帖合计刚好 100 帖，全部置顶供广大网民学习和参考，同时在香港乒乓网和我国最好、最大的体育综合网站"运动科学论坛"网发布，影响力颇大（这些帖子后来大多数都成为笔者发表论文的参考文献）。经过两年对大量的一分球战术视频进行研究和案例诊断分析，笔者在 2019 年的研究中有了突破性进展，解决了打斜线时的"逢斜变直"的思维定式不如"逢直变斜"的疑问。只要施战术者熟练采用"压一边打另一边"战术突然袭击打出"极限球"，就可利用对方移动的弱点，从而产生由生理所限造成的步法不到位现象这个解剖结构的影响，逼迫对方"逢斜变直"为自己实现前后两板在技战术上的衔接。此难题的突破令笔者的思维变得开阔，另外几个线路变化规律也迎刃而解了。如打直线时的"逢直回直"衔接规律也是利用"极限球"破解对方的反常规战术，让顶尖高手主动而为的反常规战术（"同线回接"）变成被动而为的本能反应。打中路时，打"速度差"和"时间差"也是"极限球"，可逼对方产生"位置差"再杀两大角，从因本能反应被动回球变为主动逼对方就范。站中间也可以利用"极限球"逼迫对方回小斜线到中路实现站位中间打小斜线时的"逢斜回斜"衔接规律，为自己衔接下一板打另一边；打斜线时的"逢斜回斜"衔接规律同样是打斜线时突然加力打出"极限球"，令对方来不及变直线这个生理所限造成的"时间差"现象，逼对方只能回斜线达到下一板的衔接目的。这样不仅解决了早期衔接技术存在的打直线时的"逢直变斜"衔接规律和打斜线时的"逢斜变直"衔接规律及打中路时的本能反应也回中路的问题，而且打通了打直线时的"逢直回直"和打斜线时的"逢斜回斜"及打中路小斜线时的"逢斜回斜"衔接规律，涵盖了乒乓球台面的 7 条基本路线的所有情况，颠覆了传统经验的"套路球"打法，把这些"套路球"挖掘、整理、总结，进一步完善了衔接技术理论并形成了"先发制人"打法的战术体系，即线路变化规律、旋转变化规律、节奏变化规律结合主动防守规律。此乃笔者耗时 13 年的衔接技术理论艰辛的探索路程。

以上新旧衔接技术的研究结果已发表在学术期刊上，奠定了衔接技术的理论基础。如：中国核心期刊《体育学刊》中的《业余乒乓球运动员衔接技术的训练》（2010），《中国体育教练员》中的《乒乓球衔接技战术在双打中运用的效果分析》（2016）、《乒乓球最佳击球点的生物力学探究》（2018）、《乒乓球线路变化规律探析》（2021），我国的国际中文开源期刊《中国体育研究》中的《培育一棵乒乓幼苗过程中若干训练理念和技战术及心理训练方法的思考》（2019）、《乒乓球竞技运动技、战术、心理诊断分析与研究》（2020）、《乒乓球战术专题研究与诊断分析》系列 5 篇（2020）（2021），《中华体育季刊》中的《40+ 竞技桌球衔接技术对高水平运动员战术发挥的影响》（2020）。除此之外，笔者还在诸多学术会议上进行了衔接技术的分享与交流，全国性会议如第二十届全国运动生物力学学术交流大会（2018）、第二十一届全国运动生物力学学术交流大会（因新冠肺炎疫情会议延迟到 2021 年举行）（2021）、第十二届全国体育科学大会（因新冠肺炎疫情会议延迟到 2022 年举行）（2022）；大型高端国际会议如第六届世界持拍类科学大会（2018），第十四、十六届国际乒联科学大会（2015）（2019），中国武汉第四届社会科学与经济发展国际学术会议（2019 CPCI 检索），2020 年东京奥运会横滨科学大会（因新冠肺炎疫情东京奥运会延迟到 2021 年，但横滨科学大会在线上如期进行），2021 年 5 月台湾身体活动与运动科学国际学术研讨会（笔者为第一作者与台湾教授合作荣获优秀论文奖）。

以下为笔者参加过的部分国际和全国学术会议照片。

笔者于 2021 年 5 月线上参加了台湾身体活动与运动科学国际学术研讨会并获优秀论文奖

CERTIFICATE OF PRESENTATION

This is to certify that

CHI CHIU HUNG

Fengheng International Sports Co., Ltd., Hong Kong, China

made a presentation on the following paper at the 2020

Yokohama Sport Conference held online from 8 to 22

September, 2020

Let the theory of connecting technique open up the tactical thinking of table tennis players

(Q10-P0716)

Kyoko Raita
Conference Chair, the 2020 Yokohama Sport Conference
Vice-Representative, JAASPEHS
Vice-President, JSPEHSS
Chukyo University, Japan

2020 年笔者出席东京奥运会在横滨举行的运动大会（因新冠肺炎疫情在线上举办会议），此乃大会颁发的参会论文证书

2019 年 4 月笔者出席在匈牙利布达佩斯举办的第 55 届世乒赛暨第 16 届国际乒联科学大会

2018 年 5 月笔者出席在泰国曼谷举行的第六届世界持拍类科学大会

2015 年笔者出席在苏州大学举办的第 14 届国际乒联体育科学大会暨第 5 届世界持拍类运动科学大会

2022 年 3 月 25—27 日笔者出席在山东日照举行的第十二届全国体育科学大会线上学术交流（原定于 2021 年 10 月在山东日照线下举行的会议，因新冠肺炎疫情改期为线上进行）

2018 年 8 月笔者出席第二十届全国运动生物力学学术交流大会

2021 年 7 月 27—28 日笔者出席第二十一届全国运动生物力学学术交

流大会

2014 年笔者出席在深圳大学举办的第十届全国运动心理学学术会议

2013 年全国竞技体育科学论文报告会在沈阳体育学院举行，笔者（左）作口头专题报告后，由刘淑慧教授（中）和张忠秋研究员颁发出席证

第二节　衔接技术理论在中国香港、中国台湾

2012 年，笔者受中国香港乒乓总会教练及运动员发展总监余锦佳女士

邀请作为当年中国香港中级教练班的客席导师，专门分享和讲解了早期的衔接技术，开阔了在座教练们的视野。时隔 8 年，中国台湾桌球（乒乓球）协会于 2020 年 1 月 12 日举办了 C 级教练讲习会（以年轻教练为主，当中不乏专业队和前中国台北代表队人马），专门请中兴大学体育室许铭华教授演讲。许教授的专题讲座首先介绍了乒乓球"核心技术与非核心技术"及"衔接技术"理论的创始人熊志超教练，也就是笔者，随后在介绍衔接技术时向在座的教练们介绍了笔者在 2010 年的论文中所界定的衔接技术这一术语的定义："乒乓球衔接技术主要是培养运动员熟练掌握线路变化规律及主动防守战术来预判对方的回球线路，并提前移动到最佳击球位击球来实现前后两板的衔接技术及战术效果。"这引起了同行极大的关注。

当许教授讲到认为可利用打"极限球"逼对方受到生理因素所限造成的步法不到位这个解剖结构的影响及利用"时间差""位置差""速度差"等来衔接这些最新的衔接理论时，教练们都很感兴趣并且十分欣赏，尤其是打"极限球"部分。

本次讲座引起了中国台湾乒乓球专业界的重视，因为衔接技术的实质就是乒乓球战术的理论基础，衔接技术是技战术一体化的，可同步训练，这对推广、普及和提高台湾乒乓球战术水平有重大意义。

参考文献

[1] 孔令辉, 张辉, 畬竞妍, 等. 优秀女子乒乓球运动员技术训练监控研究 [J]. 上海体育学院学报,2016(1):51.

[2] 王吉生. 帮助孩子们成功: 如何教好、练好乒乓球 [M]. 北京: 人民体育出版社,2015.

[3] 王进. 运动竞赛关键时刻的"发挥失常": 压力下"Choking"现象 [M]. 浙江大学出版社,2008.

[4] 百度知道. 风格的形成 [EB/OL].(2006-10-01)[2019-11-08].https://zhidao. baidu.com/question/13221689.html.

[5] 360 百科. 迂回战术 [EB/OL].(2016-06-15)[2021-05-01].https://baike.so.com/ doc/2140585-2264934.html.

[6] 李晓东. 现代乒乓球制胜之道: 下 [J]. 乒乓世界,2010(2):114-117.

[7] 刘若山, 林耀丰. 学习迁移在体育教学策略上之应用 [J]. 屏东教大体育,2009(12):232-241.

[8] 熊志超 . 王皓式台内拧拉技术教学与训练探讨 [J]. 体育学刊 ,2015,22(2):105.

[9] 许铭华 . 桌球技战术分析 [C]. 台湾桌球协会 C 级教练讲习会 ,2020.

[10] 朱光 . 流派是经验升华为理论的桥梁 [EB/OL].(2018–08–10)[2020–01–06]. 中国中医药报 4 版 .http://www.cntcm.com.cn/xueshu/2018–08/10/content_48206.html.

[11] 乒乓黄子 . 凡事预则立 , 不预则废 : 读《衔接技术》有感 [EB/OL].(2017–04–17)[2021–02–01]. 中国博乒网论坛 .http://bbs.chinatt.com/forum.php?mod=viewthread&tid=1450666&extra=page%3D1.

[12] 乒锋天下 , 王嘉苇 , 超然象外 . 乒乓球战术专题研究 111[EB/OL].(2021–03–21)[2021–05–01]. 中国博乒网论坛 .http://www.chinatt.com/forum.php?mod=viewthread&tid=1580487&page=1&extra=#pid15207170.

[13] 张赛强 , 徐君伟 . "非直即斜"视角下乒乓球比赛变线特征、效果及发展动态研究 [J]. 河北体育学院学报 ,2017,31(6):81–82.

[14] 张伟峰 . 现代乒乓球运动的多维探索与实战训练研究 [M]. 北京 : 中国纺织出版社 ,2018.

[15] 吴敬平 . 乒乓球直板反胶打法训练 [M]. 北京 : 人民体育出版社 ,2008.

[16] 吴焕群 , 张晓蓬 . 中国乒乓球竞技制胜规律的科学研究与创新实践 [M]. 北京 : 人民体育出版社 ,2009.

[17] 季浏 . 体育心理学 [M]. 北京 : 高等教育出版社 ,2008.

[18] 苏丕仁 .20 世纪世界乒坛技术创新分析 : 兼中外乒乓球技术创新比较 [J]. 南都学坛 (自然科学版),2001(3):95.

[19] 苏丕仁 . 乒乓球战术新论 [J]. 南阳师范学院学报 (自然科学

版),2003,2(12):85−87.

[20] 搜狗百科 . 直觉 (本能) 反应 (Intuitive response)[EB/OL].(2014−03−07)
[2021−04−02].https://baike.sogou.com/v66802558.htm?fromTitle.

[21] 国家体育总局 . 中国体育教练员岗位培训教材《乒乓球》[M]. 北京 : 人
民体育出版社 ,2005.

[22] 周资众 , 许铭华 . 瑞典桌球名将 : 华德纳成功历程 [J]. 中华体育季
刊 ,2015a,29(3):197−204.

[23] 周资众 , 许铭华 . 论中国桌球金牌教练的培育之道 [J]. 中华体育季
刊 ,2015b,29(1):73−80.

[24] 钟飞 , 李荣芝 , 张园月 . 国内外乒乓球研究热点与演化进程 [J]. 上海体
育学院学报 ,2017,41(5):82−89,94.

[25] 钟宇静 , 王大中 . 乒乓球运动中的 " 主动防守 "[J]. 乒乓世
界 ,2008(6):112−113.

[26] 俞菀 . " 套路 " 一词究竟蕴含什么感情？套路时代 , 真诚何在 [EB/OL].
(2016−09−12)[2020−03−10]. 中 国 新 闻 网 .http://www.chinanews.com/m/
gn/2016/09−12/8001302.shtml.

[27] 搜狗百科 . 思维定式 (Thinking Set)[EB/OL].(2020−03−31)[2020−04−20].
https://baike.sogou.com/v506842.htm?fromTitle.

[28] 福临心理咨询 . 思维的定势效应 (Set thinking Effect) [EB/OL].(2019−11−04)
[2021−03−10].http://www.qqxlzx.com/page11.html?article_id=967.

[29] 搜狗百科 . 思维习惯 (Thinking habit)[EB/OL].(2019−04−22)[2021−01−22].
https://baike.sogou.com/v8345115.htm?fromTitle.

[30] 唐建军 . 乒乓球运动教程 [M]. 北京 : 北京体育大学出版社 ,2005.

[31] 高畑好秀. 一决胜负！金牌教练的 55 则带队心理学 [M]. 高詹灿 , 译 . 台北 : 三悦文化图书事业有限公司 ,2008.

[32] 搜狐体育 . 张怡宁夺冠首功荣膺最佳 "一姐" 退一步海阔天空 [EB/OL]. (2008−03−01)[2021−02−02].http://sports.sohu.com/20080301/n255461738. shtml.

[33] 超然象外 (2016a). 高水平乒乓球运动员比赛视频案例分析实证研究系列之 1[EB/OL].(2016−07−14)[2021−01−11].http://www.chinatt.com/forum.ph p?mod=viewthread&tid=1421304&page=1&extra=#pid13724508.(马 龙 vs 樊振东)

[34] 超然象外 (2016b). 高水平乒乓球运动员比赛视频案例分析实证研究系列之 9[EB/OL].(2016−07−23)[2021−01−21].http://www.chinatt.com/forum.ph p?mod=viewthread&tid=1422073&page=1&extra=#pid13733091.(张怡宁 vs 福原爱)

[35] 超然象外 (2016c). 高水平乒乓球运动员一分球比赛战术视频案例分析实证研究系列 11[EB/OL].(2016−07−27)[2021−04−05]. 中国博乒网论坛 .http://chinatt.com/forum.php?mod=viewthread&tid=1422383&page=1&ex tra.(李晓霞 vs 丁宁)

[36] 超然象外 (2016d). 高水平乒乓球运动员比赛视频案例分析 22[EB/OL]. (2016−08−25)[2021−04−04]. 中国博乒网论坛 .http://chinatt.com/forum.php ?mod=viewthread&tid=1425644&extra=page%3D5.(刘诗雯 vs 朱雨玲)

[37] 超然象外 (2016e). 看高水平乒乓球运动员一分球比赛视频战术案例分析实证研究系列之 25[EB/OL].(2017−02−08)[2021−05−05]. 中国博乒网论坛 .http://www.chinatt.com/forum.php?mod=viewthread&tid=1444083&extra=

page%3D3.(马龙 vs 许昕)

[38] 超然象外 (2016f). 看高水平乒乓球运动员比赛视频战术案例分析实证研究系列之 19[EB/OL].(2016-08-04)[2021-03-28]. 中国博乒网论坛 .http://bbs.chinatt.com/forum.php?mod=post&action=edit&fid=118&tid=1423161&pid=13746000&page=1.(刘诗雯 vs 朱雨玲)

[39] 超然象外 (2016g). 看高水平乒乓球运动员比赛视频战术案例分析系列之 10[EB/OL].(2016-07-26)[2021-04-03]. 中国博乒网论坛 .http://bbs.chinatt.com/forum.php?mod=viewthread&tid=1422314&page=1&extra=#pid13736559.(王励勤 vs 陈玘)

[40] 超然象外 (2017a). 看高水平乒乓球运动员比赛视频战术案例分析系列之 37[EB/OL].(2017-06-27)[2021-02-28]. 中国博乒网论坛 .http://www.chinatt.com/forum.php?mod=viewthread&tid=1455530&extra=page%3D1.(瓦尔德内尔 vs 外国运动员)

[41] 超然象外 (2017b). 高水平乒乓球运动员比赛视频案例分析实证研究系列之 26[EB/OL].(2017-02-09)[2021-01-23]. 中国博乒网论坛 .http://www.chinatt.com/forum.php?mod=viewthread&tid=1444456&page=1&extra=#pid13985819.(李佼 vs 刘诗雯)

[42] 超然象外 (2017c). 高水平乒乓球运动员比赛视频案例分析实证研究系列之 43[EB/OL].(2017-07-16)[2021-01-20]. 中国博乒网论坛 .http://www.chinatt.com/forum.php?mod=viewthread&tid=1456840&extra=page%3D1.(刘诗雯 vs 朱雨玲)

[43] 超然象外 (2017d). 高水平乒乓球运动员比赛视频案例分析实证研究系列之 28[EB/OL].(2017-02-16)[2021-05-04]. 中国博乒网论坛 .http://bbs.

chinatt.com/forum.php?mod=viewthread&tid=1445522&extra=page%3D4.(周雨 vs 张继科)

[44] 超然象外 (2017e). 高水平乒乓球运动员比赛视频案例分析实证研究系列之 44[EB/OL].(2017–09–15)[2020–10–03]. 中国博乒网论坛 .http://bbs.chinatt.com/forum.php?mod=viewthread&tid=1460822&extra.(马龙 vs 樊振东)

[45] 超然象外 (2017f). 高水平乒乓球运动员比赛动画战术案例分析实证系列之 45[EB/OL].(2017–10–15)[2020–03–07]. 中国博乒网论坛 .http://bbs.chinatt.com/forum.php?mod=viewthread&tid=1462613&extra=%20page%3D1.(林高远 vs 樊振东)

[46] 超然象外 (2018a). 看高水平乒乓球运动员比赛视频研究衔接技术系列之 4[EB/OL].(2018–09–17)[2020–02–25]. 中国博乒网论坛 .http://bbs.chinatt.com/forum.php?mod=viewthread&tid=15081678&extra=page%3D1.(马龙 vs 樊振东)

[47] 超然象外 (2018b). 看高水平乒乓球运动员比赛视频研究战术系列之 12[EB/OL].(2018–11–15)[2020–03–03]. 中国博乒网论坛 .http://bbs.chinatt.com/forum.php?mod=viewthread&tid=1515707.(王励勤 vs 张继科)

[48] 超然象外 (2018c). 看高水平乒乓球运动员比赛视频研究衔接技术系列之 5[EB/OL].(2018–09–22)[2020–03–10]. 中国博乒网论坛 .http://bbs.chinatt.com/forum.php?mod=viewthread&tid=1508351&extra=page%3D1.(王励勤 vs 陈玘)

[49] 超然象外 (2018d). 看高水平乒乓球运动员比赛视频研究衔接技术系列之 3[EB/OL].(2018–08–30)[2020–03–15]. 中国博乒网论坛 .http://bbs.chinatt.com/forum.php?mod=viewthread&tid=1506551.(马龙 vs 樊振东)

[50] 超然象外 (2018e). 高水平乒乓球运动员比赛视频战术案例分析实证研究系列之 49[EB/OL].(2018-03-09)[2020-04-01]. 中国博乒网论坛 .http:// bbs.chinatt.com/forum.php?mod=viewthread&tid=1491032&extra=page% 3D1.(马琳 vs 许昕)

[51] 超然象外 (2018f). 看高水平乒乓球运动员比赛视频研究战术系列之 9[EB/OL].(2018-09-12)[2020-03-28]. 中国博乒网论坛 .http://bbs.chinatt. com/forum.php?mod=viewthread&tid=1507926.(马龙 vs 樊振东)

[52] 超然象外 (2018g). 看高水平乒乓球运动员比赛视频研究战术系列之 7[EB/OL].(2018-03-29)[2020-03-26]. 中国博乒网论坛 .http://bbs.chinatt. com/forum.php?mod=viewthread&tid=1492272&extra=page%3D3.(王皓 vs 高宁)

[53] 超然象外 (2018h). 看高水平乒乓球运动员比赛视频研究战术系列之 11[EB/OL].(2018-10-21)[2020-04-02]. 中国博乒网论坛 .http://bbs.chinatt. com/forum.php?mod=viewthread&tid=1511058.(刘诗雯 vs 丁宁)

[54] 超然象外 (2018i). 看高水平乒乓球运动员比赛视频研究战术系列之 10[EB/OL].(2018-09-22)[2020-04-03]. 中国博乒网论坛 .http://bbs. chinatt.com/forum.php?mod=viewthread&tid=1508360&page=1&extra=#p id14557301.(王皓 vs 水谷隼)

[55] 超然象外 (2018j). 看高水平乒乓球运动员比赛视频学衔接技术系列之 2[EB/OL].(2018-08-28)[2020-04-08]. 中国博乒网论坛 .http://bbs.chinatt. com/forum.php?mod=viewthread&tid=1506416.(王皓 vs 樊振东)

[56] 超然象外 (2018k). 高水平乒乓球运动员比赛动画战术案例分析实证系列之 50[EB/OL].(2018-10-03)[2020-04-08]. 中国博乒网论坛 .http://bbs. chinatt.com/forum.php?mod=viewthread&tid=1509674.(王曼昱 vs 丁宁)

[57] 超然象外 (2018l). 看高水平乒乓球运动员比赛视频学衔接技术系列之 13[EB/OL].(2018–12–06)[2020–04–10]. 中国博乒网论坛 .http://bbs.chinatt. com/forum.php?mod=viewthread&tid=1516785.(刘诗雯 vs 丁宁)

[58] 超然象外 (2019a). 看高水平乒乓球运动员比赛视频研究衔接技术系列之 8[EB/OL].(2019–08–18)[2020–04–15]. 中国博乒网论坛 .http://bbs. chinatt.com/forum.php?mod=viewthread&tid=1560489&extra=page%3D1.(刘诗雯 vs 木子)

[59] 超然象外 (2019b). 看高水平乒乓球运动员比赛视频研究战术系列之 16[EB/OL].(2019–05–06)[2020–04–20].http://bbs.chinatt.com/forum. php?mod=viewthread&tid=1556886.(王楚钦 vs 外国运动员)

[60] 超然象外 (2019c). 看高水平乒乓球运动员比赛视频研究战术系列之 27[EB/OL].(2019–12–21)[2020–04–22]. 中国博乒网论坛 .http://bbs. chinatt.com/forum.php?mod=viewthread&tid=1565689&page=1&extra=#p id14962450.(瓦尔德内尔 vs 松下浩二)

[61] 超然象外 (2019d). 看高水平乒乓球运动员比赛视频研究战术系列之 24[EB/OL].(2019–09–16)[2020–04–25]. 中国博乒网论坛 .http://bbs.chinatt. com/forum.php?mod=viewthread&tid=1562367.(樊振东 vs 日本运动员)

[62] 超然象外 (2019e). 看高水平乒乓球运动员比赛视频研究战术系列之 25[EB/OL].(2019–09–19)[2020–05–01]. 中国博乒网论坛 .http://bbs.chinatt. com/forum.php?mod=viewthread&tid=1562467.(陈幸同 vs 丁宁)

[63] 超然象外 (2019f). 看高水平乒乓球运动员比赛视频研究战术系列之 19[EB/OL].(2019–06–28)[2020–05–01]. 中国博乒网论坛 .http://bbs.chinatt. com/forum.php?mod=viewthread&tid=1558880.(刘诗雯 vs 陈梦)

[64] 超然象外 (2019g). 高水平乒乓球运动员比赛视频战术案例分析实证研究系列之 51[EB/OL].(2019-05-04)[2020-05-08]. 中国博乒网论坛 .http://bbs.chinatt.com/forum.php?mod=viewthread&tid=1556806&extra=page%3D1.(樊振东 vs 马龙)

[65] 超然象外 (2019h). 看高水平乒乓球运动员比赛视频研究战术系列之 23[EB/OL].(2019-09-12)[2020-05-06]. 中国博乒网论坛 .http://bbs.chinatt.com/forum.php?mod=viewthread&tid=1562244.(林昀儒 vs 波尔)

[66] 超然象外 (2019i). 为什么运动员反手斜线相持能令对方无法变直线 : 乒乓小百科系列之 58[EB/OL].(2019-03-26)[2020-05-10]. 中国博乒网论坛 .http://bbs.chinatt.com/forum.php?mod=viewthread&tid=1554097&extra=page%3D1.(王皓 vs 王励勤)

[67] 超然象外 (2019j). 看高水平乒乓球运动员比赛视频研究战术系列之 14[EB/OL].(2019-04-30)[2020-05-09]. 中国博乒网论坛 .http://bbs.chinatt.com/forum.php?mod=viewthread&tid=1556668.(马龙 vs 樊振东)

[68] 超然象外 (2019k). 看高水平乒乓球运动员比赛视频研究战术系列之 22[EB/OL].(2019-08-01)[2020-05-13]. 中国博乒网论坛 .http://bbs.chinatt.com/forum.php?mod=viewthread&tid=1560013&extra=page%3D1.(梁靖崑 vs 孙闻)

[69] 超然象外 (2019l). 看高水平乒乓球运动员比赛视频研究战术系列之 15[EB/OL].(2019-05-02)[2020-05-11]. 中国博乒网论坛 .http://bbs.chinatt.com/forum.php?mod=viewthread&tid=1556718.(樊振东 vs 张本智和)

[70] 超然象外 (2019m). 看高水平乒乓球运动员比赛视频研究战术系列之 21[EB/OL].(2019-06-30)[2020-05-18]. 中国博乒网论坛 .http://bbs.chinatt.

com/forum.php?mod=viewthread&tid=1558940&extra=page%3D1.(木子 vs 张蔷)

[71] 超然象外 (2019n). 看高水平乒乓球运动员比赛视频研究战术系列之 26[EB/OL].(2019–12–10)[2020–05–20]. 中国博乒网论坛 .http://bbs.chinatt. com/forum.php?mod=viewthread&tid=1565331.(丁宁 vs 孙颖莎)

[72] 超然象外 (2019o). 看高水平乒乓球运动员比赛视频研究战术系列之 19[EB/OL].(2019–06–28)[2020–05–25]. 中国博乒网论坛 .http://bbs.chinatt. com/forum.php?mod=viewthread&tid=1558880.(刘诗雯 vs 陈梦)

[73] 超然象外 (2020a). 看高水平乒乓球运动员比赛视频研究战术系列之 39[EB/OL].(2020–08–31)[2021–01–03]. 中国博乒网论坛 .http://bbs. chinatt.com/forum.php?mod=viewthread&tid=1572742&extra=page%3D1.(马龙 vs 樊振东)

[74] 超然象外 (2020b). 乒乓球战术专题研究系列之 100[EB/OL].(2020–11–18) [2021–01–05]. 中国博乒网论坛 .http://bbs.chinatt.com/forum.php?mod=vie wthread&tid=1574239&extra=page%3D1.(马龙 vs 樊振东)

[75] 超然象外 (2020c). 乒乓球战术专题研究系列之 102[EB/OL].(2020–11–21) [2021–01–10]. 中国博乒网论坛 .http://bbs.chinatt.com/forum.php?mod=vie wthread&tid=1574291&extra=page%3D1.(林高远 vs 马龙)

[76] 超然象外 (2020d). 乒乓球战术专题研究 101[EB/OL].(2020–11–20)[2021– 01–15]. 中国博乒网论坛 .http://bbs.chinatt.com/forum.php?mod=viewthread &tid=1574263&extra=page%3D1.(周启豪 vs 樊振东)

[77] 超然象外 (2020e). 看高水平乒乓球运动员比赛视频研究战术系列 之 28[EB/OL].(2020–01–01)[2021–01–22]. 中国博乒网论坛 .http://bbs. chinatt.com/forum.php?mod=viewthread&tid=1566017&page=&extra=#p

id14965537.(马龙 vs 樊振东)

[78] 超然象外 (2020f). 看高水平乒乓球运动员比赛视频研究战术系列之 29[EB/OL].(2020–01–24)[2021–01–24]. 中国博乒网论坛 .http://bbs.chinatt. com/forum.php?mod=viewthread&tid=1566869&extra=page%3D1.(马 龙 vs 许昕)

[79] 超然象外 (2020g). 看高水平乒乓球运动员比赛视频研究战术系列之 34[EB/OL].(2020–03–02)[2021–01–28]. 中国博乒网论坛 .http://bbs.chinatt. com/forum.php?mod=viewthread&tid=1569524.(樊振东 vs 赵子豪)

[80] 超然象外 (2020h). 看高水平乒乓球运动员比赛视频研究战术系列之 37[EB/OL].(2020–07–20)[2021–02–02]. 中国博乒网论坛 .http://bbs.chinatt. com/forum.php?mod=viewthread&tid=1571907&extra=page%3D1.(马 龙 vs 许昕)

[81] 超然象外 (2020i). 看高水平乒乓球运动员比赛视频研究战术系列之 36[EB/OL].(2020–03–10)[2021–02–10]. 中国博乒网论坛 .http://bbs.chinatt. com/forum.php?mod=viewthread&tid=1569748&extra=page%3D1.(许 昕 vs 王楚钦)

[82] 超然象外 (2020j). 看高水平乒乓球比赛研究战术系列之 40[EB/OL]. (2020–09–17)[2021–02–15]. 中国博乒网论坛 .http://bbs.chinatt.com/forum. php?mod=viewthread&tid=1573020&extra=page%3D1.(马龙 vs 弗雷塔斯)

[83] 超然象外 (2020k). 看高水平乒乓球运动员比赛视频研究战术系列之 31[EB/OL].(2020–02–06)[2021–02–25]. 中国博乒网论坛 .http://bbs.chinatt. com/forum.php?mod=viewthread&tid=1568734.(马龙 vs 许昕)

[84] 超然象外 (2021a). 乒乓球战术分析与专题研究系列之 107[EB/OL].

(2021–03–16)[2021–04–01]. 中国博乒网论坛 .http://bbs.chinatt.com/forum.php?mod=viewthread&tid=1580147&extra=page%3D1.(许昕 / 梁夏银 vs 吉村真晴 / 石川佳纯)

[85] 超然象外 (2021b). 乒乓球战术分析与专题研究系列之 118[EB/OL].(2021–06–11)[2021–07–08]. 中国博乒网论坛 .http://bbs.chinatt.com/forum.php?mod=viewthread&tid=1582581&extra=page%3D1.(樊振东 vs 马龙)

[86] 超然象外 (2021c). 乒乓球战术分析与专题研究系列之 109[EB/OL].(2021–03–18)[2021–04–15]. 中国博乒网论坛 .http://bbs.chinatt.com/forum.php?mod=viewthread&tid=1580198&extra=page%3D2.(王开 vs 中国运动员)

[87] 超然象外 (2021d). 乒乓球战术分析与专题研究系列之 105[EB/OL].(2021–02–09)[2021–04–27]. 中国博乒网论坛 .http://bbs.chinatt.com/forum.php?mod=viewthread&tid=1575700&extra=page%3D1.(陈梦 vs 王曼昱)

[88] 超然象外 (2021e). 乒乓球战术专题研究系列之 119[EB/OL].(2021–06–12)[2021–07–10]. 中国博乒网论坛 .http://bbs.chinatt.com/forum.php?mod=viewthread&tid=1582599&extra=page%3D1.(萨姆索洛夫 vs 张继科)

[89] 超然象外 (2021f). 乒乓球战术分析与专题研究系列之 112[EB/OL].(2021–04–09)[2021–07–12]. 中国博乒网论坛 .http://bbs.chinatt.com/forum.php?mod=viewthread&tid=1580640&extra=page%3D1.(梁靖崑 vs 马龙)

[90] 超然象外 (2021g). 乒乓球战术分析与专题研究系列之 106[EB/OL].(2021–03–15)[2021–07–18]. 中国博乒网论坛 .http://bbs.chinatt.com/forum.php?mod=viewthread&tid=1580108&page=1&extra=#pid15201471.(刘诗雯 vs 福原爱)

[91] 超然象外 (2021h). 乒乓球战术专题研究系列之 124[EB/OL].(2021–07–13)

[2021-07-22]. 中国博乒网论坛 .http://bbs.chinatt.com/forum.php?mod=viewthread&tid=1607879&extra=page%3D1.(刘诗雯 vs 马龙)

[92] 超然象外 (2021i). 乒乓球战术专题研究系列之 103[EB/OL].(2021-01-02) [2021-07-30]. 中国博乒网论坛 .http://bbs.chinatt.com/forum.php?mod=viewthread&tid=1575080&extra=page%3D3.(马龙 vs 许昕)

[93] 超然象外 (2021j). 乒乓球战术专题研究系列之 123[EB/OL].(2021-07-07) [2021-08-01]. 中国博乒网论坛 .http://bbs.chinatt.com/forum.php?mod=viewthread&tid=1607767&extra=page%3D1.(马龙 vs 樊振东)(樊振东 vs 方博)

[94] 超然象外 (2021k). 乒乓球战术专题研究系列之 104[EB/OL].(2021-01-03) [2021-08-08]. 中国博乒网论坛 .http://bbs.chinatt.com/forum.php?mod=viewthread&tid=1575097&extra=page%3D2.(马龙 vs 许昕)(马龙 vs 张本智和)

[95] 超然象外 (2021l). 乒乓球战术分析与专题研究系列之 108[EB/OL].(2021-03-18)[2021-07-28]. 中国博乒网论坛 .http://bbs.chinatt.com/forum.php?mod=viewthread&tid=1580190&page=1&extra=#pid15202129.(樊振东 vs 张宇镇)

[96] 超然象外 (2021m). 乒乓球战术专题研究系列之 120[EB/OL].(2021-06-15) [2021-07-10]. 中国博乒网论坛 .http://bbs.chinatt.com/forum.php?mod=viewthread&tid=1582639&extra=page%3D1.(将两面摆速训练上升到战术层面的训练)

[97] 超然象外 (2021n). 乒乓球战术专题研究系列之 125[EB/OL].(2021-08-26) [2021-08-26]. 中国博乒网论坛 .http://bbs.chinatt.com/forum.php?mod=viewthread&tid=1609555&page=&extra=#pid15302319.(许昕 / 孙颖莎 vs 林昀儒 / 郑怡静)

[98] 超然象外 (2021o). 乒乓球战术专题研究系列之 138[EB/OL].(2022–06–28)[2022–06–28]. 中国博乒网论坛 .http://bbs.chinatt.com/forum.php?mod=viewthread&tid=1637109&page=&extra=#pid15927997.(林高远 vs 樊振东)

[99] 360 百科 . 跨栏定律 [EB/OL].(2020–09–25)[2021–05–01].https://baike.so.com/doc/5898160–6111057.html.

[100] 葛荣晋 . "迂直之计" 与企业的 "迂回" 战术 :《孙子兵法》与企业经营谋略 (4)[J]. 石油政工研究 ,2000(6):31.

[101] 熊志超 . 业余乒乓球运动员衔接技术的训练 [J]. 体育学刊 ,2010,17(8):90–93.

[102] 熊志超 . 王励勤、张怡宁核心技术改造成败刍议 [J]. 体育学刊 ,2011,18(3):116.

[103] 熊志超 . 高水平乒乓球运动员一分球比赛战术视频案例分析实证研究系列 10[EB/OL].(2016–08–01)[2020–01–22]. 香港乒乓网论坛 .http://www.hkttf.com/post.php?action=edit&fid=1311&tid=83832&pid=1151731&page=1&extra=page%3D3.(王励勤 vs 陈玘)

[104] 熊志超 , 林文彬 . 拯救直板之管见 : 兼谈乒乓球新型直拍打法的发展方向 [J]. 山东体育学院学报 ,2017,33(5),100–104.

[105] 熊志超 . 内在注意力对高水平乒乓球运动员竞赛能力的影响 [J]. 中国体育教练员 ,2017(2):42.

[106] 熊志超 . 乒乓球最佳击球点的生物力学探究 [J]. 中国体育教练员 ,2018,26(2):47.

[107] 熊志超 . 从 "孤独求败" 到 "狼来了",谈 "不输外战" 压力对运动员的影响及对策 : 以中国乒乓球女队为例 [J]. 中国心理学前

沿 ,2019,1(10),789–806.

[108] 熊志超 , 廖锋 . 培育一棵乒乓幼苗过程中若干训练理念和技战术及心理训练方法的思考 [J]. 中国体育研究 ,2019,1(1):31–51.

[109] 熊志超 , 廖峰 , 陈秀珠 . 规则改革背景下我国乒乓球运动的窘境与发展趋势刍议 [C]. 第四届社会科学与经济发展国际学术会议 ,2019:155.

[110] 熊志超 . 乒乓球战术专题研究与诊断分析 [J]. 中国体育研究 ,2020a,2(2):49–68.

[111] 熊志超 . 乒乓球竞技运动技、战术、心理诊断分析与研究 [J]. 中国体育研究 ,2020b,2(3):117–132.

[112] 熊志超 . 再议乒乓球战术专题研究与诊断分析 [J]. 中国体育研究 ,2020c,2(4):185–198.

[113] 熊志超 , 周资众 , 许铭华 .40+ 竞技桌球衔接技术对高水平运动员战术发挥的影响 [J]. 中华体育季刊 ,2020,34(4):219–225.

[114] 熊志超 . 三议乒乓球战术专题研究与诊断分析 [J]. 中国体育研究 ,2021a,3(1):1–18.

[115] 熊志超 . 四议乒乓球战术专题研究与诊断分析 [J]. 中国体育研究 ,2021b,3(2):127–143.

[116] 熊志超 . 乒乓球线路变化规律探析 [J]. 中国体育教练员 ,2021c,29(1):51–54.

[117] 蔡振华 . 横拍进攻型打法之我见 : 下 [J]. 乒乓世界 ,1999(7):16–18.

[118] HUNG C C.From "undefeated winner" to "cry wolf" : on the impact of the ITTF(International Table Tennis Federation) reform on the Chinese table tennis team and the countermeasures[D/OL].Paper presented at the Seventh

International Conference on Social Sciences, Education and Humanities in 2018,Xi'an, China. https://webofproceedings.org/proceedings_series/article/artId/4463.html#location.

[119] 360 百科 . 皮格马利翁效应 (Pygmalion Effect)[EB/OL].(2019–12–25)[2021–02–28].https://baike.so.com/doc/5391458–5628188.html.

[120] ZHANG J, HUNG C C.Feasibility analysis of the application of "equivalent circuit" principle in table tennis[J].Advances in Social Science, Education and Humanities Research,2019(425):285–292.

[121] 体育院、系教材编审委员会编写组 . 乒乓球 [M]. 北京 : 人民体育出版社 ,1979:29.